la nostalgie de l'individuel

DANS LA MÊME COLLECTION

BAILHACHE P., SOULEZ A. et VAUTRIN C., *Helmholtz. Du son à la musique*, 256 pages
BARBARA J.-G., *La naissance du neurone*, 320 pages
BARBEROUSSE A., *La physique face à la probabilité*, 212 pages
BENMAKHLOUF A. *Frege, le nécessaire et le superflu*, 224 pages
BERNAYS P., *Philosophie des mathématiques*, introduction, traduction et notes H. Sinaceur, 240 pages
BONIFACE J., *Hilbert et la notion d'existence en mathématiques*, 320 pages
CARNAP R., *La construction logique du monde*, introduction E. Schwarz, traduction Th. Rivain, 368 pages
CHAPPERT A., *L'édification au XIXe siècle d'une science du phénomène lumineux*, 382 pages
CHAREIX F., *La philosophie naturelle de Christiaan Huygens*, 320 pages
CHARRAK A., *Raison et perception. Fonder l'harmonie au XVIIIe siècle*, 320 pages
DUCHESNEAU Fr., *Leibniz, le vivant et l'organisme*, 352 pages
GRANGER G.-G., *Formes, opérations, objets*, 402 pages
HINTIKKA J., *Les principes des mathématiques revisités*, introduction, traduction et notes M. Rebuschi, 320 pages
JOLY B., *Descartes et la chimie*, 256 pages
KISTLER M., *Causalité et lois de la nature*, 316 pages
LEIBNIZ Gottfried W., *La quadrature arithmétique du cercle, de l'ellipse et de l'hyperbole*, introduction, traduction et notes M. Parmentier, texte latin E. Knobloch, 370 pages
PRIOR Arthur N., *Objets de pensée*, introduction, traduction et notes J.-C. Pariente, 200 pages
RAMSEY F., *Logique, philosophie et probabilités*, traduction P. Engel et M. Marion (dir.), 352 pages
RIVENC F., SANDU G., *Entre logique et langage*, 172 pages
ROMMEVAUX S., *Clavius : une clé pour Euclide au XVIe siècle*, 320 pages
SABATIER X., *Les formes du réalisme mathématique*, 304 pages
SZABO A., *L'aube des mathématiques grecques*, traduction M. Federspiel, 368 pages
VARENNE F., *Du modèle à la simulation informatique*, 256 pages
ZAHAR E., *Essai d'épistémologie réaliste*, avant-propos A. Boyer, 192 pages

MATHESIS

Directeurs : Michel BLAY — Hourya SINACEUR

Philippe LACOUR

la nostalgie de l'individuel

Essai sur le rationalisme pratique de G.G. Granger

Ouvrage publié avec le concours du Centre national du livre

PARIS
LIBRAIRIE PHILOSOPHIQUE J. VRIN
6 place de la Sorbonne, V^e
2012

Imprimé en France

ISSN 1765-8055
ISBN 978-2-7116-2410-2

www.vrin.fr

ABRÉVIATIONS

OUVRAGES DE GILLES-GASTON GRANGER

Bachelard « Le rationnel selon Gaston Bachelard », dans G. Lafrance (éd.), *Gaston Bachelard, Profils épistémologiques*, Presses Universitaires d'Ottawa, 1987, p. 9-23.

Catég « Catégories et raison », *Encyclopédie Philosophique Universelle*, t. 1, 1989, p. 528-541.

Causal « Logique et pragmatique de la causalité dans les sciences humaines », dans S. Lantiéri (éd.), *Systèmes symboliques, science et philosophie*, CNRS, Marseille, 1978.

Cond « Les conditions protologiques des langues naturelles », *Philosophiques*, vol. XVI, n° 2, automne 1989; repris dans *FOO*, chap. 5, p. 87-96.

Cont « La notion de contenu formel », dans *Information et signification*, Brest, nov. 1980, p. 137-163; repris dans *FOO*, chap. 2, p. 48-52.

Déf « Définir, décrire, montrer », *Alpha*, vol. 5, Dalhousie University, Halifax, p. 3-16, 1992; repris dans *PLS*, chap. 14, p. 193-205.

Dual « Contenus formels et dualité », *Manuscrito*, X, 2, p. 195-210, 1987; repris dans *FOO*, chap. 3, p. 53-70.

Explic « L'explication dans les sciences sociales », *Social Science Information*, n°10 (2), 1971, p. 31-44; repris dans *FOO*, chap. 13, p. 243-258.

Faits « Sur le traitement comme objets des faits humains », *Savoir, Faire, Espérer*, t. 1, p. 143-169, 1976; repris dans *FOO*, chap. 14, p. 259-284.

FOO *Forme, opération, objet*, Paris, Vrin, 1994.

Hist « L'histoire comme analyse des œuvres et comme analyse des situation », *Médiations*, n° 1, p. 127-143, 1961; repris dans *FOO*, chap. 17, p. 329-342.

Indiv « Langage et individuation », *Synthèse* 59, D. Reidel Publishing Company, 1984, p. 109-114.

IRR *L'irrationnel*, Paris, Odile Jacob, 1998.

L et E	*Langages et épistémologie*, Paris, Klincksieck, 1979.
Lang	« Langue et systèmes formels », *Langages*, n°21, p. 71-87, 1971 ; repris dans *PLS*, chap. 9.
Leibniz	« Leibniz et la connaissance de l'individuel », *in* M. Dascal et E. Yakira (éd.), *Leibniz et Adam*, Tel Aviv University Projects, 1993, p. 3-20.
PCP	*Pour la connaissance philosophique*, Paris, Odile Jacob, 1988.
PFSH	*Pensée formelle et sciences de l'homme*, Paris, Aubier, 1960.
Phil	« La philosophie du langage dans les sciences exactes », *in* M. Dascal *et al.*, *Philosophy of Language, an international handbook of contemporary Research*, New York/Berlin, Walter de Gruyter, vol. 2, 1996 ; repris dans *PLS*, chap. 20, p. 295-327.
PLS	*Philosophie, Langage, Science*, Paris, EDP Sciences, 2003.
Positiv	« Propositions pour un positivisme », *Man and World*, 2-3, 1969, p. 386-409.
PPV	*Le probable, le possible et le virtuel : essai sur le rôle du non actuel dans la pensée objective*, Paris, Odile Jacob, 1995.
Pygmalion	« Pygmalion, réflexions sur la pensée formelle », *Revue philosophique*, n°7-9, 1947, p. 282-300 ; repris dans *FOO*, chap. 1, p. 15-32.
RAIS	*La raison*, Paris, P.U.F, coll. « Que sais-je ? », 1955.
S et R	*Sciences et réalité*, Paris, Odile Jacob, 2001.
S et S	*La science et les sciences*, Paris, P.U.F, coll. « Que sais-je ? », 1993.
STYL	*Essai d'une philosophie du style*, Paris, Armand Colin, 1968.
Tacit	« "Je me tais", "Je mens" », *Bulletin de l'Académie Royale de Belgique*, août 1976, p. 548-551.
TAS	*La théorie aristotélicienne de la science*, Paris, Aubier, 1976.
Ratio	« Rationalisme », *Encyclopedia Universalis*, p. 540-543, 1990.
VERIF	*La vérification*, Paris, Odile Jacob, 1992.

AUTRES OUVRAGES

CP	Joëlle Proust et Elisabeth Schwartz (éd.), *La connaissance philosophique. Essais sur l'œuvre de Gilles-Gaston Granger*, Paris, P.U.F., 1995.

Toute la théorie traditionnelle du savoir rejette précisément la notion de « déviant » comme échappant à la science. Aristote établit à cet effet sa doctrine de l'universel et de l'accident. De ce dernier, il n'y a pas de science, mais dans toute l'épistémologie du Philosophe règne cependant une sorte de nostalgie de l'individuel.

Gilles-Gaston Granger, *Pensée formelle et sciences de l'homme*, p. 188

INTRODUCTION

UNE PHILOSOPHIE PRATIQUE

Opératoire, la métaphysique contemporaine s'emploie à subvertir la suprématie de la philosophie du langage, aussi ombrageuse que précaire. A bon droit. Mais faut-il sacrifier, avec la sophistique stérile et des ratiocinations relativistes, issues de la décomposition du – bien mal nommé – « linguistic turn » [1], la *critique* tout entière ? Qu'on établisse une « coupure ontologique radicale », situant les vérités au-delà du langage [2], qu'on compose une ontologie vitaliste du virtuel, ou qu'on imagine d'ingénieux dispositifs ou agencements, l'ambition clinique et constructiviste de la philosophie transcendantale semble parfois faire peu de cas des précautions rationnelles, et de l'hygiène de la délimitation.

En adossant la réflexion à la connaissance biologique, nouvelle science pilote, le vitalisme peut certes prétendre rester dans l'horizon d'un rationalisme exigeant, sans céder au prestige facile de l'intuition [3]. En donnant à la philosophie une tâche distincte de l'épistémologie, et clairement définie (penser la relation), l'entreprise adjoint à une ambition authentiquement métaphysique une prudence de bon aloi, qui la prémunit contre l'ontologie substantialiste du « vital » [4]. C'est à l'aune de cette rigueur et de cohérence

1. Rorty s'est, le premier, excusé de la fortune de ce qu'il considérait, finalement, comme un syntagme bien maladroit.

2. A. Badiou, *Logiques des mondes*, Paris, Seuil, « L'ordre philosophique », 2006, p. 15-16.

3. F. Worms, « Qu'est-ce qui est vital ? », *Bulletin de la Société Française de Philosophie*, mars-avril 2007, Paris, Vrin, 2007 ; et *Histoire de la philosophie française au XXe siècle. Moments*, Paris, Gallimard, p. 553 *sq.*

4. Elle substitue une condition concrète (le minimum vital) à un principe abstrait (la « vie »), fût-il défini de façon minimale, comme « élan », décelable indirectement dans ses effets (F. Worms, « Qu'est-ce qui est vital ? », *op. cit.*, p. 568).

qu'on doit comprendre la volonté de « fonder une éthique et une action sur autre chose que la conscience et la liberté, sans pourtant s'appuyer sur une nécessité « purement » logique qui passerait par dessus les vivants »[1]. Mais faut-il créditer cette reprise « vitale » du « moment de l'existence », du privilège de l'exclusivité ? Et d'autres voies, tout aussi indirectes et objectives, ne sont-elles pas susceptibles d'être explorées ? En particulier, en quoi un tel programme, cette tâche de penser le « moment du vivant », qui échoit à l'époque, devrait-ils faire fi des médiations symboliques, au prétexte d'une véhémence ontologique, au demeurant bienvenue? L'héritage du « moment des années 60 » pour la philosophie pratique contemporaine ne saurait-il se décider qu'à l'aune de la seule inflexion différentielle, puis vitale, de la structure ?

Il faudrait alors considérer que Granger a négligé la spécificité du vivant, sorte d'angle mort de son épistémologie comparée et stylistique[2]. De fait, s'il reconnaît aux disciplines biologiques une spécificité méthodologique, au sein des sciences de l'empirie, au point même d'y voir « l'un des thèmes majeurs de l'épistémologie du futur », il ne décèle pas de réelle différence dans la nature de leur objectivité[3] – l'unité de toutes les disciplines scientifiques relevant, par ailleurs, d'une intention[4]. Doit-on y voir la trace d'une hostilité durable au bergsonisme, pour une génération qui n'aurait connu que les excès de sa vulgate ? Ou le signe d'une fidélité sans faille à Bachelard ? Le problème est en fait plus complexe, puisqu'il touche au projet intime d'un néo-aristotélisme « délivré de ses paradigmes biologiques »[5]. C'est donc le *mouvement* des formes symboliques qu'il s'agit de saisir, dans sa dialectique propre, historique, désindexée d'une « ontologie » figée qui prétendrait en donner la clé définitive[6]. Et cette dynamique n'est saisie que de façon indirecte, par une méditation de sa

1. F. Worms, *Histoire de la philosophie française au XXe siècle*, *op. cit.*, p. 368.

2. Cette problématique *stylistique* est récente en histoire des sciences (A. Crombie, I. Hacking, L. Daston). Hourya Sinaceur, dans son article « Style et contenus formels chez Gilles-Gaston Granger », *in* A. Soulez et A. Moreno (dir.) *La pensée de Gilles-Gaston Granger*, Paris, Hermann, 2010 en rappelle la source grangérienne.

3. G.-G. Granger, *Sciences et réalité*, Paris, Odile Jacob, 2001 (dorénavant cité *S et R*), p. 140. Sur cette spécificité, G. Canguilhem *La connaissance de la vie*, Paris, Vrin, 2000 et *Études d'histoire et de philosophie des sciences concernant les vivants et la vie*, Paris, Vrin 1994.

4. Il parle aussi de « visée » du réel, explicative et validée, ou encore d'unité d'esprit. *Cf.* G.-G. Granger, *La science et les sciences*, Paris, P.U.F., 1993 (désormais cité *S et S*), chap. 3.

5. G.-G. Granger, *Essai d'une philosophie du style*, Paris, Armand Colin, 1968 (dorénavant cité *STYL*), p. 5.

6. *STYL* : « retrouver l'aristotélisme en tant que philosophie dynamique des structures ».

trace dans les œuvres. De ce point de vue, peut-être y a-t-il une proximité paradoxale entre la philosophie de Granger et un programme métaphysique comme celui de Bergson : même fidélité à un projet de saisie du réel, par delà le refus d'une ontologie substantialiste et fixiste, même philosophie du détour par les effets, même sensibilité à la « création continue d'imprévisible nouveauté »[1]. Demeure toutefois la différence d'orientation fondamentale, et qui structure peut-être encore la rationalité pratique contemporaine, entre une philosophie des formes vitales et une philosophie des formes symboliques. C'est qu'il y a, pour Granger, une spécificité épistémologique *humaine* des sciences de l'empirie, pour des raisons sémiotiques. Le partage de la connaissance du sensible ne passe pas tant entre l'animé et l'inerte qu'entre le neutre (voire, le pauvre) et le *foisonnant*.

Il ne s'agit donc pas ici de plaider pour une revanche de la dialectique sur la métaphysique, de Bachelard sur Bergson, mais plutôt de montrer comment, en s'efforçant de *concilier* les deux, l'œuvre de Granger, fût-ce par ses limites mêmes, voire son échec, ouvre au rationalisme contemporain de nouvelles pistes. Point de refuge, ici : nul « narcissisme transcendantal », nostalgique d'une subjectivité originaire et constituante[2]. Aucune régression dans la stérilité du pur possible, si commodément vague et soluble dans l'air, au détriment de la prise en considération de l'expérience *concrète*, effective, dans son relief et ses aspérités singulières[3]. L'ontologie reste bien le projet philosophique fondamental, et la mission du concept est bien d'appréhender notre réalité rugueuse, ici et maintenant, sous la forme d'*ontogénèses* différenciées[4]. Mais on saurait opposer de façon exclusive cet engagement à l'inutile « humilité » de la *critique*, supposée faire obstacle à la conquête de vérités[5], ni, d'ailleurs, réduire cette dernière à une vulgaire « critique du langage »[6]. Car il se pourrait, sans fausse modestie ni

1. *Cf.* F. Worms et J.-J. Wunenburger (dir.), *Bachelard et Bergson : continuité et discontinuité ?,* Paris, P.U.F., 2008 ; en particulier J.-J. Wunenburger, « Force et résistance, le rythme de la vie », p. 27-52.

2. M. Foucault, *L'archéologie du savoir*, Paris, Gallimard, 1969, p. 240 *sq.*

3. G. Deleuze et F. Guattari, *Qu'est-ce que la philosophie ?,* Paris, Minuit, 1991, p. 136, note 7.

4. G.-G. Granger, « Le rationnel selon Gaston Bachelard », *in* Guy Lafrance (éd.), *Gaston Bachelard, Profils épistémologiques*, Presses Universitaires d'Ottawa (désormais cité *Bachelard*), p. 17.

5. A. Badiou, *Logiques des mondes, op. cit.*, p. 16.

6. G.-G. Granger, « La philosophie est-elle une critique du langage ? », in *Le langage comme défi*, Cahiers de Paris VIII, 1991, p. 243-246.

pieux souci de la finitude[1], que l'appréhension du réel ne nous soit offerte que de façon partielle, dans la limite des épiphanies singulières, et qu'on ne puisse statuer sans risque sur la nature, mathématique ou vitaliste, de l'Etre « pur » et de ses multiplicités.

L'idée même d'ontologie « pure », qu'elle soit envisageable ou non comme multiplicité indifférente, est étrangère à Granger[2]. Celui-ci disqualifie d'ailleurs le concept d'Être, au profit de celui de « réalité » et, s'il ne renonce jamais à sa poursuite nuancée, ne s'engage pas sur la *nature* même de la différence ontologique, au sens où une « théorie de l'apparaître » déterminerait a priori les modes de nouage du virtuel et de l'actuel, du transcendantal et de l'empirique[3]. Sa logique transcendantale, tout en se voulant, elle aussi, dialectique, reste *régressive* et rigoureusement indexée sur l'apparition historique de singularités contingentes (les œuvres). En ce sens, loin du formalisme d'une phénoménologie « calculée », sa métaphysique demeure sans doute plus rétrospective que « prospective »[4]. Peut-être est-ce d'ailleurs sa limite pour une philosophie pratique. Aussi bien, si elle revendique une conceptualité forte[5], ne s'engage-t-elle pas, à proprement parler, dans une théorie de la vérité[6] ou du sujet[7].

Pensée du singulier, indirecte, à la fois critique et clinique, la philosophie de Granger résiste à la facilité du surplomb totalisant, avec laquelle on confond encore trop souvent la notion de dialectique[8]. Car la

1. Q. Meillassoux, *Après la finitude*, Paris, Seuil, 2006. Pour Granger, c'est seulement d'un point de vue logique (ou symbolique) et non ontologique, que la nécessité scientifique est *nécessairement* contingente (ou encore : que le progrès scientifique est *nécessairement* historique) – tel est le sens *critique* de la pragmatique pure (cf. *infra*, p. 95-97 et 116 *sq.*), qui fait chez lui obstacle à une pensée de l'Absolu (cosmologique, par exemple) et limite la fécondité de l'irrationnel (comme renoncement au rationnel) en deçà de l'Irraison (comme principe).

2. G. Deleuze et F. Guattari, *Qu'est-ce que la philosophie ?*, *op. cit.*, p. 144 ; A. Badiou, *Logiques des mondes*, *op. cit.*, préface.

3. *S et R*, introduction. Sur la métaphysique de l'apparence, *cf.* G.-G. Granger, *La vérification*, Paris, Odile Jacob, 1992 (dorénavant cité *VERIF)*, chap. 1.

4. A. Badiou, *Logiques des mondes*, *op. cit.*, p. 48 et 15. La dimension prospective n'en est toutefois pas absente ; cf. *infra*, p. 23 et p.25, note 3.

5. Deleuze la maintient, à tort, dans l'orbite du « prospect ». *Cf.* G. Deleuze et F. Guattari, *Qu'est-ce que la philosophie ?*, *op. cit.*, p. 136-137.

6. Que le formalisme en soit d'inspiration anthropologique (K.O. Apel, *Transformation de la philosophie*, Paris, Cerf, 2007), discursive (Habermas, *Vérité et justification*, Paris, Gallimard, 2001) ou mathématique – dans son être (A. Badiou, *L'être et l'événement*, Paris, Seuil, 1988), ou son apparaître (A. Badiou, *Logique des mondes*, *op. cit.*). Sans doute faut-il y voir l'effet d'une méfiance tenace envers l'idée heideggérienne du dévoilement de l'Être.

7. H. Sinaceur, « Formes et concepts » dans J. Proust et E. Schwartz (éd.), *La connaissance philosophique. Essais sur l'œuvre de Gilles-Gaston Granger*, Paris, P.U.F., 1995 (désormais cité *CP*), p. 93-119, p. 110 : « la question du sujet est laissée en suspens ».

8. F. Worms, *Histoire de la philosophie française au XXe siècle*, *op. cit.*, p. 567.

réflexion transcendantale, décentrée, ne saurait se complaire dans l'exercice futile de sa pure reprise. Aussi l'inachèvement de l'ontologie n'est-il le signe ni d'une métaphysique négative, ni d'un repli dérisoire dans une citadelle transcendantale[1]. Il marque bien plutôt la condition de notre patient *effort* rationaliste, inlassablement remis sur le métier, dans l'horizon d'une dialectique des formes symboliques. Encore ne faut-il pas comprendre ce dynamisme sémiotique, proprement *culturel*, en un sens idéaliste; car c'est bien d'un matérialisme qu'il s'agit, au sens où la forme produite n'est rien sans l'action de mise en forme.

Manière, quelque peu tardive, dira-t-on, d'être victime d'un « ultra-sémiotisme », que trop de chimères post-modernes achèvent de décrédibiliser… Prévenons immédiatement l'objection : pour Granger, la réalité que poursuit résolument la philosophie est bien plus que symbolique. L'individuel, c'est d'abord l'impression sensible. *Ceci, ici, maintenant*. Telle est sa définition, la seule, peut-être, que nous permette le langage[2]. L'idée d'un projet ontologique n'aboutit donc pas à confondre le réel et le rationnel. C'est même pour conjurer le risque de leur indifférenciation que le renouvellement de la dimension *critique* prend tout son sens. La coïncidence de la logique et de l'ontologie, qui menace, à des degrés divers dans les œuvres d'Aristote, Hegel, Peirce, Meyerson, voire Simondon, est déjouée par la nature dialectique d'un rationalisme se gardant, en particulier, de l'idéalisme de l'ultra-mathématisme. Vécu confusément dans la pratique immédiate, l'individuel ne doit sa valeur rationnelle qu'à une mise à distance[3]. Réduit par le savoir scientifique, il est exalté par l'œuvre d'art[4]. Est-ce à dire qu'il n'y a qu'une réponse esthétique à la nostalgie de l'individuel? Tout l'enjeu métaphysique de la philosophie de Granger tient, en fait, dans la conquête d'une médiation *pratique*, garantie d'un projet de civilisation esthético-scientifique dont la fine pointe est explicitement anti-platonicienne[5].

1. À ériger la rationalité en « forteresse », on se donne à peu de frais le frisson de la profanation. *Cf.* M. Foucault, *L'archéologie du savoir*, *op. cit.*, p. 264 : « noli tangere ».

2. *Cf.* J.-C. Pariente, *Le langage et l'individuel*, Paris, Armand Colin, 1973.

3. G.-G. Granger, *Pensée formelle et sciences de l'homme*, Paris, Aubier (dorénavant cité *PFSH*), p. 181 : « Dans une philosophie de la conscience, la saisie de l'individu ne fait pas problème, car tout acte de conscience, convenablement analysé, se résout toujours en une saisie de l'individuel ».

4. L'œuvre d'art est création directe (et dépsychologisée) d'une expérience individuée, et qui, comme telle, a un versant spéculatif. Cf. *STYL*, p. 299.

5. Il s'agit d'intégrer les artistes dans la Cité, en évitant le « formalisme industriel » – la « construction de machines pour les machines », G.-G. Granger, *La raison*, Paris, P.U.F., 1955 (dorénavant cité *RAIS*), p. 124. Sur l'ambition également métaphysique (plus qu'épisté-

Il y a certes quelque paradoxe à considérer la pensée de Granger tout entière comme une philosophie *pratique.* Ne convient-il pas d'y voir avant tout une épistémologie, fût-elle comparative, voire une théorie de la connaissance, simple héritage « marbourgien » du criticisme – une plaisante curiosité anachronique, en somme? Plusieurs philosophes, comme G. Deleuze, ont ainsi tendance à surévaluer le lien intime de cette philosophie à la rationalité scientifique [1]. Gérard Lebrun rectifie à bon droit l'approximation d'une interprétation aussi unilatéralement « positiviste » : en dépit de la caractérisation de la philosophie comme « connaissance », Granger ne cherche pas à réhabiliter, ni même à réajuster, la raison classique, « rebelle à tout partage » entre science et philosophie. Et c'est bien là le sens de son héritage kantien : loin de toute ancillarité, le discours philosophique se voit bien décerner une authentique « originalité », au point d'ailleurs que la vérité est une catégorie de la science et non de la philosophie [2].

Reste que Granger ne se contente pas non plus de reprendre le clivage criticiste : parce que la rationalité kantienne, en limitant l'entendement au profit de la pensée, penche vers une dimension idéologique (spéculative), contre laquelle il fait valoir le rôle *cognitif* de la philosophie ; parce que le kantisme insiste sur la dimension révolutionnaire du criticisme, là où Granger s'attache à la continuité d'une « connaissance philosophique » et à l'unité d'une discipline (tempérée par son aspect ludique) [3]. Faut-il alors faire de l'œuvre de Granger la victime nostalgique d'une rationalité périmée? Confusion, embarras, ou véritable originalité? Certains, comme G. Lebrun, reprochent à cette philosophie de se mettre de son propre chef, dans une position inconfortable [4] : en cherchant à redéfinir la différence entre savoir et pensée, elle ignorerait que le centre de gravité du kantisme se trouverait en fait ailleurs, bien au-delà de cette difficulté apparente, dans la

mologique) de la philosophie de Bachelard, *cf.* F. Worms, « Rythme et durée », dans F. Worms et J.-J. Wunenburger, *Bachelard et Bergson*, *op. cit.*, p. 53-72.

1. G. Deleuze et F. Guattari, *Qu'est-ce que la philosophie ?*, *op. cit.*, p. 136.

2. *Cf.* G. Lebrun, « De la spécificité de la connaissance philosophique », in *CP*, p. 21-34, p. 23 et 31.

3. Le labeur philosophique est un jeu (de construction, pas de hasard ou de compétition). *Cf.* G.-G. Granger, *Pour la connaissance philosophique*, Paris, Odile Jacob, 1988 (dorénavant cité *PCP)*, p. 241-242.

4. La « fraternité ambiguë » des deux disciplines se double d'une différence radicale : « à l'idée de la philosophie comme *connaissance* fait constamment contrepoids celle d'une « connaissance » qui, en l'occurrence, semble bien être à peu près *inédite* » (G. Lebrun, « De la spécificité de la connaissance philosophique », art. cit., p. 27). C'est aussi le diagnostic qu'Elisabeth Schwartz (« Postface », in *CP*, p. 57 *sq.*) tire de l'article de Claude Panaccio, « Philosophie et vérité » (*CP*, p. 57-80.).

dimension pratique, voire réflexive et historique, de l'entreprise critique[1]. Pour d'autres, comme E. Schwartz, Granger n'aurait pas tenu de façon pleinement conséquente la promesse pratique de sa philosophie, qui pointait pourtant au début de son œuvre[2].

Ces objections mésestiment l'originalité d'un tel rationalisme. Et sans doute souffrent-elles d'une appréciation inaboutie des sources non kantiennes, en particulier aristotéliciennes, de cette philosophie dialectique[3]. Car Granger n'a jamais abandonné l'idée d'un double usage de la raison, et encore moins celle de sa vocation réflexive, voire historique[4]. Plutôt que d'un improbable grand écart entre le positivisme transcendantal d'une épistémologie du *Verstand* et l'idéologie[5], sa philosophie constitue une forme originale de spinozisme, plus active et moins ontologisée, et qui n'est pas sans lien avec la psychanalyse de la connaissance. Dans cette perspective, la pensée de Granger présente d'ailleurs une grande continuité, et l'effort topique pour situer son propre discours ne trahit aucun infléchissement de son but pratique et métaphysique[6]. Encore une élucidation de la notion de *rationalité* est-elle requise pour le comprendre.

Il est difficile de donner, à proprement parler, une *définition* du rationnel ou de l'irrationnel. L'un comme l'autre sont en effet des « méta-concepts » philosophiques réflexifs, situés en position de surplomb par rapport aux concepts scientifiques qui se rapportent directement à l'expé-

1. *PCP*, p. 152.

2. E. Schwartz déplore l'infléchissement théorique d'une philosophie négligeant son pôle aristotélicien (« Postface », in *CP*, p. 329).

3. Même si sa portée peut être nuancée (P. Aubenque, *Problèmes aristotéliciens. Philosophie théorique*, Paris, Vrin, 2009), la distinction philosophie/science est aussi vieille que la dialectique aristotélicienne, comme le souligne Octave Hamelin (*Le système d'Aristote*, Paris, Vrin, 1987, p. 228-230), auteur « aujourd'hui trop négligé » (G.-G. Granger, *L'irrationnel*, Paris, Odile Jacob, 1998 (dorénavant cité *IRR*), p. 272). Pour un avis opposé, *cf.* J.-B. Gourinat, « Aristote et la forme démonstrative de la science », dans P. Wagner (dir.), *Les philosophes et la sciences*, Paris, Gallimard, 2002, p. 585.

4. *RAIS*, p. 119; « Les deux niveaux de la rationalité », *Dialectica*, vol. 39, n°4, 1985, p. 356; article « Rationalisme », *Encyclopedia Universalis*, 1990 (désormais cité *Ratio*), p. 540. Granger n'indexe pas la réflexivité sur la transcendance absolue d'une subjectivité – contrairement à Foucault (*L'archéologie du savoir*, *op. cit.*, p. 240 *sq.*), du moins avant son tournant herméneutique. Aussi « l'analytique de la pratique » n'est-elle nullement hypothéquée, chez lui, par la question anthropologique (*ibid.*, p. 267).

5. E. Schwartz, « Postface », in *CP*, p. 327. Pour Granger, les mathématiques sont bien la « frontière de notre entendement ». (*Cf.* « Sur le traitement comme objets des faits humains » (désormais cité *Faits*) dans *Savoir, Faire, Espérer*, t. 1, p. 143-169), mais ne coïncident nullement avec la rationalité philosophique.

6. E. Schwartz a toutefois raison de pointer un retour des considérations normatives, même si celles-ci ne remplacent pas tant qu'elles ne prolongent l'interrogation sur les sciences humaines (« Postface », in *CP*, p. 329-330).

rience. Aussi ne sont-ils susceptibles, tout au plus, que d'une explicitation ou d'un commentaire. La rationalité peut toutefois être caractérisée a minima par une quadruple dimension : *médiate, dialectique, discursive et pratique*.

En tant qu'elle suppose, d'abord, la distinction préliminaire entre impression simple et représentation (production symbolique complexe), la rationalité relève toujours « au sens large, d'une connaissance »[1]. Tel est le sens profond du « renversement » du problème transcendantal : non pas se demander comment une science est possible, mais reconnaître comment la philosophie peut être une connaissance rationnelle, sans prétendre à une valeur scientifique, ni tomber dans un usage transcendant. Plutôt que d'un aspect théorique ou cognitif de la rationalité – usage qu'on réservera à un sens étroit[2] –, on préférera parler de *non immédiateté*, qui implique une élaboration dans un milieu symbolique. C'est en ce sens que *l'intuition* demeure une limite de la rationalité, encore qu'en continuité avec elle. Métaphysiquement, en effet, elle ne revêt pas le caractère absolu qu'on lui prête, et ne constitue pas une nouvelle méthode d'explicitation des conditions de possibilité de l'expérience réelle (et pas seulement possible)[3]. En effet, celle-ci peut encore être appréhendée transcendentalement *en raison*, comme expérience *concrète*, individuée, singulière – encore que de façon limitée, du fait du caractère seulement relatif et provisoire de son universalité[4]. L'intuition n'est pas non plus l'indice d'une caractérisation plastique du vivant et du spirituel, par opposition à la rigidité de l'intelligence (et de l'outil), et l'un des soucis constant de Granger sera de dépasser ce contraste bergsonien, par une pensée de la machine[5], de même que l'opposition du qualitatif et du quantitatif[6]. Epistémiquement, enfin, elle ne

1. *Ibid.* Symétriquement, l'irrationalité s'applique « fondamentalement » à une connaissance, et seulement « indirectement » à un être ou à une action (G.-G. Granger, « Les deux niveaux de la rationalité », art. cit., p. 356).

2. Cf. *infra*, p. 21.

3. *Bachelard*, p. 11. Bachelard considère certes Bergson comme un rationaliste, mais souligne le caractère relatif de l'intuition qui, toujours susceptible de gradation, génère dans le réalisme naïf des obstacles épistémologiques.

4. G.-G. Granger, « Propositions pour un positivisme », *Man and World*, 2-3, 1969, p. 389 (désormais cité *Positiv*) ; *VERIF*, p. 50-51. C'est parce que l'empirie (dans son individualité) n'est ni négligeable (idéalisme), ni absolue (nominalisme), que la raison est en « situation », dotée d'un « horizon » symbolique mobile (Cf. *infra*, p. 24).

5. *RAIS*, p. 119. Cet intérêt pour les machines, qui précède sa lecture de Simondon, dont Granger s'écarte d'ailleurs en partie (cf. *infra*, p. 21 et p. 111), doit beaucoup au matérialisme technique de Bachelard.

6. En soulignant le caractère épistémologique et non ontologique de cette opposition, Granger renvoie dos à dos Bergson et Hegel. Cf. *PFSH*, chap. 5 ; *PCP*, chap. 4. La démarca-

constitue, comme validation, qu'une limite – certes indépassable – de la connaissance conceptuelle[1]. L'intuition ne destitue donc pas la réflexivité au cœur de la rationalité, même si elle contribue à en changer la nature, de façon décisive. Seule une réflexion décentrée peut en effet correspondre à une rationalité dynamique, adhérant de façon adéquate à l'expérience concrète[2].

La rationalité comporte par ailleurs une dimension *dialectique*, du fait de son rapport structurel à l'irrationnel, quant à son mode de connaissance mais aussi la définition de son être même[3]. En effet, l'irrationalité, polymorphe, « dessine en creux » les formes du rationnel. Elle est *relative*, en ce qu'elle présuppose toujours une représentation de ce à quoi elle s'oppose – des règles ou des normes plus ou moins explicites, dont elle contribue *a contrario* à apprécier le sens, la portée et la valeur. Dans chacun des domaines où il sévit (épistémique, technique et axiologique), l'irrationnel peut prendre la forme d'un obstacle (provisoire, point de départ d'une reconquête de la rationalité), d'un recours (viol délibéré de certaines règles pour renouveler et prolonger l'acte créateur) ou d'un renoncement (abandon, rejet du rationnel)[4]. L'irrationnel épistémique se manifeste dans le processus même de connaissance, l'irrationnel technique dans la production d'effets et l'irrationnel axiologique par l'absence d'un système de valeurs. Cette dimension dialectique de la raison découle directement de celle de l'individuel, qui est le thème même de la philosophie pratique. Elle explique en particulier la dimension *approchée* de la connaissance, le rationalisme comme *tâche*[5], le lien consubstantiel de la vérité et de

tion deleuzienne de l'intensif (G. Deleuze *Différence et répétition*, Paris, P.U.F., 1968, p. 304 *sq.*) souffre de cette opposition inadéquate, qui n'est que subsidiaire par rapport à l'opposition plus fondamentale du formel et du naturel.

1. *VERIF*, p. 63 et 179. L'articulation de la notion de dualité est située « *en deçà* des formes de l'intuition sensible » (« Contenus formels et dualité », *Manuscrito*, X, 2, p. 195-210 désormais cité *Dual*).

2. Cf. *infra*, p. 111 et 229. L'intuition est déliée de son caractère (deleuzien) anti-représentatif, du fait de la dimension *opératoire* de la catégorie primitive de dualité.

3. *IRR*, p. 272. Cette approche conjointe était déjà à l'œuvre dans *RAIS*, p. 126.

4. *Cf.* les aspects de la rationalité dégagés dans « Les trois aspects de la rationalité économique », *Cahiers d'Épistémologie*, n°9008, Montréal, 1990, p. 1-17; et le tableau récapitulatif (*IRR*, p. 14).

5. Dans le sillage de Bachelard, le rationalisme est moins un état qu'un effort (*PFSH*, p. 180; « Les deux niveaux de la rationalité », art. cit., p. 363; *IRR*, p. 9; *S et R*, in fine; *RAIS*, p. 119; *Bachelard*). Aussi est-il « *ouvert* et dynamique », capable de reconnaître et de délimiter le rôle positif de l'irrationnel – cf. *IRR*, p. 16. Sur la valorisation bachelardienne de « l'inconnu », *cf.* D. Lecourt, *L'épistémologie historique de Gaston Bachelard*, Paris, Vrin, 2002 (1969), p. 65.

l'erreur[1], et l'approfondissement corrélatif de la réalité en fonction du progrès scientifique (toujours provisoire)[2]. La dimension dialectique de la rationalité n'est pas un trait métaphysique, mais « une propriété épistémologique concrète et chaque fois diversifiée de son mouvement, qui rencontre et suscite sa négation, l'irrationnel »[3]. Encore ne faut-il point comprendre cette négation au sens hégélien d'une opposition radicale, ni même au sens bachelardien d'une complémentarité[4], mais comme le dérivé d'une corrélation plus fondamentale[5], qui reste toutefois en deçà des prétentions ontologiques de la transduction[6].

L'historicisation du transcendantal n'implique nul abandon de la raison : sans prétendre se confondre avec le réel, la rationalité peut vouloir en *reprendre* réflexivement le mouvement dialectique. Par quoi la philosophie échappe tant à l'idéalisme qu'à la spontanéité illusoire, et prétendument inspirée, d'un discours de l'Être[7]. Dans son cheminement dialectique « libéral »[8], la seule certitude dont puisse se prévaloir la raison est celle d'une résolution contre une double « ruse de l'irrationalisme »[9]. Arguer de la confusion des sciences de l'homme pour conclure à l'impossibilité

1. La connaissance scientifique est paradoxalement erronée, au sens bachelardien où la vérification est une quête passionnée de l'erreur. Cf. *PFSH*, p. 9; et J.-F. Braunstein, « Bachelard, Canguilhem, Foucault. Le "style français" en épistémologie », *in* P. Wagner (dir.), *Les philosophes et la science*, *op. cit.*, p. 945.

2. *S et R*, p. 245. L'irréalité peut aussi prendre un tour non scientifique, dans l'illusoire (contrôlé comme non réel) et l'imaginaire (autre réalité, sorte d'actualité seconde).

3. *IRR*, p. 272. De façon assez surprenante, Granger associe Platon, Hegel et Marx à Octave Hamelin. C'est qu'il retient de l'auteur de l'*Essai sur les éléments principaux de la représentation* (Paris, P.U.F., 1952 (1907)) une formulation encore maladroite et inaboutie de la dimension opératoire du méta-concept – cf. *infra*, p. 110, note 4). Hamelin substitue, en effet, la catégorie de *relation*, à fonction constructiviste (par corrélation), à la contradiction hégélienne, comme fait primitif d'opposition. *Cf.* « Catégories et raison », *Encyclopédie Philosophique Universelle*, t. 1, 1989, p. 530 (désormais cité *Catég*). Cette idée d'une opposition sans contradiction est relevée par Bachelard, dans *La philosophie du non*, Paris, P.U.F., 2008, p. 136

4. Sur la proximité et la distance de la philosophie du « non » à la dialectique hégélienne, *cf.* J.-J. Wunenburger, « Figures de la dialectique », dans J.-J. Wunenburger, *Bachelard et l'épistémologie française*, Paris, P.U.F., 2003, p. 40 *sq.*

5. Sur le sens néo-aristotélicien de la catégorie de dualité comme opposition créatrice d'une forme à un contenu, cf. *infra*, p. 110.

6. J.-H. Barthélémy, « D'une rencontre fertile de Bergson et Bachelard : l'ontologie génétique de Simondon », dans F. Worms et J.-J. Wunenburger (dir.), *Bachelard et Bergson*, *op. cit.*, p. 223-238, p. 234.

7. *Positiv*, p. 394 : « La dialectique est un mouvement de l'expérience et de l'ensemble des systèmes symboliques, non un mouvement des "choses" ou des "idées" ». Sur ce point, cf. *infra*, p. 24.

8. *Catég*, p. 540.

9. *PFSH*, p. 185.

de leur constitution, c'est faire le jeu d'un idéalisme (occasionaliste), qui considère l'individuel comme un épiphénomène, pour mieux reprocher à la science d'achopper sur sa connaissance. Symétriquement, le redoublement de l'individuel risque d'en faire un nouveau refuge de l'ignorance – ainsi, chez Lacan[1].

La raison est également *discursive*, en un double sens. D'abord en ce qu'elle entretient un rapport fondamental au langage naturel. Ce logos est pris en un sens à la fois libéral et restreint, du fait d'une orientation objectivante fondamentale. Pour Granger, la raison procède, en effet, par enchaînement de concepts et non par juxtaposition d'images ou de métaphores[2]. Pour autant, on ne saurait identifier purement et simplement la rationalité à la logique, au sens formel du terme. Car la raison, donc la philosophie, est d'abord un discours[3]. La dimension discursive de la rationalité est aussi le signe de sa vocation avant tout gnoséologique, ou à tout le moins de la tempérance de son désir ontologique[4]. C'est en ce sens que Granger insiste, à l'encontre de la logique hégélienne et de l'adéquation du rationnel et du réel (de l'effectif), sur la distinction entre événement historique et discours[5]. La rationalité désigne en effet l'explication du phénomène et non le phénomène lui-même. Aussi bien « la véritable limite que l'historicité des faits humains oppose au rationalisme », est-elle constituée

1. *Ibid*, p. 192 : Lacan « referme l'individuel sur lui-même, le discours du patient constituant une frustration nécessaire, indépendante même du silence de l'analyste ».

2. *Ratio*, p. 540. Sur la dévalorisation cognitive de l'image et sa valorisation esthétique, *cf.* « Image, schéma, réalité », *Archives de Psychologie*, 58, p. 91-97, 1990. Le cas similaire de la métaphore est abordé dans « Définir, décrire, montrer », *Alpha*, vol. 5, Dalhousie University, Halifax, 1992, p. 3-16 (désormais cité *Déf*).

3. *Ratio*, p. 540 ; « Janus Bifrons », *Nuova Corrente*, n°64, Firenze, p. 203-219, (repris dans *PLS*, chap. 4), p. 61 : le style philosophique de Bachelard est qualifié de discursif. *Cf.* également *infra*, p. 135 *sq*.

4. Sur le réalisme « tempéré », cf. *S et R*, conclusion.

5. G.-G. Granger, « La notion de contenu formel », dans *Information et signification*, Brest, nov. 1980, p. 137-163 (désormais cité *Cont*). Granger ne méconnaît pas l'interprétation « ingénieuse » de Lebrun, dans *La patience du concept. Essai sur le discours hégélien* (Paris, Gallimard, 1972), qui fait de la *Logique* hégélienne une philosophie du langage, plus qu'une ontologie, mais souligne le caractère artificiel de la dialectique spéculative. La dialectique, selon lui, ne saurait être constitutive a priori des objets (pas plus que la *mathesis universalis*), et ne peut prétendre qu'au rôle de régulation d'un dessein de connaissance. Elle n'est pas science descriptive de l'être, mais simple expression de maximes formelles de la raison, qui ne reçoivent un contenu que de l'expérience.

par « le caractère essentiel de leur individualité », qui ne peut être pensé que dans un langage naturel[1].

Le rationalisme grangérien est-il une ontologie ? Il en forme en tout cas le projet dynamique, en tant que la détermination du rapport de la rationalité et de la réalité est à la fois possible, nécessaire et approchée. En ce sens, la raison se réfère bien à « un ordre des choses »[2]. Mais seul un rationalisme sans mesure (comme un pygmalionisme sans complexe) peut se prétendre achevé, au risque de confondre le réel et le rationnel. Car si le rationnel est épistémique, donc symbolique, le réel est plus que symbolique (même s'il nous est donné dans les signes), du fait du sensible. L'Individuel, comme le Réel, est une Idée de la Raison, un noumène ultra-symbolique. Comme grain phénoménal de la réalité, il est toutefois connaissable en raison, mais toujours relativement à un système de symbole – c'est le sens *continué* de la clinique, au-delà de l'échec de son objectivation[3]. En ce sens, le pragmatisme de Peirce souffre, d'un point de vue métaphysique, d'un optimisme ontologique excessif : c'est un « réalisme des concepts, qui est un réalisme des signes, considérés en fin de compte comme figures complètes de la réalité ». En fait, il ne réussit pas plus que l'empirisme à introduire les contenus de l'expérience dans les formes. Car, en assimilant cette création formelle à la production progressive de signes, il identifie finalement ceux-ci avec les contenus de l'expérience, « le réel devenant signe de part en part »[4]. Le partage entre subjectif et objectif en perd sa consistance, et la vérification, sa pertinence[5]. Chez Meyerson, le rationalisme prétend réduire la multiplicité du donné sensible à l'identique, au risque d'une « dissolution du réel dans le rationnel » ; tandis que Bachelard rappelle à bon droit le caractère seulement *partiel* de la déréalisation du réel

1. *Ratio,* p. 543 ; *Catég*, p. 537 : l'individuel est caractérisé, du point de vue du langage, par « la nécessité d'user de symboles déictiques, ancrant l'énoncé à l'énonciation effective ». Cf. *infra*, p. 106.

2. *RAIS*, p. 21.

3. Cf. *infra*, p. 187 et 223. C'est le positivisme logique qui rejette l'individuel dans l'irrationnel. Aussi bien en impense-t-il la construction laborieuse, à la faveur d'une énigmatique « traduction ». Le réalisme empirique spontané n'est que le revers d'un logicisme transcendantal conventionnel. Cf. *Catég*, p. 537 ; *Ratio*, p. 541 ; *VERIF*, p. 56.

4. *VERIF*, p. 55. H. Sinaceur (« Styles et contenus formels chez Granger », art. cit., 3. et 5.) souligne également bien ce point.

5. On trouve une critique similaire (d'inspiration saussurienne) chez Benveniste, qui en conclut à la nécessité du pluralisme sémiotique et d'une approche comparative. *Cf.* É. Benveniste, « Sémiologie de la langue », in *Problèmes de linguistique générale, 2*, Paris, Gallimard, 1974.

par la science[1]. Quant à Simondon, la confusion entre énergie physique et signe biologique induit chez lui une interprétation très discutable de la notion d'information, et une coïncidence vitaliste ou naturaliste de la pensée et de l'être, qui ne laisse pas de faire problème pour un rationalisme symbolique et critique[2].

La rationalité est enfin *pratique*, au double sens d'une philosophie active et d'une inspiration normative. D'abord, même s'il convient de dissocier rationalité dans l'action et dans la connaissance, on doit admettre que le connaître est « à sa manière un agir »[3]. *C'est donc la rationalité tout entière qui, au sens strict, est pour Granger pratique, la rationalité théorique n'en constituant qu'un simple « cas particulier ».* Par souci de clarté, cette rationalité pratique au sens large (qui concerne les comportements et les mentalités, y compris les actions morales, les décisions politiques, la production technique, et les œuvres) sera désormais distinguée de la rationalité pratique au sens strict (la rationalité dans l'action *à l'exclusion* de l'activité de connaissance, concrétisée dans des œuvres). Rationalité pratique et théorique sont distinctes, et leur correspondent des formes distinctes d'irrationnel (qui peuvent parfois être enchevêtrées). La spécificité de la rationalité théorique provient de la nature de l'*objet* de la connaissance, dont les parties doivent être dans un rapport non contradictoire entre elles et avec le tout (l'enchaînement des pensées ne doit pas être interrompu par impossibilité d'appliquer les règles)[4]. La rationalité de l'action se subdivise en rationalités technique et axiologique (ou éthique). La première, en tant qu'adaptation optimale des moyens aux fins, concerne les résultats d'actions individuées. Elle comporte une dimension mixte, cognitive (représentation d'événements concrets, qui ne remplit toutefois

1. *Bachelard*, p. 21. C'est à la condition d'un découpage régional que le concept scientifique est véritablement opératoire, contrairement aux essences. Nous ne disposons jamais que de représentations provisoires applicables, et non d'ontologies, risquant toujours de verser dans une philosophie de la nature. Sur l'origine bachelardienne de ce « réalisme sans substance », *cf.* V. Bontems, *Bachelard*, Paris, Les Belles Lettres, 2010, p. 106.

2. *Cf.* M. Combes, *Simondon. Individu et collectivité, pour une philosophie du transindividuel*, Paris, P.U.F., 1999 ; G. Hottois, *Simondon et la philosophie de la « culture technique »*, Bruxelles, De Boeck, 1993, p. 133 ; P. Montebello, *L'autre métaphysique. Essai sur la philosophie de la nature : Ravaisson, Tarde, Nietzsche et Bergson*, Paris, Desclée de Brouwer, 2003 ; J.-H. Barthélémy, « D'une rencontre fertile entre Bergson et Bachelard : l'ontologie génétique de Simondon », art. cit., p. 229.

3. *IRR*, p. 270. Plus radical, Alain Badiou tire prétexte de ce rapprochement pour disqualifier la légitimité même de l'opposition. *Cf.* A. Badiou, « Panorama de la philosophie française au XXe siècle », conférence donnée à Buenos Aires le 1er juin 2004 et publiée en ligne en octobre 2004 : http : //multitudes.samizdat.net/Panorama-de-la-philosophie.

4. *IRR*, p. 10-12 et 271 ; et, sur l'œuvre, *infra*, p. 55-71.

pas nécessairement les critères de l'explication scientifique) et axiologique (des valeurs sont attribuées aux moyens et aux fins, qui définissent le sens spécifique de l'optimalité considérée). La rationalité axiologique consiste en l'application non contradictoire de principes (valeurs générales, transcendant les motivations d'actions singulières) à des actions individuées. Héritage apparent d'un certain positivisme, le normatif (confondu avec l'éthique) semble commencer exactement là où s'arrête la connaissance. Ce partage exclut-il pour autant toute transition, ou zone mitoyenne, pouvant coïncider, par exemple, avec une théorie de l'action, une éthique formelle, voire une anthropologie[1] ?

En fait, si l'on ne saurait qualifier, assez banalement, la position de Granger de néo-positiviste, c'est parce que cette transformation profondément *active* de la raison théorique lui confère une dimension *éthique* nouvelle. La rationalité est en effet fondamentalement un *ethos*, c'est-à-dire à la fois un idéal, une disposition et une méthode[2]. Aussi ne désigne-t-elle pas une « doctrine » constituée, mais une attitude, une « orientation générale », une manière d'interpréter l'expérience humaine, de penser la « situation de l'homme en face des événements de sa propre histoire »[3]. C'est aussi un *effort*, une conquête, et non pas une seulement une règle déterminée d'action (que le domaine en soit théorique ou pratique). En ce sens, la rationalité est plus qu'un état ou un but visé, fût-ce un succès[4] : loin de pouvoir être projetée *in fine*, elle se manifeste, comme la marche, dans son exercice même. D'où sa caractérisation comme imagination en acte, qui « invente pour aller au réel », et comme « vœu de l'homme » en concurrence perpétuelle avec les attitudes irrationnelles, une force vivante de la civilisation[5]. Cette « montée vers Spinoza »[6] est originale, complexe

1. *Cf.* respectivement, entre autres exemples contemporains : P. Ricœur, *Soi-même comme un autre*, Paris, Seuil, 1990 ; M. Seel, *Versuch über die Form des Glücks. Studien zur Ethik*, Suhrkamp, Franfkurt/M, 1995 ; A. Honneth, *Das Andere der Gerechtigkeit*, Surhkamp, Frankfurt/M, 2000.

2. *RAIS*, p. 5-9.

3. *Ratio*, p. 540.

4. Pour Granger, comme pour Bachelard, le pragmatisme scientifique surévalue le succès (simple symptôme terminal du rationnel) aux dépens de l'importance des méthodes (la notion de méthode scientifique « générale » étant vide).

5. *RAIS*, p. 126. La conception dynamique de l'esprit constitue peut-être déjà l'unité de l'œuvre de Bachelard : *cf.* V. Bontems, *Bachelard*, *op. cit.*, introduction.

6. G.-G. Granger, « Jean Cavaillès ou la montée vers Spinoza », *Les Études Philosophiques*, n°2, 1947, p. 271-279 ; *S et R*, p. 249. Ce spinozisme semble toutefois prudemment en rester à une connaissance du second genre : *cf.* « Cavaillès et Lautman, deux pionniers », *Revue Philosophique*, n°3, 2002, p. 300.

et multiforme, et les différentes dimensions qu'elle intègre confèrent à la tentative de Granger le sens d'une métaphysique modérément *prospective*.

L'activité de la raison traduit une *créativité* fondamentale, dont elle tire d'ailleurs une unité (opératoire), qui fait défaut à l'œuvre de Bachelard (oscillant entre animus et anima[1]). L'éthique bachelardienne, eût-elle existé, n'aurait pu être qu'une « discipline et une heuristique de la rêverie ». De fait, c'est aux valeurs esthétiques qu'il revient de réaliser une improbable unité théorico-pratique, en se substituant aux valeurs d'action[2]. Ce n'est donc pas tant la notion métaphysique d'instant qui assure l'unité de cette œuvre *bifrons*[3], qu'un mouvement de « dépsychologisation », à l'œuvre en science (psychanalyse de la connaissance) et en poésie. Encore est-ce là le fait d'une « anthropologie concordataire »[4] peu convaincante. C'est pour mieux combler cet écart entre le monde comme « ma vérification » et le monde comme « ma provocation » que Granger élabore sa propre théorie stylistique de la rationalité pratique. Pour unifier l'effort émancipateur (désaliénant) scientifique et artistique, il faut exhumer leur base commune. L'exaltation esthétique de l'individuel n'est, effet, que l'envers d'une nostalgie scientifique que la rationalité peut désormais dépasser, par une conceptualisation adéquate de leur présupposition partagée. L'art et la science sont avant tout des *activités*, et c'est à ce niveau pratique que la rationalité peut en repérer réflexivement l'inspiration implicite, en procédant, indirectement et comparativement, à l'établissement des caractères généraux d'une raison *à l'œuvre*. Car la raison est créatrice, poïétique. Son inventivité ne saurait, d'ailleurs, être réduite à l'application mécanique d'un schéma dialectique formel, comme les enchaînements monotones de la logique hégélienne, par exemple. Historique parce que poétique, la raison constitue ainsi « à chaque époque une *figure provisoire de l'imagination créatrice* »[5].

1. G.-G. Granger, « Janus Bifrons », *Nuova Corrente*, n°64, 1974, p. 203-219, Firenze; repris dans *Philosophie, Langages, Sciences*, Paris, EDP, 2003 (dorénavant cité *PLS)*, chap. 4, p. 49-63.

2. *Bachelard. Cf.* aussi J.-J. Wunenburger, « Figures de la dialectique », art. cit., p. 43 *sq.*

3. F. Worms et J.-J. Wunenburger (dir.), *Bachelard et Bergson, op. cit.*

4. G.-G. Granger « Janus Bifrons », art. cit., p. 50. On rapprochera cette appréciation anthropologique (que Granger dérive de l'appréciation de Canguilhem touchant l'épistémologie) de celle de F. Fruteau de Laclos touchant Meyerson (*L'épistémologie d'Émile Meyerson. Une anthropologie de la connaissance*, *op. cit.*, p. 18). Sur l'absence d'une anthropologie « complète », *cf.* aussi D. Gil, *Bachelard et la culture scientifique*, Paris, P.U.F., 1993, p. 39.

5. *RAIS*, p. 126.

La raison est dès lors « en situation », en un sens quasi existentialiste. En effet, elle évolue toujours dans un contexte d'expérience particulier et constitue, à ce titre, une dimension de la culture, au sens large de ce terme[1]. Par cette *localisation*, la rationalité, historicisée, prend une figure « concrète », identifiable, en même temps qu'elle intègre une composante dynamique[2]. C'est d'ailleurs parce que l'empirie (dans son individualité) n'est ni négligeable (idéalisme), ni absolue (nominalisme), que la raison se dote d'un « horizon » symbolique mobile – la sortie de cette indexation à « l'expérience telle qu'elle est », dans une « sur-expérience », marquant le passage à la « métaphysique de l'être » :

> (...) je dirai souvent « pratique », au lieu d'expérience, car ce dernier mot pourrait être interprété comme simple réception. Or je propose au contraire de maintenir fermement liés les trois aspects explicites de l'expérience – réception, communication, interaction, – sans aucunement imaginer que se trouve pour autant résolue le problème que cette liaison soulève. (...) Le mot de « vécu » remplacera quelquefois aussi celui d'expérience (...) afin d'écarter l'interprétation qui pourrait faire de l'expérience un élément isolé, ou au contraire un tout absolu. Ce qui est vécu est toujours à la fois total et relatif. Dire que le vécu a un horizon, c'est justement se référer par image à cette universalité provisoire et relative. Ainsi ce que je nomme expérience est concret, en ce sens que rien ne lui manque pour constituer un moment de l'existence d'un individu ; mais limité, en ceci qu'elle s'associe nécessairement des possibles. Les métaphysique de l'être ne sont elles pas des refus d'accepter cette limitation, et des essais pour découvrir, imaginer, ou faire naître une sorte de sur-expérience sans horizon ? Je comprends cette nostalgie, je l'admire chez Platon, chez Aristote, chez Spinoza. Cependant il me semble qu'on peut préférer aux péripéties captivantes de cette entreprise les difficultés non moins passionnantes rencontrées par quiconque accepte de se lier à l'expérience telle qu'elle est[3].

L'idée d'une telle plasticité historique de la raison n'est certes pas nouvelle[4]. Dramatisée, la rationalité y gagne une sensibilité aux obstacles, aux dépassements, à la complexité, à son inconscient même, bref à ses

1. *RAIS*, p. 7 ; *Ratio.*, p. 540.

2. *RAIS*, p. 40 : Granger parle de la « position concrète de la pensée rationnelle au sein d'une culture multiforme et toujours en travail ». Par quoi il ne critique pas seulement le statisme de la raison chez Kant, mais aussi chez Julien Benda, ou dans la religion tout entière (*ibid*, p. 104-105).

3. *Positiv*, p. 389.

4. *Cf.* D. Lecourt, *L'épistémologie historique de Gaston Bachelard*, *op. cit.*, introduction ; J.-F. Braunstein, « Bachelard, Canguilhem, Foucault. Le "style français" en épistémologie », art. cit., p. 923 et 932.

opérations[1]. En ce sens, elle désigne un mouvement constructif et non un système de principes, et son dynamisme ne saurait s'abîmer dans la circulation artificielle d'un système clos. Mais l'originalité de Granger consiste à radicaliser l'historicité de l'épistémologie (en direction des œuvres singulières), et à la situer dans une perspective explicitement pratique (matérialiste). *La philosophie des sciences en devient un art du discernement.* L'irrationalité présumée de l'acte libre ne représente en fait qu'une forme inadéquate de rationalité[2], car une réflexion qui prend en considération l'acte *intégral* dégage rétrospectivement une liberté supérieure. Une telle réflexion décentrée ouvre la voie à une liberté à la fois concrète et *prospective*[3]. Loin de s'opposer, liberté et raison peuvent converger: l'homme est le principal auteur des événements, et le cours du temps est la réalisation progressive d'une œuvre, dont il dépend autant qu'il en est responsable. Le mouvement de l'histoire n'est plus toutefois la mise au jour progressive d'une réalité de l'esprit antérieurement présente, comme chez Hegel, mais création véritable à partir d'une nature malléable, qui est dans l'homme et hors de lui.

Si cette définition historique de la rationalité semble retrouver le courant initial d'une *Aufklärung* qui n'aurait pas (encore) désespéré du progrès[4], ce n'est pas parce qu'elle en ignorerait naïvement les désillusions[5], mais parce que le postulat émancipateur de la connaissance démystificatrice n'a pas épuisé toute sa richesse. À l'opposition aristoté-

1. *RAIS*, p. 62-64. Suivant cette inspiration bachelardienne, le monde n'apparaît plus comme représentation, mais « vérification ». Sur la filiation « historiciste » de Cavaillès à Brunschvicg, *cf.* H. Sinaceur, « Formes et concepts », art. cit., p. 16 *sq.*

2. En particulier, chez Sartre, l'acte libre ne semble pas concerner la science. La métaphysique prend chez lui la figure d'un anti-rationalisme, émotionnel, privilégiant l'affectif (*RAIS*, p. 38).

3. *RAIS*, p. 97 : « Pour conserver un sens au jeu de la raison dans l'histoire, il nous semble qu'il faut comprendre que l'homme est libre *en avant*, que la liberté de ses actes est *prospective*. C'est-à-dire que le caractère de liberté ne peut être attaché à une décision que lorsqu'ayant porté ses fruits, elle manifeste dans ses conséquences la réalisation d'un dessein cohérent, et laisse dans le cours des événements une empreinte, une forme, une trace humaine. De cette manière, on comprend que l'histoire puisse porter témoignage à la fois de la liberté humaine et de l'efficacité de la raison ». Cette préoccupation est proche de la réflexion de Hegel sur l'acte. Cf. *infra*, p. 54.

4. Au sens strict, le progrès scientifique est catégorial, et ne concerne pas la naissance de sciences nouvelles, simple ouverture à la science d'un domaine nouveau d'investigation. Cf. *Catég*, p. 537.

5. Sur la déliaison de l'adéquation entre progrès intellectuel et réflexion morale, *cf.* F. Worms, « La science chez Bergson et Brunschvicg », *in* P. Wagner (dir), *Les philosophes et la science*, *op. cit.*, p. 439.

licienne du théorique et du pratique/poétique[1], et à l'idée d'une rationalité *spécifique* des actions humaines (le raisonnable, par opposition au rationnel), associée au mode aléthique particulier du plausible (par opposition au certain), l'orientation pratique de la rationalité grangérienne substitue en effet le projet plus « théorique » d'une science de l'homme. De ce point de vue, son diagnostic des difficultés de la conception aristotélicienne des *prakta* est révélatrice d'une visée programmatique sous-jacente, et la lecture en creux de la doctrine de la science du Stagirite constitue, en quelque sorte, le pendant archéologique d'un but et d'un espoir personnel[2]. Le projet d'une étude « désacralisée » de l'homme, né avec Spinoza, souffrant d'hésitations au XVIIIe siècle, et d'une aimantation inadéquate par les sciences de la nature au XIXe siècle, correspond désormais à la tâche contemporaine d'une science de l'homme[3].

Encore la fine pointe de ce projet contemporain n'est-il pas tant théorique qu'éthique, car il s'agit d'enclencher, par une connaissance désacralisant son objet, le cercle vertueux du « perfectionnement de l'homme, et de son bonheur »[4]. Pour naïve qu'elle puisse paraître, cette orientation rationaliste articule explication et compréhension de façon originale, sinon de façon pleinement conséquente[5] : les *œuvres* sont en effet le support d'une science indirecte de l'expérience de la conscience, que ne viendrait récapituler aucune Grande Logique ni Béatitude. La logique transcendantale, jusque dans sa vocation éthique, est traversée de part en part par une dialectique historique inachevée. C'est d'ailleurs cette mutation spécifique de la rationalité qui permet de comprendre véritablement l'épistémologie grangérienne des sciences humaines (combinaison d'une forme et d'un style), la demi rationalité concédée à l'analyse stylistique (le style est une régulation *a parte post* de ce qui échappe aux règles formelles), et la

1. Cette opposition désigne deux types de connaissances, que distinguent non pas leur dimension pure ou appliquée, mais les types d'objets saisis, selon qu'y intervient ou non un processus de décision. *Cf.* G.-G. Granger, « Science de la pratique et pratique de la science dans le domaine des faits humains », *Dialogue en sciences humaines*, Bruxelles, 1975, p. 58 et *infra*, p. 47.

2. G.-G. Granger, *La théorie aristotélicienne de la science*, Paris, Aubier, 1976 (désormais cité *TAS*), p. 352-353.

3. G.-G. Granger, *La mathématique sociale du Marquis de Condorcet*, Paris, P.U.F., 1956; « Idéal et pratique d'une science sociologique selon Durkheim (1858-1917) », *in* M. Panza et J.C. Pont (éd.), *Les savants et l'épistémologie vers la fin du XIXe siècle*, Paris, Blanchard, 1995 ; *Méthodologie économique*, Paris P.U.F., 1955.

4. *RAIS*, p. 123-124.

5. *Ibid.*, p. 74-75 ; et *infra*, p. 230-231.

forte extension du domaine de l'irrationnel (l'idéologie[1], le mythe, la fausse science, la technique encore mal distinguée du savoir qu'elle applique, etc. – tous symptômes que présentent notamment la psychanalyse et le marxisme).

Action ou connaissance? En fin de compte, la rationalité est indissolublement *pratique* en ce double sens. Elle consiste certes à « comprendre », selon le mot célèbre de Spinoza, mais aussi à agir[2]. Non pas, certes, par une naïve ingénierie sociale, mais par un art philosophique méticuleux, qui fait le pari d'une objectivation de la clinique. Car on peut bien accepter l'indétermination des affaires humaines et tenter d'en déduire les conséquences, sans se résoudre à une implacable nécessité[3]. Le « purgatoire » persistant des sciences humaines, souligné jusque dans les derniers textes[4], n'infléchit en rien le souci de ce qui reste une émancipation par l'intellection, davantage que par la maîtrise[5]. La raison est en fait critique *parce qu'elle* est créatrice, comme l'indique le sens dialectique du rapport à l'irrationnel[6]. Elle n'admet qu'un dogmatisme provisoire, au sens où les principes, de connaissance comme d'action, doivent rester révisables[7]. La *critique* est ouverture au progrès catégorial, auquel l'imagination mythique, quel que soit le génie classificatoire de sa « pensée sauvage », ne saurait avoir qu'un accès limité[8]. Loin de mathématiser sans discrimination (pseudo rationalisme), la raison détermine soigneusement les objets

1. L'idéologie est définie comme « une tendance à substituer les images aux concepts, les valeurs affectives aux données observées, les préceptes d'action au constat des faits » (*S et R*, p. 208).

2. *RAIS*, p. 105. Granger limite la solution spinoziste au plan individuel, lui opposant le problème contemporain de l'organisation collective du passionnel (*ibid.* p. 117). Il y critique également un « quiétisme de la connaissance », peu adapté à la rationalité de l'époque (*Ratio*, p. 543).

3. Les actions humaines sont ainsi évaluées (sinon gouvernées) par l'usage de la raison : *cf. Ratio*, p. 543 ; *RAIS*, p. 105. Par quoi « les œuvres et les actions des hommes ne se réduisent pas totalement au produit des hasards et du destin », G.-G. Granger, *Formes, opérations, objets*, Paris, Vrin, 1994 (désormais cité *FOO*), p. 126.

4. G.-G. Granger, « La spécificité des actes humains », in *EspacesTemps Les Cahiers*, « L'opération épistémologique. Réfléchir les sciences sociales », n° 84-86, juin 2004.

5. *S et R*, p. 249.

6. G.-G. Granger, « La science et le mythe », *in* P. Thibaud (éd.), *La pensée et la trace. Mélanges à la mémoire de S. Lantiéri*. Paris, L'Harmattan, 2001, p. 165-171, conclusion : « Si sa rationalité peut outrepasser d'aventure les bornes que son projet et sa discipline lui imposent, c'est qu'elle participe en son fond d'un mouvement créateur de pensées nouvelles qui est aussi manifeste que dans les productions de l'art ».

7. G.-G. Granger, « Rationalité et dogmatisme », dans *Avenir de la raison, devenir des rationalités*, *Actes* du 29e Congrès de l'ASPLF (Nice, 2002), Paris, Vrin, 2004.

8. *Catég* p. 531, qui nuance sur ce point une position antérieure (*RAIS*, p. 30).

à formaliser, n'extrapole pas ses modèles abstraits de façon inconsidérée, et n'admet l'irrationnel que de manière limitée (parce que la vérification n'est pas seulement déductive)[1]. Le « raisonnable » consiste alors, en un effort de jugement *topique* qui n'est pas sans évoquer la *phronèsis* aristotélicienne, à distinguer les domaines d'application opportune des différentes connaissances – discrimination « catégorielle » précédant la rationalité morale, laquelle évite l'arbitraire par le formalisme des principes[2]. La raison joue un rôle plus « stratégique » (et médiat) que « tactique » (et immédiat) dans « l'organisation de notre vie intérieure », au sens où un rationalisme bien tempéré décide de ce qu'il veut objectiver, sans subir de limites a priori (dogmatisme de l'inaccessibilité du « vécu »), confondre corrélation et réduction, ou « reconnaître la seule objectivation comme critère du réel »[3].

Par ce mariage délicat, « difficile à préciser », entre le connaître et l'agir, l'homme contemporain doit « se faire une raison »[4], d'un nouveau type. C'est finalement en un tel sens pratique élargi, indissociablement actif et éthique, qu'on peut parler chez Granger d'une unité de la raison. Au-delà des tentatives aristotélicienne et kantienne[5], et dans le sillage de Jean Cavaillès, son œuvre marque, de façon originale, voire insolite, « le profond renouvellement d'une éthique rationnelle »[6].

Poser à la philosophie de Granger la question de son *unité*, c'est nécessairement privilégier le problème de l'individuel, thème *métaphysique*, qui explique qu'on s'intéresse moins, ici, à son épistémologie, à

1. Il ne s'agit pas pour autant d'accepter l'anarchisme de Feyerabend, ni même d'accréditer la notion kuhnienne de paradigme, qui n'a de pertinence que concernant la proto-science. *Cf.* G.-G. Granger, « Leçon inaugurale », Éditions du Collège de France, p. 16-17; *S et S*, p. 104-106.

2. *Ratio*, p. 543.

3. *PCP*, p. 241; *Catég*, p. 540. E. Schwartz rapproche cette sensibilité d'un « souci de soi » foucaldien, mais l'oppose paradoxalement à une inspiration spinoziste, pourtant explicite (« Postface », in *CP*, p. 328).

4. *RAIS*, p. 87-88.

5. G.-G. Granger, « Les deux niveaux de la rationalité », art. cit., p. 357.

6. G.-G. Granger, « Jean Cavaillès et l'histoire », *Revue d'Histoire des Sciences*, 49/4, 1996, p. 569-582; repris dans *PLS*, chap. 7, p. 92: « on aurait pu attendre et espérer, de Jean Cavaillès, développant parallèlement à de nouveaux travaux d'épistémologie et d'histoire cette idée très spinoziste de la nécessité, le profond renouvellement d'une éthique rationnelle ». Sur l'ambiguïté de ce spinozisme, *cf.* P. Cassou-Noguès, *De l'expérience mathématique. Essai sur la philosophie des sciences de J. Cavaillès.*, Paris, Vrin, 2001, p. 317 *sq.* Sur le « spinozisme » de Bachelard, *cf.* D. Gil, *Bachelard et la culture scientifique*, *op. cit.*, p. 40 *sq.*

proprement parler (rationalité théorique)[1], qu'à son idée du pratique. L'élucidation de la nature de cette rationalité originale procède indissociablement selon une triple ligne : historique, critique et clinique. Prenant le parti d'objectiver la pratique[2], la réflexion opère en effet un détour par la pensée des traces. En suivant ainsi le fil directeur des œuvres singulières, la critique renouvelle le projet d'un examen transcendantal de la raison, procédant médiatement à l'examen des conditions de possibilité de l'expérience *effective*. La clinique désigne l'effort continué de conquête de l'individuel par un rationalisme appliqué, où la technique prolonge la pensée formelle dans la saisie conceptuelle du « ceci ». Sans être clos, un tel rationalisme fait système : par sa précision, la clinique débouche sur l'histoire, qui instruit la critique, laquelle affine à son tour la clinique, etc. De même, la connaissance, en particulier de l'homme, instruit l'action, la compréhension se faisant ainsi véritablement pratique. L'univers, et la raison, sont en expansion.

Cette cohérence fait toute l'originalité de Granger par rapport aux « moments » du siècle : héritant de l'existentialisme une rationalité « en situation », il reprend, dans un cadre symbolique, le problème des années 1900 – « l'esprit », qui fait écran à la réalité, mais permet de la connaître[3]. En effet, sa solution dialectique, comme réflexion indirecte sur les œuvres immanentes, semble curieusement faire écho à celle de Meyerson[4] ou de Hamelin, tout en réunifiant la raison bachelardienne divisée. L'occultation durable de la spécificité d'une pensée du vivant importe dès lors moins que la voie ainsi ouverte : celle d'une réflexion médiate sur les œuvres, entendues comme formes symboliques singulières, et qui confère à l'immanence normative du transcendantal un sens limité, mais précis et

1. Cette dimension est la plus connue de l'œuvre. Elle fait notamment l'objet des étude réunies dans *CP*, le numéro de la revue *Manuscrito* (X, 2, 1987), et le collectif dirigé par Antonia Soulez et Arley Moreno, *La pensée de Gilles-Gaston Granger*, *op. cit.*

2. Cette objectivation n'est jamais complète (cf. *infra*, p. 223). En quoi la pensée de Granger trouve sans peine place dans le « topos » du XXe siècle philosophique de la « résistance à l'objectivation » (F. Worms, *Histoire de la philosophie française au XXe siècle*, *op. cit.*, p. 569).

3. Sans doute la notion de « style » constitue-t-elle la solution grangérienne de la tension, propre au moment « structuraliste », entre la totalisation systématique et le mouvement différentiel (F. Worms, *Histoire de la philosophie française au XXe siècle*, *op. cit.*, p. 467 *sq.*).

4. Cette filiation n'est pas explicite. Granger suit Bachelard dans son rejet la théorie de l'identité, mais peut-être existe-t-il une proximité souterraine de ces essais d'une « métaphysique des actes de l'esprit » partant des « produits historiques de la pensée » pour mieux en objectiver les « lois » (F. Fruteau de Laclos, *L'épistémologie d'Émile Meyerson. Une anthropologie de la connaissance*, *op. cit.*, p. 18).

fécond[1]. Sans doute cette métaphysique des singularités se nourrit-elle d'une rationalité quelque peu rigide, peu apte à saisir l'intégralité du relief du réel, voire seulement certaines de ses nuances. Du moins maintient-elle la critique dans sa prétention, *sans lui opposer la dimension clinique*, mais en les adossant au contraire l'une à l'autre, au moyen d'une réflexivité elle-même symbolique et décentrée.

Prendre l'individuel au sérieux, en faire la plus fine et la plus précieuse des déterminations, sans pour autant renoncer à sa saisie *effective*, à des niveaux différenciés. Là où l'idéalisme tend toujours à n'y voir qu'un épiphénomène[2], le considérer comme le grain même de l'expérience concrète. L'individuel, c'est la *singularité*; non pas l'individu particulier, mais le processus singulier d'individuation, avec les relations qui le lie contingentement au monde[3], et pris dans un contexte symbolique déterminé. Dans ce cadre métaphysique dynamique, sorte de leibnizianisme sans harmonie préétablie, la raison se construit historiquement, par une méditation réflexive sur les œuvres singulières. Eros est subtil et constant, et la philosophie, construction patiente de l'inapparent. Dans son effort de médiation et son désir de méthode, elle instaure avec l'individuel un rapport « réactif », médiat, non « naturel »[4]. L'individuel est le fruit d'un labeur, non un don de la paresse : activité « gracieuse » d'un schématisme figé, prestidigitation des Essences, ou traduction « mystérieuse » des énoncés protocolaires[5].

Si une certaine nostalgie en résulte, c'est seulement en tant que la raison se méprend sur son être même, immobilisant artificiellement son surplomb passager en stase « théorique » – simple « illusion de la réflexion »... Encore ce sentiment n'est-il point sans vertu, puisqu'il révèle au savoir sa nature authentique. *La nostalgie de l'individuel est ainsi le ressort*

1. J.-R. Seba, *Le partage de l'empirique et du transcendantal. Essai sur la normativité de la raison : Kant, Hegel, Husserl*, Bruxelles, Ousia, 2006.

2. *PFSH*, p. 185-186.

3. *Cf.* Ch. Frémont, *Singularités : individus et relations dans le système de Leibniz*, Paris, Vrin, 2001. L'auteure souligne que le terme de « singularité » ne désigne pas ce qui concerne l'individu existant, mais plutôt un mélange d'ordre et de désordre, un cas extraordinaire (« distingué »), et le résidu de l'harmonie préétablie, en tant que « complication » ; bref, c'est l'individuel pris dans son irréductibilité, plutôt que dans son exemplarité (tout singulier (quelconque) n'est pas singularité). Le terme de singulier correspond sans doute mieux au souci grangérien du typique, sans qu'il soit pour autant pris au sens strictement hégélien d'une synthèse de l'universel et du particulier dans le travail réflexif de l'esprit (comme l'individuel non immédiat), même s'il en conserve la connotation d'après-coup.

4. *Bachelard*.

5. *PFSH*, p. 23-24, et 180. C'est la paresse *conceptuelle* qui rapproche paradoxalement positivisme logique et phénoménologie, comme philosophies de la « conscience ».

dialectique de la rationalité pratique. Confrontée, par auto-analyse, à son désir intime (créer des « machines à produire des singularités »[1]), prenant conscience de son « besoin de projection créatrice »[2], la raison doit désormais tenter de surmonter son « complexe de Pygmalion » – non sans mal[3]. Du moins la sagesse philosophique y gagne-t-elle de rester, à l'ère des machines, un art rigoureux et inspiré du singulier[4].

REMERCIEMENTS

Ce travail est en partie issu d'une thèse de doctorat soutenue en octobre 2006 à l'Université d'Aix-Marseille 1 (« Logique de la raison pratique. Réflexivité. Herméneutique. Clinique »). Que François Clementz, Pierre Livet, Stéphane Chauvier et Jean-Claude Passeron, qui ont été ses premiers lecteurs, soient ici remerciés. L'auteur remercie également les membres du Centre d'Epistémologie et d'Ergologie Comparative de l'Université de Provence (CNRS-UMR 6059), ainsi que Jacques Revel (EHESS), pour avoir généreusement accueilli les premiers éléments de cette réflexion dans leur séminaire. Certains chapitres ont bénéficié de la lecture attentive de Antonia Soulez, Arley Moreno, Stéphane Haber et François Rastier.

En outre, la publication de cette étude n'aurait pas été possible sans les encouragements de Hourya Sinaceur, Norma Yunez et Frédéric Worms. Enfin, je remercie tout particulièrement Pierre Thibaud, qui m'a donné accès à sa compilation des articles de Granger, déposée à la bibliothèque universitaire de l'Université de Provence et m'a aidé par ses nombreux conseils.

1. *STYL*, p. 9-10.
2. *RAIS*, p. 114.
3. G.-G. Granger, « Pygmalion, réflexions sur la pensée formelle », *Revue philosophique*, n°7-9, 1947, p. 282-300 (désormais cité *Pygmalion*); cf. *infra*, p. 70. Ce complexe n'est pas complètement dépassé par la modélisation cybernétique ou l'histoire conceptuelle – cf. *infra*, p. 179 et 85.
4. Sur l'impossible absorption de la science (et par suite du pratique) dans le technique : *S et R*, p. 189.

PREMIÈRE PARTIE

ERGOLOGIE

Le sens des œuvres n'est que rarement présent dans la conscience exprimée ou supposée de leurs auteurs, non plus que dans les conséquences immédiates qui en découlent ou les circonstances qui ont conditionné leur naissance. Compte tenu de tous ces éléments et de la structure même de l'œuvre, le philosophe essaie de construire une signification. Il peut prétendre ainsi éclairer un moment des rapports des hommes à leur monde (…).

Granger, « L'explication dans les sciences sociales »

LA RAISON À L'ŒUVRE

La notion d'œuvre si est centrale, dans la pensée de Granger, qu'elle définit la philosophie même. Ainsi, le but désigné des derniers ouvrages, « penser la vie et les œuvres humaines », « interpréter » les « œuvres humaines », fait profondément écho au désir premier d'une « poïématique », « à la fois science, histoire et philosophie des œuvres humaines » [1]. Doit-on se contenter d'y voir l'expression d'un parti-pris objectiviste, hérité du positivisme, et reflétant le choix d'une philosophie du « concept », à l'encontre d'une philosophie de la « conscience » ? En fait, Granger altère sensiblement l'alternative célèbre de Jean Cavaillès [2]. Ce contraste anti-phénoménologique, dont il relève, avec Georges Canguilhem, la formulation énigmatique, n'est au demeurant guère stable [3], et il lui manque certainement une dimension symbolique [4]. Aussi Granger tente-t-il explicitement de renouveler les termes du rapport et sa nature : l'opposition passe désormais entre le formel (conceptuel, objectif) et le vécu (sensible,

1. Respectivement : *PCP*, p. 9 ; *PLS*, p. 13 ; *PSHS*, p. 214.

2. J. Cavaillès, *Sur la logique et la théorie de la science*, Paris, Vrin, 1997.

3. L'opposition a été durcie de façon polémique, par Canguilhem et Foucault. Alain Badiou (« Panorama de la philosophie française au XXe siècle », art. cit.) lui préfère celle du concept et de la vie. L'étude collective sous la direction de P. Cassou-Noguès et P. Gillot, *Le concept, le sujet, et la science. Cavaillès, Canguilhem, Foucault*, Paris, Vrin, 2009, précise les enjeux d'une problématisation trop massive pour être véritablement pertinente. F. Fruteau de Laclos, en particulier, montre bien l'entrecroisement de la conscience et du sujet dans les épistémologies de l'entre-deux guerres (Koyré, Bachelard et Meyerson).

4. H. Sinaceur, « Formes et concepts », art. cit., p. 103.

intuitif, exprimé en langage naturel), et leur articulation est dialectique. La philosophie, en ce sens, est méta-conceptuelle.

C'est par son souci des œuvres que Granger occupe une position originale dans le paysage épistémologique, notamment français. Avec lui, en effet, la réflexion philosophique sur la science ne prend pas seulement un tour historique et diversifié, à rebours de l'orientation décontextualisée de la « théorie de la connaissance » [1], mais *procède de façon précise, par étude des singularités*. C'est d'ailleurs en fonction de cet attachement à l'étude des discours scientifiques *effectifs* que Granger « classe » les épistémologues, préférant Cavaillès et Foucault à Lautman ou Bachelard [2], voire les traditions (continentale *vs.* analytique) [3]. Nulle restriction, ici, aux circonstances particulières de l'époque, qui valent moins en soi que comme médiations (nécessaires) de la dynamique rationnelle elle-même [4]. Mais un prolongement de la tradition historique française dans le sens du *concret* [5], et la cohérence d'un rationalisme du singulier, qui confère une *granularité* supplémentaire à l'épistémologie trans-historique bachelardienne [6].

Paradoxalement, c'est peut-être pour des raisons *existentielles* que cette philosophie pratique est indexée sur la notion d'œuvre. En tant qu'elle reprend en effet à l'anthropologie négative de Hegel la problématique de l'aliénation, la pensée de Granger fait du défi de l'individuel son enjeu fondamental, et de la connaissance objective son mode privilégié de

1. *Cf.* S. Laugier et P. Wagner (dir.), *Philosophie des sciences*, Paris, Vrin, 2004, préface; et J.-F. Braunstein, « Bachelard, Canguilhem, Foucault. Le "style français" en épistémologie », art. cit., p. 931-932.

2. G.-G. Granger, « Cavaillès et Lautman, deux pionniers », *Revue Philosophique*, n° 3, p. 299-301 ; « Jean Cavaillès et l'histoire », art. cit. ; *Bachelard*, p. 14 et « Janus Bifrons », art. cit., p. 59. Lautman étudie les œuvres de façon « précise », mais dans une perspective plus idéaliste qu'historique. L'épistémologie de Bachelard n'est pas vraiment historique car, plus sensible au progrès collectif, elle ne s'attache pas à l'examen des œuvres particulières « dans leur détail fin ». Granger ne se prononce pas sur Koyré ou Canguilhem, se contente de reprendre la vision bachelardienne de Meyerson, et s'oppose explicitement à Foucault (« Leçon inaugurale », Éditions du Collège de France, p. 5-31).

3. « L'histoire de la philosophie à la manière de la philosophie analytique », dans J.-M. Vienne (éd.), *Philosophie analytique et histoire de la philosophie*, Paris, Vrin, 1997. La tradition analytique s'intéresse aux idées, ou à la traduction contemporaine des problèmes, la tradition continentale s'efforce de comprendre les œuvres singulières.

4. *PFSH*, p. 9 : « C'est donc le *mouvement* scientifique de la pensée qui fait l'objet de notre étude ».

5. Hourya Sinaceur souligne en quoi le souci de l'individuel marque l'originalité de Granger par rapport à Cavaillès. La philosophie du style se « substitue » toutefois moins à l'épistémologie historique qu'elle ne la complète de façon conséquente (« Style et contenus formels chez Gilles-Gaston Granger », art. cit., 2.2 et 4.).

6. *Cf.* V. Bontems, *Bachelard*, *op. cit.*, p. 29 *sq.*

riposte. Par quoi Granger fait converger la question du fait de la nécessité scientifique et l'idée du mouvement historique comme effort rationnel de libération. C'est ce souci d'objectivation qui explique le caractère doublement indirect d'une philosophie pratique qui, pour mieux penser l'action, l'aborde comme production, et ne prétend saisir celle-ci qu'à travers son résultat.

CHAPITRE PREMIER

UN EXISTENTIALISME ORIGINAL

Philosophie et épistémologie des sciences, et en particulier des mathématiques, la pensée de Granger a une réputation de sérieux et d'austérité qui la rendent, à première vue, peu suspecte de sympathies « existentialistes »[1]. Ne raille-t-il pas la mondanité déplacée d'un courant où les « intéressantes expressions d'un état d'âme » mêlent sans pudeur platitudes et indigence conceptuelle ? N'y voit-il pas, au mieux, une « métaphysique de l'émotion » qui substitue l'immédiateté de l'expérience affective à la patience du concept, une métaphysique de l'inachevé qui subvertit la vocation traditionnelle de la philosophie à la délimitation[2] ? Sans complaisance pour le paradoxe, on peut pourtant soutenir l'idée d'une profonde – et double – affinité de cette pensée avec les *philosophies* de *l'existence*. La pensée de Granger reprend en effet le problème de la facticité de la nécessité scientifique autant qu'elle s'inspire d'une logique de l'existence, qu'elle infléchit en une anthropologie négative. Dans ce cadre, l'individuel devient un *problème* pour la raison, qui s'écarte de son immédiateté pour mieux le ressaisir, au risque d'une nostalgie persistante. Par l'analyse des diverses tentatives de réponse rationnelle à cette difficulté, Granger dégage l'idée originale d'une connaissance pratique et médiate, objectivant l'action par *l'œuvre*.

1. Certaines analyses sont ici reprises de l'article : « L'existentialisme poïétique de Gilles-Gaston Granger », *in* A. Soulez et A. Moreno, *La pensée de Gilles-Gaston Granger*, Paris, Hermann, 2010.

2. *RAIS*, p. 38-9. L'existentialisme est considéré comme un cas d'irrationalisme, à côté de la pensée mythique et du romantisme des valeurs vitales qui prévaut, par exemple, dans la psychanalyse freudienne ou le surréalisme.

Une philosophie doublement existentielle

La facticité de la nécessité scientifique

De prime abord, on associe volontiers les pensées de l'existence à certains thèmes canoniques de la phénoménologie française d'après-guerre : la conscience, le corps, autrui… Au-delà de cet air de famille, on peut pourtant les définir plus précisément par un *problème* commun, indépendamment des divergences dans les solutions proposées[1]. Le « moment de la seconde guerre mondiale » rompt tout d'abord avec le « moment 1900 » en ce qu'il refuse tout fondement métaphysique, et en particulier dans un acte de l'esprit (l'intuition de Bergson, le jugement de Brunschvicg). Il part ensuite d'un *fait* absolu, qu'on ne cherche pas à expliquer (ni à fonder) : la contingence de l'existence *ou* la nécessité de la science. Il met enfin en relation *dialectique* les deux aspects du fait considéré : la conscience et le monde, la science et le changement.

Pour surprenant qu'il paraisse, le rapprochement ainsi opéré entre contingence et nécessité n'en est pas moins légitime et rigoureux. F. Worms le montre de façon convaincante à l'occasion d'un parallèle étonnant entre Sartre et Cavaillès[2], qui redonne à la *nécessité* toute son importance dans ce moment, trop souvent associé exclusivement à la contingence et à l'absurde. Chaque philosophe tire en effet du refus de la tentative de Husserl pour *fonder* la nécessité de la science sur les actes de la conscience des conséquences différentes (l'infléchissement de la phénoménologie dans le sens de la contingence radicale chez Sartre, pour qui la conscience est un pur néant); la recherche d'un principe non phénoménologique de la nécessité chez Cavaillès), tout en affrontant le problème commun de *l'historicité* d'un fait (la liberté, la science).

Granger se place explicitement dans le sillage de Cavaillès : c'est parce que « la science existe »[3] que son histoire est problématique. La difficulté, formulée à partir de Kant, est celle « de l'autonomie d'une démonstration scientifique indépendante à la fois de tout canon logique et de toute ontologie préalable, mais produisant plutôt ses formes et ses objets dans ses actes propres », ou encore d'une étonnante « production de nécessité » par

1. F. Worms, *Histoire de la philosophie française au XXe siècle*, *op. cit.*

2. *Ibid.*, p. 250-272 : « Sartre et Cavaillès : nécessité et existence ».

3. *PFSH*, p. 9 ; et « Jean Cavaillès ou la montée vers Spinoza », art. cit. Sur cette filiation, *cf.* Hourya Sinaceur, « Formes et concepts », art. cit., p. 94 *sq.* et « From Kant to Hilbert : French philosophy of concepts in the beginning of the XXth century », *in* J. Ferreiros, J. Gray (éd.), *The Architecture of Modern Mathematics*, Oxford, Oxford University Press, p. 349-376.

la science, malgré un lien apparent entre science et conscience [1]. La solution peut consister à intégrer soit la forme logique, soit l'objet mathématique dans la démonstration. Dans la première voie, Bolzano bute sur une aporie (la présence des effets objectifs de la science, qui réclame une ontologie); Husserl se trompe dans la seconde, en réintroduisant l'acte d'une conscience, et en soumettant l'ontologie mathématique à une ontologie préalable, au lieu de privilégier l'étude d'un développement immanent (solution prônée par Cavaillès lui-même, dans le cadre d'une philosophie « du concept »).

C'est dans cette nécessité d'engendrement ou d'enchaînement (Cavaillès dit aussi « génératrice » ou « dialectique »), que réside le problème de cette histoire des mathématiques qui « n'est pas une histoire » [2]. Le thème de la spécificité (« récurrente ») de l'histoire des sciences est certes un « topos » de l'épistémologie bachelardienne [3], mais Granger le remet sur le métier dès ses premiers travaux, dans un cadre symbolique plus abouti [4]. Alors que Cavaillès avait abordé la difficulté sans avoir véritablement eu le temps de la résoudre (autrement, peut-être, que dans ses actes [5]), Granger tente d'y apporter une solution philosophique originale, au sein d'une théorie *dialectique* de la production *contingente* de contenus *nécessaires*, corrélative d'un « réalisme modéré » [6]. Par la prise en considération de la nécessité scientifique, le refus de la fonder sur un acte de l'esprit, et l'établissement d'un rapport dialectique avec l'histoire, Granger

1. F. Worms, *Histoire de la philosophie française au* XXe *siècle*, *op. cit.*, p. 258; H. Sinaceur, *Jean Cavaillès Philosophie mathématique*, Paris, P.U.F., 1994, p. 111 *sq.*

2. J. Cavaillès, *Sur la logique et la théorie de la science*, *op. cit.*; H. Sinaceur, « Formes et concepts », art. cit., p. 11-33.

3. *Cf.* J.-F. Braunstein, « Bachelard, Canguilhem, Foucault. Le "style français" en épistémologie », art. cit., p. 935; J. Gayon, « Bachelard et l'histoire des sciences », *in* J.-J. Wunemburger, *Bachelard et l'épistémologie française*, *op. cit.*, p. 71. D'où le rôle ancillaire de l'histoire des sciences (*ibid.*, p. 52 *sq.*).

4. G.-G. Granger, « Jean Cavaillès ou la montée vers Spinoza », art. cit. Le problème ne cesse ensuite d'être retravaillé: cf. *IRR*, p. 272, et surtout « Jean Cavaillès et l'histoire », art. cit.; repris dans *PLS*, chap. 7.

5. F. Worms, *La philosophie française au* XXe *siècle*, *op. cit.*, p. 269: la nécessité de Cavaillès n'agit pas « toute seule », et la philosophie du concept n'est pas pensable sans un « choix », qui distingue, notamment, l'action de la science. La nécessité peut par ailleurs prendre une forme brute ou sentie (*cf.* « Simone Weil ou les effets de la nécessité sur l'âme humaine », *ibid.*, p. 370 *sq.*).

6. *S et R*, p. 9: « (...) cette réalité visée par la science, si elle apparaît bien comme transcendante à l'acte de connaître et donc d'une certaine manière comme *découverte*, n'en est pas moins explicitée et d'une certaine manière *produite* par la science. Tel est le mystère qu'il faudrait éclaircir d'un réalisme bien tempéré ».

appartient bien au moment « existentiel » de la seconde guerre mondiale. Toute sa philosophie est d'ailleurs hantée par le problème de *l'histoire*, et notamment, au-delà de l'historicité des sciences, par l'existence même d'une science historique, la légitimité de son objet, la pertinence de sa méthode…

L'aliénation comme logique de l'existence

L'existentialisme très particulier de Granger doit également beaucoup à l'influence de Jean Hyppolite [1], qui fait de *l'aliénation* la structure même de l'existence et le ressort de sa logique intime. Certaines précisions de sémantique historique permettent toutefois de déterminer l'usage bien spécifique que Granger fait de ce concept, en combinant, de façon sélective et originale, des éléments hégéliens (position du problème), marxistes (type de réponse) et sémiotiques (cadre de la réponse).

Dans sa minutieuse enquête archéologique, Stéphane Haber a souligné l'ambivalence indissociablement objective *et subjective* du concept, en amont des inflexions ontologique et psychiatrique qu'elle a pu prendre respectivement chez Hegel et Pinel [2].

Hyppolite n'a pas immédiatement donné une importance centrale au concept *d'aliénation* dans son commentaire hégélien, mais seulement sous l'influence de l'interprétation marxienne de Lukacs (distinction de l'objectivation « naturelle » et de l'aliénation, suppression finale de l'aliénation par l'objectivation réelle avec la fin du salariat, solution uniquement économique) [3]. L'intérêt du refus hégélien de distinguer l'aliénation et l'objectivation tient précisément, selon Hyppolite, à ce qu'il permet de penser la condition humaine dans toute son ampleur : l'homme s'aliène toujours, dans son rapport à autrui, à la nature, au travail, au langage, à l'argent, dans le rapport de l'existence à l'essence et de l'affirmation à l'objectivation. Dans ce « redoublement de l'aliénation hégélienne » [4], Lukacs ne verra, sous couvert de modernisation *existentielle*, qu'un irrationalisme détournant du communisme. Mais Hyppolite se veut en fait fidèle à la philosophie de Hegel, dans son refus de la position « humaniste » ou

1. J. Hyppolite *Logique et existence*, Paris, P.U.F., 1953.

2. S. Haber, *L'aliénation. Vie sociale et expérience de la dépossession*, Paris, P.U.F., 2007, et P. Lacour, « L'existentialisme poïétique de Gilles-Gaston Granger », art. cit.

3. Voir sur ce point J. Lèbre « Un hégélianisme sans refuge », conférence à la journée *Jean Hyppolite, entre structure et existence*, Paris, ENS, http : //www.diffusion.ens.fr/index.php ? res=cycles&idcycle=287.

4. Selon la belle expression de Jérôme Lèbre, conférence citée.

« anthropologique » marxiste. Si l'homme devient sans cesse autre et doit pourtant toujours surmonter cette altérité, c'est en effet pour une raison métaphysique précise: la différence de l'existence et de l'essence, constitutive de la tension indépassable de l'existence humaine, ne peut être dépassée par l'homme lui-même. La solution ne peut être que *logique*[1]. C'est pourquoi Hyppolite fait commencer l'aliénation dans le langage[2], contre l'interprétation marxiste qui en minore l'importance, au profit de l'argent, mais également contre la lecture anthropologique de Kojève, en terme de désir et de lutte pour la reconnaissance[3]. Par opposition avec la parole débile de l'homme, la logique spéculative, ni formalisme mathématique, ni poésie, est la pleine présence du sens dans le discours vivant[4]. Du point de vue du Concept, donc, l'aliénation est la logique de l'être, scindé entre sa possibilité (son essence) et son effectivité (existence); elle est la *structure même de l'existence*. Cet infléchissement ontologique du sens de l'aliénation, sensible dès la conclusion semi-aporétique de *Logique et existence*, est encore accentué dans les réflexions d'Hyppolite sur l'aliénation mentale, interprétée comme échec de notre rapport à l'Être. Jamais n'est toutefois abandonnée l'idée que le logos est un refuge pour l'homme,

1. C'est le sens d'un certain revirement anti-humaniste d'Hyppolite, sans doute sous influence heideggérienne. *Cf.* les communications, de Giuseppe Bianco : « Tu quoque Brute, mi fili? Hyppolite & sons », Leonard Lawlor : « L'immanence est complète : l'héritage de Jean Hyppolite », et Stefanos Geroulanos, « L'anti-humanisme hégélien de Jean Hyppolite » à la journée *Jean Hyppolite, entre structure et existence*, Paris, ENS, http ://www.diffusion.ens.fr/index.php?res=cycles&idcycle=287.

2. Leonard Lawlor (conférence citée) souligne bien le triple enjeu de *Logique et existence* : le projet hégélien d'une transformation de la philosophie en logique implique une étude de la philosophie hégélienne du langage, une analyse de la différence entre le Logos et l'Etre, une théorie de cette différence essentielle qui soit immanente (à l'être), médiatisée et dialectique (contradictoire).

3. L'anti-humanisme ontologique d'Hyppolite doit être replacé dans le contexte de l'anti-anthropocentrisme français d'après-guerre. Son « anthropologie négative » diffère notamment de celle de Kojève, et il s'oppose aussi à la lecture « politique » de Merleau-Ponty, qui donne la priorité à une téléologie utopique (« être du juste côté de l'histoire ») sur le problème ontologique. La conclusion du livre d'Hyppolite déjoue toutefois l'apparente priorité ontologique du balancement entre anthropologie et ontologie, dont le chiasme logique reste le problème central du livre et, pour Hyppolite, du hégélianisme. Touchant cette réflexion sur l'homme comme « marionnette de l'absolu », *cf.* S. Geroulanos, conférence citée.

4. Contre Heidegger, Hyppolite refuse de faire du poème le refuge ou la demeure de l'Être : la poésie est inauthentique.

même si celui-ci n'y est pas chez lui, et que l'aliénation ne saurait, en ce sens, être radicale[1].

Granger reprend essentiellement à Hyppolite la *position existentielle du problème* de l'aliénation. Comme ce dernier, il donne à ce concept sa plus forte amplitude, en le liant de façon indépassable à la notion d'*individuel*[2] : « toute objectivation déterminée est une aliénation ». Celle-ci ne naît pas seulement de mon rapport à l'autre, mais « du caractère individuel attaché à toute expérience », qu'il s'agisse du rapport à l'autre, à la société ou à la nature[3]. L'aliénation, comme détermination individuelle, est donc fondamentalement *polymorphe* : elle « se réalise à différents niveaux ». En fait, prise dans son acception la plus générale, et dans le cadre d'un spinozisme sans béatitude, l'aliénation ne désigne pas tant, une « perte de soi dans l'autre (...), une saisie de soi comme nécessairement autre, que (...) le paradoxe d'une autonomie sentie, alliée à une dépendance pensée, qui caractérisent l'existence individuelle »[4]. Granger tire de ce postulat une conséquence existentielle d'une très vaste portée : « tout individu en tant que tel est aliéné », et « toute vie humaine est le développement et la métamorphose d'une aliénation ». La nature même du développement de la conscience individuelle implique donc le renouvellement indéfini d'une insatisfaction fondamentale[5]. L'individu, en tant que tel, se reconnaît comme *aliéné*, parce qu'il est « à la fois étranger aux êtres et possédé par eux, vivant en eux »[6].

En fait, l'enjeu du concept d'individuel ne tient pas seulement à cette dimension anthropologique négative, mais réside également dans son importance *ontologique* – comme chez Hyppolite, encore qu'en un sens

1. Sur le passage à la limite opérée par les élèves d'Hyppolite sur l'aliénation (onto-)logique, *cf.* les réflexions de J. Lèbre dans *Hegel à l'épreuve de la philosophie contemporaine : Deleuze-Lyotard-Derrida*, Paris, Ellipse, 2002.

2. Dans son commentaire, Hyppolite indique, sans encore faire le lien avec la question de l'aliénation, que « le problème de l'individualité est le problème central du Hégélianisme » (*Genèse et structure de la Phénoménologie de l'Esprit de Hegel*, Paris, Aubier, 1946, p. 53, note). Sur l'individuel comme figure humaine de la singularité, cf. *ibid.*, p. 255.

3. *PFSH*, p. 204 : « Aussi bien l'objet que le sujet de toute expérience sont, en tant que tels, des individus ». L'individuel est aussi considéré comme « le signe de notre condition aliénée » (*ibid.*, p. 205).

4. *Ibid.*, p. 204. Cf. *supra*, p. 27.

5. *PFSH*, p. 218 : la conduite de l'individu est « l'expression d'un processus empirique d'aliénation et de libération alternées dont la conscience est le théâtre ».

6. G.-G. Granger, « Qu'espérer d'une science de l'homme ? », *Sciences*, n°10, p. 43.

différent[1]. L'individuel est en effet définitoire du *réel*, en une acception ontologique moderne que Granger oppose au concept (ancien) d'Être :

> Que tout ce qui est saisi, perçu, pensé comme individuel participe du réel me paraît être l'un des critères de la réalité. On entend ici par individuel ce qui se détache sur un fond d'expérience globale par un caractère d'*unicité* et d'*autonomie*. Il peut en être ainsi aussi bien d'un fait ou d'un être matériel inanimé que d'un être animé humain ou non humain, ou encore d'une œuvre de l'homme, prise non pas seulement comme objet physique proposé à la vue, à l'ouïe, au toucher, mais en tant précisément qu'œuvre humaine[2].

A ce double critère, on doit d'ailleurs rajouter un troisième, qui leur est implicite : celui du caractère *local* de l'individuel. Celui-ci est toujours une partie prélevée dans le tout de l'expérience – à l'exception toutefois du cas de l'univers, qui est cette totalité même, cadre et contenu, sans extériorité. Aussi bien la notion d'individualité perd elle alors son sens, puisque le cosmos comme *hapax* contredit l'idée d'une pluralité d'individus dans une même espèce[3].

De ce que la prolifération des figures de l'individuel condamne l'homme à une aliénation multiforme, on peut d'abord conclure qu'il ne saurait exister de solution *exclusive*. Si les ripostes au défi de l'individuel et de l'aliénation ne manquent pas[4], Granger commence ainsi par écarter certaines orientations *univoques*. Le marxisme « orthodoxe », par exemple, privilégie à bon droit le niveau social, mais il se trompe lorsqu'il soutient que toute aliénation se réduit à l'aliénation économique et politique du membre d'une classe exploitée. Le problème est en effet structurel, et nullement passager : la suppression de l'individuation, même dans l'expérience totalitaire, « ne peut être qu'apparente, si toute existence est nécessairement individuelle »[5]. C'est que, désaliéné socialement, l'individu n'en resterait pas moins aliéné dans ses rapports avec autrui et la nature : *affection* polymorphe que décrit moins le vocabulaire marxiste de la lutte

1. Le projet ontologique grangérien est moins aporétique, plus constructiviste.

2. *S et R*, p. 42. C'est Aristote qui réintroduit l'individuel dans l'Être, et en fait un type d'objet connaissable (*ibid.*, p. 23-24).

3. Granger montre que c'est en fait la *totalité* qui est le trait distinctif de cet objet particulier qu'est l'univers qui, par son statut d'individualité singulière, place la cosmologie dans une position inconfortable, à la frontière de la science et de la spéculation imaginaire, au risque d'un certain renoncement au rationnel (*IRR*, p. 210).

4. D'une certaine manière, en effet, « toutes les grandes métaphysiques sont des tentatives pour décrire et supprimer l'aliénation » (*PFSH*, p. 204).

5. *PFSH*, p. 204-205.

des classes que celui des moralistes du Grand Siècle («passion», «douleur», «incertitude»). Une autre solution illusoire consisterait soit à souscrire à la «promesse panthéiste de dissolution de l'individu dans la totalité de l'être», soit «à reconnaître à l'homme une fondamentale et irrémédiable impuissance». Ce sont là des recours extrêmes auxquels un rationalisme «conséquent» ne saurait se résoudre, pas plus qu'il ne saurait accepter une sorte de bricolage pratique confus, qui «traite l'individuel comme figure immédiate de l'objectivité vécue»[1].

UNE APPROCHE RATIONNELLE DE L'INDIVIDUEL EST-ELLE POSSIBLE ?

L'individuel, en tant qu'il relève du «vécu immédiat» et prend des formes diverses, ne cesse de poser problème à la raison[2]. Celle-ci a spontanément tendance à le rejeter dans le domaine de l'irrationnel, mais ne manque pas d'en faire, en même temps, l'objet de son plus secret désir. Et c'est bien l'objet de ce double mouvement que Granger décèle dans son histoire, considérée comme constitutive d'une nouvelle méthodologie transcendantale[3]. En réarticulant dialectiquement son propre parcours, la raison précise son souci, progressant ainsi, de façon diaporématique, dans son auto-analyse. Elle reprend à Aristote la position du problème de l'individuel, refuse la prestidigitation essentialiste, s'intéresse au compromis leibnizien et résiste à la tentation idéaliste.

La position aristotélicienne du problème

La manière dont Aristote aborde le problème de l'individuel est tout entière commandée par la nécessité d'une *médiation* rationnelle. Le Stagirite cherche en effet à échapper à une alternative exclusive entre deux termes. D'un côté, l'expérience simple et immédiate (*empeiria*), mais aussi la production ou la pratique *effective* (non pas la science pratique (*praxis*) ou la science poétique (*poièsis*), mais *telle* action ou production *hic et nunc*), touchent directement l'individuel mais n'en connaissent pas les causes; elles ne constituent donc que des connaissances immédiates, et par suite inadéquates, et non rationnelles de l'individuel. De l'autre, l'approche scientifique (théorique ou pratique), procédant par explication des causes

1. *PFSH*, p. 203.

2. On prendra ici le terme de *raison* au sens large de la raison pratique (cf. *supra*, p. 21) sans pour l'instant déterminer si la solution retenue face au défi de l'individuel relève de la raison théorique, pratique, ou d'une quelconque forme de combinaison entre les deux.

3. Sur l'historicisation du transcendantal, cf. *infra*, p. 78.

et démonstration, comporte nécessairement une abstraction qui occulte provisoirement la singularité individuelle[1]. Impossible à connaître scientifiquement, l'individuel concret fait pourtant l'objet d'une « nostalgie » persistante de la pensée[2].

Sciences théoriques et pratiques ne sont pas distinguées selon une différence d'attitude envers la connaissance (pure ou appliquée), mais en fonction d'une dissemblance dans la nature des objets[3]. Celui des sciences pratiques est considéré du point de vue de notre action (que la finalité de celle-ci soit interne à l'action et à l'agent (*praxis*), ou au contraire externe (*poièsis*)), tandis que l'objet des sciences théoriques (*épistémè*) est étudié du point de vue de l'essence (le *tode ti* des substances premières). Pour Aristote, il ne saurait y avoir de science théorique (*épistémè*) que de l'universel (et du nécessaire), et jamais de l'individuel. En tant qu'accident (*sumbébèkos*), ce dernier relève forcément de l'irrationnel, au sens où il marque la limite du concept[4] – c'est d'ailleurs en raison de cette déficience de la contingence que l'histoire est moins philosophique que la poésie[5]. Il peut toutefois exister des compromis intermédiaires, sous la forme des schèmes semi-abstraits des natures (*phuseis*) et des âmes (*psychai*), ou des schèmes très abstraits de la mathématique[6].

Dans les sciences pratiques, la saisie rationnelle de l'individuel implique également la constitution de disciplines *intermédiaires*, qui permettent « comme une progression de la connaissance théorique aux pratiques individuelles »[7]. Ces disciplines que sont, respectivement, la sagesse (*phronèsis*) pour la science de l'action (*praxis*) et l'art (*technè*)

1. *S et R*, p. 37.

2. *PFSH*, p. 188-189. Cf. *supra* (la citation en exergue de l'ouvrage), p. 6, et O. Hamelin, *Le système d'Aristote*, *op. cit.*, p. 398 *sq.*

3. G.-G. Granger, « Science de la pratique et pratique de la science dans le domaine des faits humains », art. cit., p. 58 *sq.*

4. L'accident est une propriété ou un événement qui n'est ni nécessaire, ni n'arrive « le plus souvent ». Sur cette notion, son opposition relative à celle de substance et son rôle dans la réflexion sur le possible, cf. *S et R*, p. 28 *sq.*

5. Aristote, *Poétique*, 1451 b5.

6. Sur ces substances secondes ou « accidents universels », qui indiquent ce qui, dans les être individuels, est directement connaissable par une pensée rationnelle, et utilisent la forme du syllogisme, cf. *S et R*, p. 35-36 et, pour plus de détails, *TAS*.

7. Granger se défend de reprendre directement les distinctions du Stagirite, issue d'une époque où les techniques étaient clairement séparées des sciences, alors que le paysage contemporain est marqué au contraire par leur enchevêtrement; il en retient cependant « à la fois le principe d'une distinction en un certain sens radicale, et l'idée d'une continuité dans la connaissance ». *Cf.* « Connaissance scientifique, connaissance technique », texte inédit, écrit en 1988 et publié dans *PLS*, p. 230.

pour la science de la production (*poièsis*), « concernent bien, il est vrai, la production d'objets ou d'effets, mais *in genere* seulement, et n'ont affaire qu'aux réquisits et aux conditions de cette production, sans considération de sa mise en œuvre *hic et nunc*. En tant que productrices elles ont un certain rapport à la matière, mais en tant que génériques elles demeurent rationnelles, c'est-à-dire qu'elles se proposent de dégager les raisons et les causes et de les formuler dans un discours »[1].

Si ces intermédiaires permettent donc bien une « connaissance scientifique » du singulier, en assurant « un passage pour ainsi dire continu de la connaissance aux actes individuels », celle-ci ne saurait être que partielle[2]. C'est pourquoi l'individuel n'est pas, à proprement parler, l'objet de l'art (*technè*), et qu'il ne peut être atteint, au sens strict, que par l'expérience simple (*empeiria*), la production ou la pratique *effective* (hic et nunc). C'est ce que soulignent une série de citations sur lesquelles Granger ne cesse de revenir, comme au point de départ de sa propre réflexion :

> L'expérience est connaissance des individus, l'art l'est de l'universel ;
> En effet, les pratiques et les productions de toute sorte concernent les individus. Car ce n'est pas l'homme, en effet, que guérit le médecin, sinon par accident, mais Callias ou Socrate, ou quelque autre individu ainsi désigné, qui se trouve être, en même temps, homme[3].
> Aucun art ne vise l'individuel. C'est ainsi que la médecine ne dit pas ce qui est bon pour Callias ou Socrate, mais ce qui l'est pour un homme et des hommes de tel ou tel tempérament. C'est cela qui est du domaine de l'art, tandis que l'individuel est illimité et inconnaissable scientifiquement[4].

Cette problématisation aristotélicienne, retenue par toute la tradition scholastique et toute la science moderne (*individuum est ineffabile*), ne signifie pas que l'individuel est inconnaissable, mais seulement qu'il est insaisissable *théoriquement*, spéculativement, dans son essence.

1. *Ibid.* J.-B. Gourinat, dans « Aristote et la forme démonstrative de la science » (art. cit., p. 587), souligne l'assimilation malaisée de l'art (médecine ou architecture) aux sciences productives.

2. G.-G. Granger, « Les deux niveaux de la rationalité », *Dialectica*, vol. 39, n°4, p. 356 ; *S et R*, p. 25.

3. Aristote, *Métaphysique*, A. 981 a. 15. Ce texte est si crucial que Granger le cite en exergue de son essai sur le *style* (*STYL*, p. 2), l'étudie également de façon précise dans son ouvrage consacré au Stagirite (*TAS*, p. 339), et en rappelle enfin l'importance pour une philosophie du *réel* (*S et R*, p. 37).

4. Aristote, *Rhétorique*, I, 2, 1356 b 28.

Contorsions spéculatives de l'essentialisme

Quel que soit l'intérêt de cette approche touchant la position du problème, on ne saurait complètement la créditer d'une solution satisfaisante pour la rationalité contemporaine, tant la promesse d'une orientation véritablement conceptuelle y semble compromise par un essentialisme inadéquat. La théorie aristotélicienne de la connaissance se réduit en effet à une explication du passage des données sensibles aux idées, en trois étapes : saisie des qualités sensibles individuelles; perception des sensibles communs (sortes de schème synthétisant l'exercice de plusieurs sens, tels le mouvement); intervention des catégories, qui sont à la fois dans les choses et dans l'esprit. Postulant une communauté d'ordre entre la pensée et la réalité qu'elle appréhende, la science se propose de dégager méthodiquement cette structure intelligible. Et même si le processus de connaissance est progressif, c'est parce que la raison est immuable qu'elle se trouve liée aux apparences des choses, telles que le langage les a fixées [1]. Par quoi l'aristotélisme retombe dans l'ornière de l'essentialisme et de la philosophie de la conscience [2]. La perception, en tant qu'acte complet de connaissance, (conscience perceptive), a bien pour objet l'individuel, mais elle n'est pas (encore) scientifique. Et elle a besoin de la médiation des essences, que lui fournissent les abstraits qualitatifs de la perception isolée, comme composante de la connaissance.

Cette aporie aristotélicienne n'est guère dépassée par Husserl, dont la phénoménologie transcendantale n'échappe pas au soupçon de prestidigitation [3]. Pour Granger, si le vécu concret peut être saisi dans la perception immédiate, vouloir l'objectiver scientifiquement de façon tout aussi *directe*, c'est souscrire à une acception périmée de la science, qui conçoit les formes comme révélant une fois pour toutes l'essence des choses. Une telle conception idéaliste n'est qu'une « appropriation fantasmagorique du monde » [4]. En réalité, la spéculation phénoménologique, sous couvert de médiation par l'essence (la *Wesenschau*, obtenue par réduction eidétique ou transcendantale), n'est qu'une immédiateté déguisée, donc une solution chimérique : « Les essences, dans les philosophies de la conscience, apparaissent justement comme médiatrices entre l'individuel et le concept. Médiation mythique, car elle escamote à la fois la nature dialectique du concept et de la conscience, en les faisant tourner autour d'un point fixe

1. *RAIS*, p. 59
2. *PFSH*, p. 182.
3. En tout cas, telle qu'elle est constituée à partir du « tournant idéaliste » d'*Ideen I*.
4. *PFSH*, p. 218.

imaginaire »[1]. Un détour opératoire est requis : rigoureux, désubjectivé, et compris comme moment d'une praxis. La pensée *formelle* s'oppose ainsi à la *spéculation* comme le travail à la paresse, comme le dynamique au statique, la pratique à la contemplation, la transformation à la reproduction. Et la philosophie réflexive se doit d'être fidèle à la mobilité des œuvres[2].

Croire qu'on peut connaître spéculativement l'individuel, c'est être dupe de « la figure moderne de l'illusion transcendantale »[3]. De ce point de vue, le mot d'ordre husserlien du « retour aux choses mêmes » ne peut qu'être un programme à la fécondité toute illusoire, l'ultime tentative d'une interprétation de la science comme remède à l'aliénation de l'individu : « Tous les thèmes, toute la problématique d'une philosophie moderne de la science y sont mis à jour par le génie de Husserl, mais stérilisés en quelque sorte par le refus d'intégrer véritablement une pratique ». C'est d'ailleurs parce qu'il veut désespérément « conserver une idéologie spéculative » que Husserl oppose à ce qu'il nomme la science les différentes « techniques rationnelles »[4]. En fait, la pensée formelle doit être déliée de tout subjectivisme, et il est erroné de considérer que seule l'activité formalisatrice la plus abstraite, comme les mathématiques par exemple, en « nous rapprochant de l'essence spéculative de notre être, nous révèle la nature fondamentalement subjective de la connaissance »[5]. Husserl a en fait nié la *pratique* au nom de la forme – à l'inverse de Marx, qui a négligé la forme, au nom de la pratique[6].

La métaphysique approchée

C'est à Leibniz que la rationalité doit l'effort le plus convaincant d'une connaissance de l'individuel, par l'intégration du problème épistémologique dans ce que l'on pourrait nommer une métaphysique *approchante*. Le point de vue « métaphysique » concerne les « choses », les réalités, par opposition aux « phénomènes » ; il correspond à celui de l'entendement et

1. *PFSH*, p. 182.

2. *PCP*, p. 153-154 : « aucune philosophie n'a réellement fait l'économie d'une considération des œuvres humaines dans leur pluralité, voire dans leur contingence, et rien ne nous autorise à penser que cette exubérante diversité puisse être, sans subterfuge, explorée par un regard qui se bornerait à fouiller dans une configuration immanente de la conscience ». Granger croit lire un effort de résolution de cette difficulté dans l'évolution du dernier Husserl vers une pensée de *l'histoire* (note 2, p. 272).

3. *STYL*, p. 7. *Cf.* aussi *infra*, p. 159.

4. *PFSH*, p. 217-218.

5. *Ibid.*, p. 19.

6. Cf. *infra*, p. 58-61.

de la volonté de Dieu, que le philosophe ne peut qu'entrevoir en leurs principes[1]. Selon cette perspective, l'individu se caractérise par une triple spécification. C'est d'abord une substance *distincte*, au sens où, selon le principe des indiscernables, toute substance est individuelle (réciproquement, tout individu est substantiel) et doit pouvoir être désignée au moyen de caractères qui la distinguent de toute autre. C'est ensuite une substance *complète*, au sens où sa notion est « si accomplie qu'elle soit suffisante à comprendre et à en faire déduire tous les prédicats du sujet à qui cette notion est attribuée » (*praedicatum inest subjecto*). C'est enfin une substance *totale*, au sens où « chaque substance singulière exprime tout l'univers à sa manière », a un rapport (non causal) avec la réalité[2].

D'un point de vue *épistémique*, cette fois, connaître l'individuel, c'est à la limite, pour Leibniz, « connaître dans sa totalité le réel », puisque toute substance est individuelle, et que les substances constituent les êtres véritables[3]. Or, si certains prédicats d'une substance lui sont nécessairement liés, d'autres ne le sont que de façon contingente : s'ils sont cependant certains, c'est que, selon le principe du meilleur, tout événement a pour Dieu une « raison suffisante ». Seul Dieu est donc capable de cette connaissance parfaite et exhaustive du réel, et une monade particulière, même si sa perspective exprime bien la réalité (elle n'est pas un songe), et dans son intégralité (l'ensemble des individus et des lois qui régissent l'harmonie de leurs univers), ne peut parvenir qu'à une représentation confuse (la distinction n'est possible que pour un petit ensemble de choses), du fait de sa finitude.

L'élucidation de l'ambition leibnizienne d'une connaissance de l'individuel conduit à distinguer les types de connaissance selon leur degré d'*a priori* et selon leur atteinte du *détail* des phénomènes[4].

La connaissance *métaphysique* vise directement et *a priori* les substances, mais elle ne nous fournit que les grands principes (celui de non contradiction qui régit l'architecture des possibles; celui du meilleur qui détermine la volonté divine à choisir la réalisation des possibles dans chaque substance, en vue d'optimiser le monde en sa totalité). Certes, ces

1. G.-G. Granger, « Leibniz et la connaissance de l'individuel », *in* M. Dascal et E. Yakira (éd.), *Leibniz et Adam*, Tel Aviv University Projects, 1993, p. 3. (désormais cité *Leibniz*).

2. Leibniz, *Discours de Métaphysique*, § 12, 8 et 9. Aux degrés de distinction de la « perception » des monades correspondent des niveaux dans une hiérarchie des monades et des individus qu'elles animent; Dieu seul ayant une aperception parfaitement distincte de l'ensemble de l'univers.

3. *Leibniz*, p. 10.

4. *Ibid*, p. 17.

principes nécessaires définissent la rationalité idéale, théorique et pratique, d'une connaissance du réel, et approchent un esprit fini d'une image de Dieu, mais ils ne peuvent rien expliquer dans le détail, et ne sont donc d'aucun secours pour l'appréhension effective d'un individu. La *Mathèsis Universalis* est également une connaissance *a priori*, bien qu'elle n'étudie pas directement les substances, mais seulement leurs phénomènes, l'imaginable, les « apparences » (en tant toutefois qu'elles expriment le réel). Cette connaissance touche aux *formes* : comprenant la logique (comme calcul général des propositions vraies et des déductions, considérée comme une mathématique fondamentale, associée et quelquefois identifiée à l'*ars combinatoria*), la mathèsis se développe en disciplines particulières (sciences de l'ordre, de la quantité finie ou algèbre, de l'analyse de la quantité infinie). Reste que l'analyse de la quantité infinie ne procure qu'une *analogie* du passage à l'infini, tel qu'il devrait avoir lieu dans une connaissance des *substances* individuelles : « la *Mathèsis Universalis*, même (...) prodigieusement étendue par le calcul infinitésimal, demeure une connaissance *a priori* des *formes* des phénomènes, sans rien nous pouvoir apprendre des *contenus* » [1].

1. *Ibid*, p. 18. En fait, selon Granger « tout l'appareil du calcul infinitésimal est ordonné à surmonter, *dans les objets d'imagination*, l'obstacle opposé à notre connaissance par l'infini des substances qui s'y reflète » (*ibid.*, p. 16), au point qu'on peut sérieusement considérer – une fois n'est pas coutume – la philosophie leibnizienne comme l'origine des découvertes mathématiques de l'auteur (*cf.* G.-G. Granger, « Philosophie et mathématique leibniziennes », *Revue de Métaphysique et de Morale*, n° 1, 1981, p. 1-37). Le calcul infinitésimal est en effet ce qui propose une autre voie que celle de la résignation à la contingence, qui est celle de la connaissance historique. Et, ce, grâce à la loi de continuité qui relaie pour ainsi dire le principe du meilleur dans le domaine des être d'imagination et garantit le passage du fini à l'infini (sa vertu tient surtout à ce qu'elle « postule, pour des raisons métaphysiques, la permanence d'une structure exprimée dans un symbolisme, alors même que se trouve par là altérée la saisie perceptive du phénomène » : la « fécondité » de cette connaissance « nous offre un substitut de la connaissance intuitive divine », – *ibid.* p. 10 –, en même temps que la voie est ouverte pour l'exploration des univers de la pensée-signe). Toutefois, cette « victoire de l'esprit fini » (la maîtrise de l'infini, l'assujettissement des grandeurs transcendantes au calcul, le report des relations spatiales sur la pensée combinatoire d'une nouvelle algèbre) n'est acquise qu'au prix d'une transposition dans un univers purement symbolique (la « pensée aveugle »), qui évacue l'individu (la connaissance rigoureuse des objets de l'imagination n'est pas connaissance de l'individuel). Cette limitation radicale est la forme épistémologique que prend la limitation qui, en termes métaphysiques, s'exprime par la finitude de nos esprits humains confrontés à l'infinité de Dieu et de la nature. C'est parce que l'évacuation de l'individuel est métaphysiquement inacceptable que la mathématique a vocation à s'achever dans la physique (*Leibniz*, p. 16). La Charactéristique universelle voulait, pour la pratique de la vie, assigner aux symboles des fragments non analysés de notre expérience ; mais son échec exprime l'impossibilité radicale d'une *sémantique absolue*. Reste que cet idéal inaccessible n'était en fin de compte nullement indispensable, puisque,

Du point de vue des degrés dans la connaissance du détail, cette fois, ce sont l'histoire et la physique qui passent au premier plan. La connaissance *historique* est le substitut humain de la science immédiate et *a priori* qu'a Dieu du détail des événements qui, pour une monade particulière, sont passés, présents ou futurs, mais qui, pour Dieu, sont saisissables d'un seul regard. Si ce genre de connaissance atteint véritablement l'individuel, ce n'est toutefois que de façon fragmentaire et, à la limite, sans plus aucun a priori ni nécessité rationnelle. Au contraire, la *physique* vise de façon très incomplète le détail des substances, mais elle a le mérite de restaurer la rationalité, en aménageant les principes métaphysiques : celui de raison suffisante est déjà plus proche des phénomènes que celui du meilleur, et ceux de symétrie, de simplicité des voies, de continuité donnent prise à une application à l'univers des événements (le modèle des sciences de l'empirie étant la mécanique et la physique), et autorisent l'utilisation de la théorie des formes logiques et des relations spatio-temporelles (développée dans l'abstrait par la mathématique). Pour Leibniz, la physique est ainsi la seule voie ouverte à l'esprit humain « vers une connaissance qui soit un compromis fécond entre une rationalité totale inaccessible, et la contingence opaque des expériences »[1] – c'est la raison pour laquelle elle constitue à ses yeux le prolongement souhaitable des mathématiques[2]. Comme le conclut Granger, « si la réalité est bien métaphysiquement individuelle, sa connaissance rationnelle n'est donnée à un esprit fini que dans les limites de ce compromis »[3].

l'*expression* est la loi fondamentale de l'être, et que ce qu'un esprit fini, lié à la particularité de ses points de vue, peut connaître par la pensée symbolique et qui se résout ainsi en un système de relations, est de ce fait aussi l'être même. C'est la raison pour laquelle Granger peut écrire que « le privilège de la Mathématique universelle vient de ce qu'on y renonce délibérément au regret de ne pouvoir saisir distinctement les termes ultimes des relations exprimées » (« Philosophie et mathématique leibniziennes », art. cit., p. 8).

1. *Leibniz*, p. 19.

2. *Ibid.*, p. 16. La mathématique n'est que la discipline préparatoire de la physique : essentiellement fondée sur le principe de non contradiction, la mathématique ne saurait en effet dévoiler *fondamentalement* que l'univers des possibles et non celui des réalités ; mais la stratégie dont fait usage le calcul infinitésimal (pour suppléer, dans le domaine des objets d'imagination, à l'impossibilité de saisir l'infini d'un seul regard) peut *en partie* être transposée à l'univers des substances, sinon directement du moins *médiatement*, à travers les complexes de phénomènes que vise la physique.

3. *Ibid.*, p. 19. Cette interprétation ne tient pas assez compte de l'analyse leibnizienne des singularités qui relève d'une rationalité élargie à la logique du contingent grâce, notamment, à la rhétorique (en particulier touchant les questions juridiques). *Cf.* Ch. Frémont, *Singularités. Individus et relations dans le système de Leibniz*, *op. cit.*, surtout p. 343-365.

La trahison idéaliste

L'individuel peut-il faire l'objet d'une phénoménologie rationnelle ? Apparemment, c'est le privilège de la raison « observante » que de pouvoir l'appréhender à travers des signes, une expression, une extériorité[1]. Mais celui-ci ne serait saisi, du coup, que dans l'œuvre aliénée, et la raison ne le *connaîtrait* que par l'intermédiaire de ses gestes, de son langage, de son travail. Or, comme le fait remarquer Hyppolite[2], c'est là isoler dans l'individu l'extérieur et l'intérieur, pour prétendre, ensuite, les faire se correspondre. En fait, les hésitations et les déceptions de cette démarche (physiognomonie, phrénologie) montrent que la conscience, dans son cheminement théorique, s'enferme finalement dans un cul-de-sac : l'individuel représente la limite de la raison observante, au sens où il met la science, en échec.

Au lieu d'essayer de saisir l'individuel hors de soi, en l'objectivant, la conscience doit tenter de le saisir au dedans d'elle-même, de façon subjective. Elle se concentre d'abord sur le résultat de l'action, l'œuvre (*Werk*), avant de remonter à l'opération qui l'a rendue possible (*Tat*), puis à son principe, l'agir (*Tun*). L'œuvre est donc à la fois quelque chose de déterminé et une expression de l'individualité originaire – *c'est l'individuel déterminé*. Le monde n'est plus alors un monde de choses (*Ding*), mais un monde d'actes, ou plus exactement de choses-en-tant-qu'elles-ont-été-produites-par-des-actes, bref, un monde d'œuvres. A l'issue de ce constat, la conscience se sait réflexivement comme conscience agissante : elle quitte la sphère de la raison observante pour passer définitivement dans celle de l'éthique. L'œuvre est ainsi le premier moment de la dialectique de l'action, qui fait accéder la conscience à une nouvelle objectivité, en passant par l'étape de la « chose même » (*Sache selbst*), *i.e.* l'œuvre en tant qu'elle est pensée par une conscience réflexive, habitant le monde avec d'autres conscience de soi – l'œuvre « commune », intersubjective, dont le sens « social » dépasse l'individualité, ou encore l'Esprit à son stade inchoatif.

L'individuel, chez Hegel, est donc seulement susceptible d'être saisi par un retour sur soi de la conscience, via l'expérience d'une différence (c'est-à-dire à la fois d'une reconnaissance de – et d'une irréductibilité à sa propre production). Par quoi la conscience s'ouvre, avec l'éthique, le

1. Hegel, *Phénoménologie de l'Esprit*, trad. fr. J. Hyppolite, Paris, Aubier, I, p. 256. Cf. *PFSH*, p. 182 *sq*.

2. J. Hippolyte, *Genèse et structure de la phénoménologie de Hegel*, *op. cit.*, p. 259.

domaine de l'Esprit (dont l'art), de la Religion, et enfin du Concept. L'individuel peut certes aussi faire l'objet d'une *connaissance*, par l'*histoire*; mais ce savoir procède alors *par idées*, et non *par concepts* scientifiques. Tout au plus s'agit-il d'une pseudo-connaissance, toute spéculative. En effet, dans cette perspective idéaliste, la « raison active » s'avère une pure apparence, et l'individuel un simple épiphénomène : les ressorts véritables de l'action résident « ailleurs, en deçà et au-delà de l'individu » – d'où la parenté de l'idéalisme avec l'« occasionnalisme ». Du coup, ajoute Granger, en faisant allusion à la suite du parcours de la conscience dans la *Phénoménologie de l'Esprit*, le sort de l'individu est « renvoyé à une esthétique ou à une théodicée ». En ayant recours au « hasard mystérieux d'une théologie et d'une téléologie », le vœu de connaissance rationnelle de l'individuel court le risque de s'égarer dans un nouveau refuge de ignorance[1].

CONNAÎTRE L'INDIVIDUEL DE FAÇON PRATIQUE ET MÉDIATE

En reprenant la position aristotélicienne, *pratique*, du problème de l'individuel, Granger entend renoncer à l'illusoire solution essentialiste. Mais comment rester fidèle à l'inspiration leibnizienne sans tomber dans l'idéalisme ? Comment pousser l'idée d'une saisie de l'individuel par une connaissance appliquée au-delà du compromis rationnel de la *physique*, en direction de l'*histoire* ? La solution qu'imagine Granger combine des éléments théorique et pratique. Elle s'efforce de faire bifurquer la dialectique hégélienne, pour reprendre à nouveaux frais la pensée de l'action. L'enrichissement symbolique de la notion de praxis, et l'identification de sa structure fondamentale garantissent une approche rigoureuse et originale, à la fois pratique, rationnelle et médiate de l'individuel. Cette orientation *poïématique* confère au concept d'*œuvre* un rôle central.

La bifurcation de la dialectique hégélienne

S'il hérite de la *position* hégélienne du problème de l'aliénation, le *type de solution* que Granger en donne diffère toutefois de celle d'Hyppolite, en ce qu'elle est d'inspiration feuerbachienne ou marxiste. Granger partage en effet avec ces auteurs le souci du concret[2]. De la solution religieuse, qui

1. *PFSH*, p. 185.

2. *Cf.* K. Marx, *Manuscrits de 1844*, Paris, Éditions Sociales, p. 131-132 : « Le seul travail que reconnaisse Hegel est le travail *abstrait* de l'Esprit ».

privilégie « le niveau de l'existence éthique et de l'existence affective », il ne dit mot[1]. La véritable solution ne saurait par ailleurs être que *pratique*, et non logique. Contrairement aux hégéliens de gauche, toutefois, Granger ne donne à cette notion un sens exclusif (révolutionnaire) : il l'ouvre au contraire à une signification *multiple*. En effet, la solution au problème multiforme de l'aliénation ne peut être que distributive : « C'est la pratique comme art [le rapport immédiat au vécu] qui achève de résoudre, dans chaque domaine, le problème spéculativement insoluble de l'aliénation individuelle »[2].

Mais encore faut-il que la solution soit *rationnelle*, car on ne saurait se satisfaire d'une pratique immédiate et confuse[3]. C'est ce souci qui oriente le projet de Granger dans une triple direction *scientifique, esthétique et philosophique*. La science, d'abord, nous montre le développement d'une « solution partielle exemplaire » de l'aliénation, par « la coordination d'une pensée formelle abstraite et de la pratique »[4]. Mais, pour « indispensable » qu'elle soit, cette solution admet cependant des « limites ». C'est pourquoi art et philosophie peuvent participer au mouvement de libération désaliénant[5], que son caractère *provisoire* oblige à être toujours relancé (c'est le sens d'un rationalisme *dialectique*). On voit ici ce qui distingue la réponse de Granger de celle Hyppolite – si tant est que la conclusion semi-aporétique de *Logique et existence* en esquisse une : il ne s'agit pas tant de privilégier le logos philosophique à l'exclusion de la science (le calcul mathématique) et de l'art (la poésie), que de *combiner toutes ces dimensions dans un labeur toujours à reprendre.*

Comme Vuillemin, Granger préfère « le travail dans le monde des hommes » au « cogito humain dans un monde de dieux »[6]. Pour lui, la « raison active » n'est pas un faux semblant éphémère (simple hypostase de l'Esprit), mais objectivité concrète, celle-là même de l'être humain[7]. Dès

1. *PFSH*, p. 204.

2. *Ibid.*, p. 203.

3. *Ibid.*, p. 205 : « une philosophe rationaliste conséquente permet de décrire autrement la condition humaine ».

4. *Ibid.* C'est le sens du « prodigieux édifice des mathématiques » (*ibid.*, p. 217).

5. *Ibid.*, p. 43 : « Si la pensée objective laisse irrémédiablement échapper cet aspect de la réalité humaine, ce n'est pourtant pas que l'homme se trouve ici désarmé. Les propres produits de cette aliénation essentielle en sont en même temps les remèdes : ce sont les œuvres de l'art et la recherche philosophique », « (...) ces activités par lesquelles l'homme accomplit pour ainsi dire sa libération continuée en fixant les figures mobiles de son aliénation ».

6. Sur cette « révolution ptolémaïque », *cf.* J. Vuillemin, *L'héritage kantien et la révolution copernicienne*, Paris, P.U.F., 1954; cité par Granger (*PFSH*, p. 17).

7. *PFSH*, p. 184.

lors, plutôt que de renvoyer son examen à une éthique ou à une philosophie de l'histoire, censées en rendre compte, mais qui en dissolvent en fait la pertinence, Granger propose d'en constituer une connaissance conceptuelle[1]. Son projet se veut donc une alternative au passage hégélien au normatif, une sorte de cran d'arrêt anti-spéculatif, qui bloque la dialectique au niveau d'une « raison observante » *redéfinie* en un sens spinoziste.

Granger suit en fait l'argumentation de Hegel jusqu'au point où il la fait bifurquer. Si, pour Hegel, la raison observante doit passer à la conscience de soi active, c'est parce qu'elle ne parvient pas vraiment à saisir directement l'individualité dans l'œuvre aliénée. Ainsi, comme le dit Hyppolite dans son commentaire, langage et du travail sont deux formes de l'expression individuelle « manifestant l'intérieur » à la fois trop (parce qu'elles ne laissent subsister aucune opposition entre lui et eux) et trop peu (parce que l'intérieur, dans l'expression même, s'altère, se fait un autre). L'argument prend en quelque sorte la forme d'un dilemme. Dans ces conditions, on en est finalement réduit à « abandonner l'individuel à la conscience d'un vécu irréductible, transposable seulement à travers les prestiges de l'œuvre d'art »[2].

Mais si la raison ne peut appréhender l'individuel que dans les signes, cela ne constitue-t-il pas déjà, en soi, un fait positif à valoriser? Pourquoi l'expression extérieure ne serait-elle pas suffisamment *médiatisée* pour pouvoir être considérée, *à la fois*, comme objectivée et comme prolongeant l'individualité intérieure? Ni le travail ni le langage ne sont en effet des activités à ce point immédiates, par rapport au sujet, qu'elles ne laissent subsister d'opposition entre un intérieur et elles-mêmes : elles représentent au contraire les modes déterminés de cette opposition entre un sujet et le monde. Réciproquement, l'altération et l'aliénation que ces activités opèrent est indéniable, mais c'est précisément elle qui donne un sens à cet « intérieur » dont parle Hegel. Il existe donc des modes d'expression de l'individualité qui sont à la fois *effectifs* (et non idéels) *déterminés* et *médiats*, c'est-à-dire désubjectivés, objectivables, saisissables en concepts : ce sont les *œuvres humaines*.

Cette notion permet à Granger de résister au double mouvement hégélien : contre l'idéalisme, l'œuvre pose en effet le problème de l'individuel au niveau de la *praxis* de l'homme concret; contre la saisie éthique de l'individuel, elle prétend servir de support à une entreprise de

1. *Ibid.*, p. 182.
2. *PFSH*, p. 184.

connaissance appliquée. Cette alliance de la connaissance et de la pratique dans un projet de détermination rationnelle de l'individuel (comme œuvre) n'est paradoxale qu'en apparence, comme permet de le montrer une analyse plus précise du concept de pratique.

L'enrichissement symbolique du concept de praxis

Position « existentielle » (au sens hyppolitien) du problème, solution néo-marxiste : pour mesurer toute la singularité de la solution grangérienne, il faut encore ajouter que *le cadre* de sa réflexion est d'emblée *sémiotique*[1] – ce qui explique notamment l'importance de son œuvre dans le « moment des années 60 ». De ce fait, l'usage que Granger fait de Marx n'est pas moins original que celui son appropriation de Hegel. Certes influencé par la définition marxienne de la pratique comme travail, il refuse toutefois de négliger la notion d'œuvre en général au profit de la production aliénée – qui contredit la nature humaine (laquelle s'accomplit normalement en produisant son monde « social ») –, et procède à un enrichissement symbolique décisif du concept de *praxis*.

Ce dernier désigne pour Granger « l'activité considérée avec son contexte complexe, et en particulier les conditions sociales qui lui donnent signification dans un monde effectivement vécu »[2]. Marx oppose toutefois à la spéculation les activités humaines qui concourent au développement de la vie sociale concrète : il exclut comme une « abstraction dangereuse » la perception du sujet, « détachée radicalement des déterminations de son mode de vie par rapport au milieu naturel et au milieu social »[3]. Granger insiste, au contraire, pour inclure le processus d'abstraction dans la pratique elle-même. Ce souci vaut en particulier pour le mouvement d'élaboration scientifique ; le but étant de comprendre la pensée formelle comme un moment de la *pratique* scientifique, sans rejeter toute pensée formelle au profit de la seule expérience vulgaire, « par crainte hyperbolique du péché d'idéalisme ». Le matérialisme simpliste, en effet, « dessèche totalement l'arbre dialectique et réduit la science à un pur constat, artificiellement travesti en processus de mouvement »[4]. La tâche

1. Et, ce, dès ses premiers articles. *Cf.* par exemple G.-G. Granger, « Le symbole et la connaissance du réel », *Kriterion. Revista da facultade de filosofia da universidade de Minas Gerais* (Brésil), n° 15-20, 1951-52.

2. *STYL*, p. 6.

3. *PFSH*, p. 18.

4. *Ibid.*, p. 218.

d'une philosophie des sciences « adulte » consiste, au contraire, à comprendre comment cette spéculation formelle, comme moment de la praxis, « s'articule aux autres démarches qui constituent notre activité » [1].

C'est donc d'un même mouvement que Granger cherche à donner au concept de praxis sa plus grande amplitude, en y incluant certains aspects symboliques négligés par le matérialisme dialectique traditionnel, et qu'il comprend, réciproquement, les réalisations symboliques (notamment les œuvres scientifiques) dans la perspective pratique : il faut « intégrer l'action dans la connaissance ». C'est pourquoi la première tâche de la philosophie consiste à définir de façon compréhensive et suffisamment précise cette activité, qui « enveloppe l'œuvre scientifique, mais la déborde de toute part » [2]. L'interprétation philosophique de cette *praxis* intégrale court certes le risque d'être confondue avec « une recherche strictement empirique d'histoire et de sociologie », mais elle ne saurait pourtant s'y réduire, car elle s'intéresse en réalité aux structures et conditions de la pratique [3].

Il existe, en fait, une ambiguïté relative du concept de pratique, qui tient à ce que Granger en fait un double usage, qui n'est pas complètement marqué. On peut toutefois distinguer la pratique *immédiate* et la pratique *rationnelle*, médiatisée [4]. La première désigne « l'expérience la plus complète et la plus concrète, mais aussi constamment modifiée, remaniée et menacée » [5]. Elle qualifie l'action encore plongée dans le concret du vécu immédiat, et qui traite *directement* l'individuel comme figure instantanée « de l'objectivité vécue » [6]. Cette « pratique empirique vulgaire », caractérisée par son « attitude accueillante » « à l'égard des êtres et des choses » [7], relève alors du bricolage, et du « flair » [8]. Elle « peut fort bien être assez efficace et assez subtile », mais elle demeure la plupart du temps confuse et trop courte. C'est qu'elle « reste détachée de la connaissance conceptuelle » authentique et que, « liée le plus souvent à un « savoir » mythique, elle

1. *Ibid.*, p. 18.

2. *PFSH*, p. 17-18.

3. *Cf.* également G.-G. Granger, « Une philosophie des sciences non sociologique est-elle possible ? », *Le relativisme est-il résistible*, Actes du colloque de Paris, Paris, P.U.F., 1994.

4. Par sa philosophie de la *praxis* médiatisée, Granger cherche à échapper aux apories de l'alternative *exclusive* du concept et du vécu (de la conscience), comme Hegel.

5. *PFSH*, p. 180.

6. *Ibid.*, p. 203.

7. G.-G. Granger, « Information et connaissance de l'individuel », in *Actes du colloque sur l'information dans la science contemporaine*, Paris, Minuit-Gauthier-Villars, p. 389.

8. *STYL*, p. 7.

constitue fréquemment un obstacle au développement de la science elle-même»[1]. L'immédiateté de cette pratique est ainsi la raison d'une indistinction systématique entre ce que la pratique rationnelle sépare, au contraire, soigneusement, comme un moment formel et un moment clinique (la « pratique comme art »[2]).

La pratique *rationnelle* désigne, à l'inverse, l'action médiatisée, enrichie par le détour par la science et la pensée formelle, ou encore l'action guidée par l'application réglée de cette pensée formelle au réel, suivant un mouvement de retour convenablement normé. C'est l'action pleinement consciente d'elle-même, à laquelle Granger réserve parfois le terme de praxis « intégrale », « rationnelle », voire de « fine »[3]. Alors que l'articulation inadéquate de la science et de la pratique *immédiate* caractérise précisément « les états archaïques de la science », comme la physique aristotélicienne ou la chimie avant Lavoisier, la pratique rationnelle est celle qui a cessé de constituer un « obstacle », et est devenue au contraire un « puissant instrument du progrès scientifique » dans la science moderne[4]. Et, ce, en raison d'une distinction soigneuse des moments formel et clinique, et de leur articulation ordonnée, dans la réalisation technique notamment.

Ce n'est pas que la conscience soit exclue, comme telle, de la pratique, mais celle-ci la dépasse très largement[5]. Cela justifie, aux yeux de Granger, l'orientation initiale vers une philosophie du concept, plus prometteuse dans sa rigueur et son objectivité. Reste que celui-ci ne confond pas *praxis* et concept, et qu'il est parfaitement conscient du fait que celle-là « déborde » l'œuvre scientifique « de toute part »[6], mais aussi que la

1. *PFSH*, p. 203.

2. *Ibid.*, p. 205. « Art » n'est pas pris ici comme synonyme d'esthétique, mais d'« ouvrage », de réalisation singulière, dont l'œuvre esthétique n'est qu'un cas particulier.

3. *Ibid.*, p. 186, 211 et 212.

4. *Ibid.*, p. 203.

5. *Ibid.*, p. 180 : « Que la conscience soit un mode irréductible de l'expérience, et singulièrement de celle des choses humaines, c'est ce que qu'aucune philosophie de la science n'est autorisée à contester. (...) Une « philosophie de la conscience » n'est erronée que dans la mesure où elle tend à ériger celle-ci en expérience intégrale et définitive. (...) Un *aliquid inconcussum* ne peut être rationnellement découvert en dehors de la conscience, si ce n'est par l'intermédiaire de la conscience même. Mais il faut alors se fermer au monde de la pratique, et finalement abandonner la pensée rationnelle ». *Cf.* H. Sinaceur, « Formes et concepts », art. cit., p. 100 : « une philosophie de la conscience devient impropre, non en tant que telle, mais en tant que philosophie de la science ».

6. *PFSH*, p. 18.

conduite de l'individu déborde la pratique rationnelle [1]. Cette réserve faite, on peut considérer que le but de Granger est d'élaborer une philosophie *conceptuelle* de la *praxis*.

Si donc la solution au problème de l'aliénation n'est pas *logique*, comme chez Hegel, mais *pratique*, cela ne signifie pas pour autant que langage soit négligeable, comme dans l'interprétation marxiste, qui lui préfère le travail, la lutte pour la reconnaissance et la logique de l'argent. Mais on ne saurait privilégier le *logos* au point d'en faire, comme dans la lecture d'Hyppolite, le « centre de tous les problèmes philosophiques » [2], au détriment, par exemple, du « calcul mathématique » [3]. Aussi bien n'est-il qu'un des nombreux systèmes symboliques, « merveilleusement divers » [4], créés par l'homme, à côté du formalisme logique, par exemple. L'ouverture à la diversité sémiotique s'accompagne ainsi d'une atténuation du rôle du logos, dont Granger refuse de faire un « être » au sens exclusif (et romantique) du terme, comme Heidegger (qui surestime le rôle épiphanique de la poésie), Lacan [5], ou Hegel (dans sa *Logique*). Granger ne renonce pas pour autant à lui donner un rôle ontologique, comme Hyppolite et contrairement à certains de ses disciples, encore qu'en un tout autre sens (une anthropologie symbolique, une visée de la « réalité »). Il *maintient* notamment fermement la fonction réflexive de la philosophie, qui légitime un discours sur l'expérience et le réel, fût-il *indirect* (la philosophie ne dit l'être qu'après la science, dans un commentaire). Par quoi il élabore sa propre *logique du sens*, en plaçant le langage à côté d'autres systèmes de signes, dans une position de centralité relative, et en lui conférant un pouvoir médiat, mais indépassable, de reprise.

Le travail comme structure de la pratique

Au sein l'activité pratique prise avec son contexte « vécu » complexe (y compris social), Granger distingue une structure particulière. D'inspiration marxiste, la notion de *travail* est, là encore, infléchie dans un sens original, puisqu'elle qualifie de manière *générale* le rapport *dynamique* de forme à

1. *Ibid.*, p. 218 : « La conduite de l'individu déborde la pratique de l'individu scientifiquement orientée ».

2. J. Lèbre, conférence citée.

3. Contrairement à Hyppolite qui distingue l'œuvre, le travail et le langage (tout en privilégiant le langage), Granger unifie ces dimensions par sa réflexion sur l'œuvre, définie comme produit de toute praxis humaine.

4. *S et R*, p. 61.

5. *PFSH*, p. 193.

contenu[1]. Par quoi l'opposition et la complémentarité de ces deux termes gagne une double originalité. D'abord, forme et contenu ne sont pas pensés, « en tant que résultats d'actes déjà réalisés », mais saisis dans « leur production conjointe, leur état naissant, et jusqu'à un certain point leurs caractères historiques », et leur rapport appréhendé comme « processus » et « genèse »[2]. La notion de travail est, en outre, *généralisée*, et sa portée est transversale ; en particulier, le travail subsisterait comme catégorie de la pratique d'une société sans classe. C'est qu'il désigne « en général l'activité pratique s'objectivant dans des œuvres », y compris immatérielles (texte scientifique, littéraire). Granger n'est toutefois pas complètement clair sur la place et l'importance de cette structure particulière : d'un côté en effet il précise que le travail n'est « que l'une des structures de la pratique » ; de l'autre, il laisse entendre qu'il pourrait en être « *la structure* constitutive », tout en laissant planer un doute.

Dans ce rapport dynamique entre une forme et un contenu peuvent être distingués deux aspects associés, qui diffèrent beaucoup moins par leurs processus que par le déplacement d'accent mis sur l'un ou l'autre des deux pôles. Dans le premier, la forme est soulignée en tant que modèle abstrait, coordonné à un contenu empirico-pratique atone ; dans le second, c'est le contenu pratique qui retient l'attention, en tant que produit, mis en rapport avec une structure abstraite : « Ainsi nous apparaît d'abord le travail du manœuvre ou, à un bien moindre degré, du technicien, et plus particulièrement toute activité de production empirique que semble guider seulement le flair, la routine ou le hasard »[3]. Selon l'« hypothèse » de Granger, ces deux aspects coexistent dans tout travail, qui est toujours *à la fois* structuration et application, même si l'un des deux aspects peut cependant dominer et masquer l'autre – ce sont là deux mouvements complémentaires de détermination pratique de l'individuel. Comme structure principale de la pratique, le travail intervient dans tous les domaines, y compris dans la science et dans la création esthétique. Granger souhaite ainsi, d'une part, résister à une interprétation contemplative de la science : c'est parce qu'elle est production de structures que l'œuvre scientifique porte la trace de

1. Cette inspiration aristotélicienne (*STYL*, p. 5) trouve sa formulation aboutie dans la notion de « dualité » de l'opératoire et de l'objectal. Cf. *infra*, p. 109 *sq*.

2. *STYL*, p. 5 ; *IRR*, p. 10 : « L'opposition de matière à forme est *suscitée* par un *travail*, et l'on peut bien dire, quelquefois contre les apparences, que pas plus la matière que la forme de l'œuvre n'existeraient en tant que telles avant la création, et c'est en ce sens que nous associons toujours l'œuvre à un travail ». Granger échappe ainsi à la critique simondienne de l'hylémorphisme (cf. *infra*, p. 111).

3. *STYL*, p. 7.

l'individualité qui l'a créée, quand bien même, comme dans le cas des mathématiques, elle serait à la recherche d'une pure forme. L'argument peut paraître paradoxal, puisque la conceptualisation scientifique consiste précisément à réduire ce qui est ressenti dans la perception comme individuel (comme moment concret vécu dans une telle situation de façon immédiate). Que l'œuvre de science porte bien, pourtant, la trace de l'activité d'une conscience individuelle, la mise en évidence d'un *style* scientifique le montre à l'envi[1].

D'autre part, l'œuvre d'art y gagne le statut de produit d'un travail, et ne peut pas, à cet égard, être interprétée de façon spéculative, comme pure « belle forme ». Aussi bien, l'insistance kantienne sur « l'universalité sans concept » du jugement de goût ne fait-elle que souligner « l'une des faces » de l'œuvre, précisément sa dimension formelle. Et tout aussi important est en réalité le processus de conceptualisation de l'individuel, c'est-à-dire de la présence d'un vécu de conscience au sein même de la forme, et comme magnifié par elle. C'est que l'activité esthétique constitue « un aspect de la pensée laborieuse » qui, à rebours de la science qui cherche à neutraliser l'individuel, « est orientée vers la récupération de cet individuel vécu »[2]. Dans cette perspective, l'acte esthétique apparaît « comme l'une des tentatives humaines pour surmonter l'impossibilité d'une saisie théorique de l'individuel »[3].

L'orientation poïématique de la philosophie pratique

Faire du travail la structure (quasi) fondamentale de la pratique, en tant qu'elle s'accomplit dans un résultat objectif, ce n'est pas pour autant réduire celle-ci à son acte de *production*. Aussi bien peut-on imaginer « à la limite » un usage politique ou social du travail[4]. Granger déclare toutefois s'intéresser en priorité aux aspects du travail dont les aspects ne sont ni des biens fongibles, ni directement des instruments de production : l'œuvre du mathématicien, ou encore l'organisation du langage, où seule une analyse superficielle ne voit que de simples « formes » sans contenu. Ce choix n'est

1. Cf. *infra*, p. 80.

2. *STYL*, p. 7-8.

3. C'est parce que l'acte esthétique n'est qu'un cas particulier du travail que le style n'est pas *d'abord* une catégorie esthétique, mais pratique. Cf. *infra*, p. 75.

4. *STYL*, p. 6 : « On peut fort bien concevoir, à la limite, cette dialectique effective de la forme et du contenu comme s'exerçant entre un contenu qui serait la personne même et l'existence du « travailleur », et une forme qui serait configuration, rituel, cérémonie. « travail » de représentation de tant de personnages importants dans nos sociétés est de cet ordre ».

cependant pas complètement dénué d'ambiguïté. En effet l'analyse des œuvres susmentionnées, par sa réussite, tend à accréditer implicitement l'idée d'une extension possible aux domaines éthiques, politiques, sociaux. De sorte que ce prolongement, qui n'a en fait chez Granger qu'un statut d'hypothèse, qu'aucun exemple précis ne vient véritablement illustrer, peut sembler légitimée par un argument de type *a fortiori*[1].

Or cette manière de penser l'action sur soi sur le modèle de l'action tout court est, au regard de la tradition philosophique, paradoxale. En un geste d'inspiration marxiste[2], elle abolit en effet la frontière traditionnelle, d'origine aristotélicienne, entre *praxis* (activité qui ne produit aucune œuvre distincte de l'agent et qui n'a d'autre fin que l'action elle-même)[3] et *poïèsis* (activité qui vise autre chose qu'elle même et se matérialise dans quelque chose d'extérieur à l'agent[4]). À la faveur de la définition ambiguë de la pratique par le *travail* (jeu de forme et contenu), la différence, pourtant relevée, semble nivelée, et la *praxis* devoir être absorbée dans la *poiésis*. Indirectement, toutefois tant il est vrai que Granger, soucieux de ne pas tomber dans une approche spéculative et subjective, évite l'étude *directe* de la conscience poïétique, et préfère procéder *médiatement* par l'étude du produit de son activité, de son résultat : les œuvres. Aussi bien, en toute rigueur, conviendrait-il de parler d'une absorption de la praxis dans une *poïématique*, plutôt que dans une poièsis. C'est d'ailleurs explicitement ce terme que Granger utilise pour qualifier son projet d'ensemble.

Ce nivellement du champ pratique au profit de l'univocité d'une poïématique est en fait rendu possible par le rapprochement de la *phronèsis* et de la *technè*. Granger souligne, en effet, que le problème de la connaissance du singulier est posé par Aristote comme « celui du passage de la science à la production et à la pratique, et « résolu » par l'introduction des degrés intermédiaires de la connaissance appliquée » que sont la phronèsis dans le domaine de la *praxis* et la technè dans celui de la *poièsis*[5]. Or la notion de « doctrine d'application » établit entre les deux domaines un

1. Sur l'ambition *généraliste* de la stylistique, cf. *infra*, p. 76.

2. *Cf.* Stéphane Haber, *L'aliénation, op. cit.*, p. 146-147.

3. Aristote, *Éthique à Nicomaque*, VI, 5, 1140b 6; l'*eupraxie* étant à elle-même sa propre fin.

4. Cette distinction n'est certes pas très stable (*cf.* P. Ricœur, *Soi-même comme un autre*, Paris, Seuil, 1990, p. 206-207), et peut être atténuée au regard de l'importance commune qu'y prend la délibération (J.-B. Gourinat, « Aristote et la forme démonstrative de la science », art. cit., p. 592). Beaucoup de commentateurs lui gardent toutefois un sens – *cf.* O. Hamelin, *Le système d'Aristote*, *op. cit.*, p. 80-82; D. Ross, *Aristotle*, London-New York, Routledge, 1995, et P. Aubenque, *Le problème de l'Être chez Aristote*, Paris, P.U.F., 2005.

5. *TAS*, p. 353 ; *cf.* aussi *supra*, p. 48.

« parallélisme étroit », argument dont Granger tire des conséquences étrangement radicales[1] :

> Certes, l'une et l'autre sont expressément distinguées par Aristote : « La sagesse est une vertu, non un art » (*EN*, VI, 5, 1140b25), mais ceci ne détruit en rien leur symétrie fonctionnelle. Cette notion de doctrine d'application, intermédiaire dans le domaine des actions entre l'*epistémè* et la *praxis*, dans le domaine des productions entre l'*epistémè* et la *poièsis*, serait alors caractéristique de ces deux régions de l'être, puisque la science théorique, par définition même, ne saurait viser à instaurer ou modifier un devenir, et n'a par conséquent nul besoin d'un tel intermédiaire.

Si Granger passe outre la distinction aristotélicienne entre vertu et art, c'est donc parce qu'elle lui paraît moins importante que leur vocation similaire, qui est de relier la science au domaine de l'activité pratique (en un sens large, et indifférencié). Aussi bien le *geste* aristotélicien lui paraît-il essentiel, qui consiste à unifier la connaissance, tout en distinguant les types d'objets (naturels, humains), à rebours de la tradition idéaliste, qui distingue, de façon illusoire, connaissance pure et appliquée. Granger distingue ainsi chez le Stagirite deux directions de l'explication, complémentaires mais d'importance inégale ; la spécificité des faits humains obligeant à inverser les rapports des deux termes, en accordant la priorité à la genèse dans la saisie des *prakta*, par opposition au rôle central des essences dans les sciences théoriques[2]. À la faveur de ce rapprochement fonctionnel de la sagesse et de la technique[3], l'équivocité de la philosophie de l'action aristotélicienne est ainsi largement résorbée au profit d'une approche exclusivement *poiétique*, et au détriment du pratique.

Granger a toutefois nuancé cette position par la suite. C'est que, si elle appartient bien de droit à la philosophie pratique[4], l'œuvre n'en épuise pas pour autant tout le champ. Elle désigne un type spécifique d'action et de comportement, dont le domaine est délimité par une triple caractéristique

1. *Ibid.*, p. 341 : « la sagesse, qui n'est ni une science, ni l'exercice même de la pratique, *est la doctrine d'application de la science pratique*, au même titre que l'art est la doctrine d'application de la science poïétique ».

2. *TAS*, p. 353.

3. Dans « La doctrine de la science chez Aristote », dans R. Rashed et J. Biard (éd.), *Les doctrines de la sciences à l'âge classique*, Leuven, Peeters, 1999, p. 7, Granger insiste toutefois moins sur le rapprochement entre les deux catégories. Ricœur (*Soi-même comme un autre*, *op. cit.*, p. 204-205) refuse d'assimiler la phronèsis à une délibération sur les seuls moyens, qui tend à réduire l'intégralité du champ de l'action au modèle instrumental moyen-fin.

4. *IRR*, p. 10 : « Bien entendu, l'œuvre suppose des actions ».

de *consistance* (« l'œuvre est un produit susceptible de se maintenir dans l'existence concrète et de s'offrir à l'observation, voire à l'usage, d'autres sujets que son créateur »), de *rapport d'une forme à une matière* (suscité par un travail) et de *signifiance* (« une œuvre se propose comme expression, véhiculée ou non dans un système de symboles »). A contrario, « un acte de bravoure, une décision politique importante, quelle qu'en puisse être la signification, ne seront pas considérés comme des œuvres, pas plus que la production répétitive d'objets matériels par l'homme ou par la machine, le *travail* et le *sens* ne se situant pas ici au niveau de la création même des objets » ; et l'irrationnel n'y étant perçu que par l'observateur ou le juge, et non directement par le créateur d'œuvres, qui l'accepte, l'utilise ou s'en défend[1]. En dépit de cette rectification tardive, on peut affirmer que cette orientation poïématique est restée la norme du rationalisme pratique de Granger, ne serait-ce que par la place nodale de la catégorie de dualité[2].

Qu'est-ce qu'une œuvre ?

C'est sans doute dans le court texte intitulé « L'histoire comme analyse des œuvres et analyse des situations », publié en 1961, peu après *Pensée formelle et sciences de l'homme*, que Granger précise le mieux la méthode poïématique de sa philosophie pratique[3]. Il y définit plus explicitement l'*œuvre* comme « le résultat d'un *travail*, c'est-à-dire d'une activité de transformation exercée par l'homme en vue de créer des significations ». Transformer, ajoute-t-il, c'est « modifier une forme, qui peut être un état mental aussi bien qu'un fragment de matière » (« façonner un objet, donner un spectacle, enseigner un enfant ») ; c'est s'approprier quelque chose, non pas au sens où l'on s'en rend propriétaire (comme lorsqu'on mange quelque chose), mais au sens où on le rend « propre » à quelque usage ou fonction. Car modifier sans détruire, c'est médiatiser sans aliéner ce qu'on

1. *Ibid.*, p. 11, qui modifie *STYL*, p. 6.

2. G.-G. Granger, « La contradiction », dans *La négation*, travaux du centre de recherches sémiologiques, n° 56, p. 39-53 ; repris dans *FOO*, p. 97-110 : « Par œuvre humaine nous entendons ici tout produit d'un travail humain, et par le travail, au sens le plus général, toute activité qui fait surgir d'une expérience la dissociation et la mise en rapport d'une matière et d'une forme » (*FOO*, p. 108).

3. G.-G. Granger, « L'histoire comme analyse des œuvres et comme analyse des situation », *Médiations*, n° 1, 1961, p. 127-143 (désormais cité *Hist*). *Cf.* également, « Une philosophie des sciences non sociologique est-elle possible ? », *Le relativisme est-il résistible ?,* Actes du colloque de Paris, Paris, P.U.F., 1994, p. 85 ; une œuvre est une production scientifique *effective* complexe, assignable à un individu déterminé, manifestant une certaine unité, et formulée dans un discours.

pourrait nommer le « degré de naturalité des êtres et des choses »[1]. Celui-ci est toujours relatif, et son « taux de variation (...) caractérise l'importance de l'investissement humain dans l'œuvre »[2].

Toute œuvre, précise Granger, est à la fois *produit* et *outil*. Comme produit, elle est le résultat d'une certaine situation, déterminé « par des ensembles de conditions antérieures », « l'objectivation circonstancielle de certains rapports définissant une infrastructure, et de certaines spécifications du sens des choses, définissant une culture et des individualités ». L'œuvre se prête alors à « une description génétique » (qui n'en épuise aucunement la signification); elle « reflète l'homme (...) comme produit déterminé de son activité – et de sa passivité ». Comme outil, elle est « un instrument déterminant une certaine figure du monde » : « soit qu'elle se présente comme un instrument d'auto-entretien de sa figure actuelle (ainsi caractériserait-on, peut-être très généralement, les époques classiques), soit, qu'à quelque degré, elle nie cette figure actuelle qu'elle reflète pourtant comme produit, soit qu'elle en transcende efficacement les déterminations singulières »[3]. Comme outil (ou projet), l'œuvre se prête à une analyse technologique, abstraction faite de son aspect événementiel, en terme « de moyen d'action, matériel ou conceptuel »[4].

Granger illustre son analyse sur l'exemple de « la science de la première moitié du XVIIe siècle, entre la construction de la lunette de Galilée et la mort de Descartes »[5] :

> En tant que produit, nous la rattachons sans trop de difficulté aux transformations de ce monde européen, où la production manufacturière s'intensifie, où l'appareil gouvernemental se renforce et s'étend, où la bourgeoisie s'affirme. Le savant n'est plus aussi souvent qu'autrefois un clerc : c'est un amateur noble ou bourgeois comme Descartes ou Pascal en France, un professeur en Angleterre, un protégé des Grands en Toscane. C'est le temps des Académies, des défis placardés aux murs des villes, des essais expérimentaux enfin partiellement dégagés de la fabulation alchimique. C'est en tant que produit encore que cette science s'enveloppe dans une idéologie, dont il n'est pas impossible de saisir quelques ressorts.

1. Sur ce souci de « conservation », cf. *supra*, p. 57.

2. *Hist*, p. 333. Cette altération ne saurait être nulle. Un monde sans signification est inimaginable – *cf.* la citation en exergue de la seconde partie, p. 91.

3. *Hist*, p. 333.

4. *Ibid.*, p. 336. « L'analyse des œuvres doit mettre en lumière leur degré d'importance, leur mode d'organisation comme outil, leur style. La perspective technologique peut alors conduire à remanier de fond en comble la mise en place du contenu d'une époque tel que le distribuait la perspective événementielle » (*ibid.*).

5. *Ibid.*, p. 334.

> Le rationalisme qu'elle proclame s'attaque aux formes passées, dans la mesure où elles reflétaient une figure de l'homme et de la société désormais abolie. Mais ce rationalisme est équivoque, et le demeurera longtemps encore : il s'exprime à la fois par les deux formules ennemies du mathématisme galiléo-cartésien et du naturalisme à demi magique de la nouvelle alchimie. Il faudra qu'une maturation décisive des forces sociales et de la culture aboutisse à la grande Révolution sur le plan politique, pour que soit expressément libérée une idéologie nouvelle, qui surmonte les contradictions primitives du rationalisme classique. Mais décrire et comprendre l'Astronomie de Kepler, de Galilée, la Physique de Torricelli, de Pascal, la Physiologie de Harvey simplement à travers le jeu des forces économiques et sociales et le reflet des idéologies, c'est évidemment en laisser échapper un aspect essentiel et spécifique. Cette science n'est pas seulement le produit d'une époque, l'expression d'une classe sociale ; elle est aussi un *projet* humain. Dépouillée de la présentation idéologique qui lui donnait, certes, sa signification, mais plus ou moins mystifiée dans le contexte où elle est née, cette science laisse paraître un sens, en ceci : qu'elle renvoie à une assimilation du monde à l'homme, destinée à conserver pour nous, dans une mesure plus ou moins large, son efficacité. Et c'est grâce à cela sans doute que le devenir de la science superpose au mouvement des infrastructures, et à l'enchaînement général des faits de civilisation, un dessin relativement autonome, une dialectique propre de son progrès. Retrouver dans les œuvres le schème de ce projet qui en constitue le sens propre, c'est, me semble-t-il, encore l'affaire de l'Histoire.

Comment donc analyser une œuvre ? En tant qu'elle est un résultat de la pratique, dont la conscience est une dimension, l'œuvre est l'objectivation d'une activité subjective : c'est un *mixte*. C'est d'ailleurs cette complexité qui empêche de ne la concevoir jamais comme un simple effet d'une cause. Certes, comme concrétisation d'un travail créateur subjectif, l'œuvre est l'individuel incarné, matérialisé, et, en tant qu'individualité, elle se rencontre d'abord sur le mode de la singularité, de la contingence, donc de l'histoire[1]. On aurait tort cependant de croire que l'on peut expliquer une œuvre comme on expliquerait « mécaniquement » un événement par l'ensemble de ses conditions historiques d'apparition : « toute œuvre humaine est quelque chose de plus que le produit de son conditionnement »[2]. En effet, l'événement y masque et y révèle une structure, dont

1. *Ibid.*, p. 339 : « L'œuvre, en tant que thème de l'Histoire (...) est (...), par excellence, une réalité individuelle ». Comme telle, elle se prête à une analyse conjoncturelle (cf. *infra*, p. 83 *sq.*).

2. *Ibid.*, p. 338. Reste que « ce quelque chose de plus ne nous oblige aucunement à hypostasier les cadres de la conscience, pour leur subordonner toute saisie de la réalité » :

on ne peut rendre compte adéquatement dans le plan des enchaînements de conditions, puisqu'elle « manifeste un projet, non point seulement un résultat ». La preuve que cette structure est le résultat d'une activité de structuration, c'est que l'on trouve, à côté de sa perfection formelle, les traces résiduelles laissées par une individualité subjective, et qu'analysera notamment la philosophie par l'interprétation stylistique[1].

Le point mérite d'être souligné car il dessine, comme en creux, et de façon négative, une réflexion sur la *liberté* en tant que liberté créatrice *à l'œuvre* : « le sujet concret, qui en est l'auteur, peut bien sans doute être objectivé, et son activité décrite comme une conséquence ; mais en réalisant une œuvre, il transcende cette détermination »[2]. D'où une caractérisation paradigmatique de l'œuvre pour le moins inattendue : « (...) le prototype paradoxal de l'œuvre ainsi comprise, c'est l'action révolutionnaire – ou l'œuvre d'art – dont on voit bien qu'elle est commandée par les antécédents et les circonstances, tout en réalisant pourtant une signification qui nie ce conditionnement ». De ce point de vue, le plus important n'est pas le privilège relatif consenti aux œuvres scientifiques[3], dans lesquelles il est plus facile de découvrir une structuration. L'essentiel est de réussir à lire dans l'œuvre une libération de l'aliénation, un travail de la liberté : « (...) la science n'est pas seulement un produit; elle exprime le mouvement de transcendance laborieuse, intérieure même à la réalité du monde auquel appartient l'homme, et qu'il oppose inlassablement à la transcendance illusoire du mythe »[4].

Il n'est pas impossible de ramener les trois types de libération de l'aliénation (science, art, philosophie) à une source unique que Granger appelle le « complexe de Pygmalion ». L'aliénation correspondrait alors à la frustration fondamentale de ne pas pouvoir créer directement la matière : si le désir de Pygmalion (« que l'absolue perfection de la forme précipite

l'analyse de l'œuvre ne conduit pas à en fonder les conditions de possibilités dans une subjectivité constitutive et originaire – cf. *infra*, p. 73 *sq.*

1. Cf. *infra*, p. 210-216, et surtout p. 75-83.

2. *Ibid.*, p. 338.

3. L'histoire des sciences, souligne Granger, est « peut-être le seul domaine des œuvres et des comportements des hommes où le déroulement historique ait un sens non équivoque, le seul aspect de l'histoire humaine qui exprime, dans l'ensemble, un mouvement méritant sans artifice la qualification de rationnel. C'est que les faits épistémologiques qui composent cette histoire ne sont pas seulement des événements, mais qu'ils appellent, *de par leur nature même*, des structures » (*cf.* « Événement et structure en histoire des sciences », dans *Histoire et structure, à la mémoire de Victor Goldschmidt*, études réunies par J. Brunschvicg, C. Imbert et A. Roger, Paris, Vrin, 1985 ; repris dans *FOO*, chap. 19, p. 361-380. ; citation : p. 366).

4. *PFSH*, p. 219.

l'art dans la vie ») ne peut se réaliser, cela est dû au fait du « divorce » entre la forme et la matière. C'est la raison pour laquelle, se délivrant « non sans ressentiment » de ce désir chimérique, « l'homme invente les arts les plus formels, comme s'il voulait nier l'importance de cette création *ex materie* qu'il ne saurait réussir. Il écarte de lui tout ce qui ressemble à la matière d'une construction appartenant à la sphère de la vie, pour élire les matériaux les plus schématiques, les plus propices aux constructions imaginaires »[1]. De ce point de vue, création logique et création artistique[2] relèvent d'un même souhait fondamental. Comme la technique (en tant que prolongement de la pensée formelle), l'art (au sens de la création esthétique) « apparaît comme l'une des voies authentiques qu'on choisies les hommes pour dépasser à la fois la pratique immédiate et la réduction scientifique dans la saisie de l'individuel »[3].

Cette ligne éthique de la réflexion grangérienne n'est jamais vraiment développée (les allusions y sont rares et ambiguës), mais on ne saurait pour autant en sous-estimer l'importance[4]. Elle explique l'étrange hypothèse d'une origine *morale* de la logique, et le *but* éthique de la construction des formes : « l'*homo sapiens*, qui est architecte, « à force de se construire », finira peut-être, comme *Eupalinos*, par se construire lui-même »[5]. Loin d'être seulement un produit, la science exprime en outre l'effort de la liberté pour dépasser l'aliénation[6]. Reste que l'éthique, entre association au sentimentalisme religieux ou au pathétique du vécu[7] et problématisation esthétique[8], n'a pas de place complètement autonome.

1. *Pygmalion*, p. 20.

2. La musique use des émotions (et des sons) comme matériaux, mais les sons n'ont pas l'équivocité de la vie, et les émotions déclenchées sont des émotions dévitalisées (absurdité du réalisme esthétique interprétant l'art comme substitution aux événements naturels) que l'art vise à ordonner en un ensemble concertant selon un certain *style*. On trouve une dialectique semblable dans d'autres arts : peinture et sculpture sont des tentatives de reproduction directe de l'existant, dont l'échec oriente l'art vers d'autres issues » (*Pygmalion*, p. 18).

3. *STYL*, p. 8.

4. Sur le renouveau « spinoziste » de l'éthique rationnelle, cf. *supra*, p. 26-28.

5. *Pygmalion*. Granger fait référence au poème de Paul Valéry, « Eupalinos ou l'architecte ». Sur la valeur normative (morale et politique) de la « culture scientifique », *cf.* Didier Gil, *Bachelard et la culture scientifique*, *op. cit.*

6. *PFSH*, p. 43.

7. *Ibid.*, p. 204 : l'existence éthique est associée à la religion, de même que l'existence affective.

8. *Pygmalion*, p. 16 : « Mais nous ne voulons connaître de l'éthique que cela, qu'elle est finalement dominée par le même problème qui nous semble commander l'esthétique ».

« Aliénation », « existence », « dialectique » : ce n'est pas simplement par la prégnance de ce vocabulaire que la pensée de Granger se situe dans l'horizon du « moment philosophique » de la seconde guerre mondiale ». Car c'est de façon très cohérente que les deux aspects « existentiels » de son œuvre se combinent en une philosophie profondément originale. Elle hérite en effet de l'anthropologie négative de Hegel la problématique de l'aliénation, centrée sur la notion d'individuel, qui devient un enjeu philosophique (et ontologique) fondamental. Or c'est le caractère dialectique de l'individuel qui est à l'origine de la dimension *historique* de la connaissance scientifique, autrement dit du caractère *contingent* de la production des contenus (formels) nécessaires. *Le problème de Cavaillès rejoint donc celui d'Hyppolite* : il ne s'agit pas seulement d'entériner la *facticité* de la nécessité scientifique et de trouver une solution à la question de son histoire, mais de saisir également que, dans ce mouvement historique même, un effort de dépassement rationnel de l'aliénation est à l'œuvre.

En dépit du paradoxe apparent qu'une telle formule implique, on peut donc parler d'*existentialisme* touchant l'œuvre de Granger, à condition de préciser qu'il s'agit d'un existentialisme essentiellement *poïétique*, qui conçoit la liberté comme production de formes. Même si la priorité donnée au concept, contre le « vécu », impose à Granger une ligne minimale sur cette question, tout à fait à l'opposé de Sartre, l'analyse des œuvres fait bien de la liberté *l'horizon* de la réflexion philosophique.

CHAPITRE II

LE RATIONALISME POÏÉMATIQUE

C'est en conséquence de son approche originale de la pratique que les aspects plus techniques de la philosophie de Granger prennent tout leur sens. Le rationalisme «*poïématique*» se propose en effet de saisir les œuvres de façon à la fois scientifique, philosophique et historique, sans qu'aucune des disciplines convoquées ne puisse, à elle seule, suffire à cette tâche. La *science* dégage la structure formelle de l'œuvre qui, en tant que produit d'une action humaine, contient aussi un résidu d'individualité, qu'étudie précisément *l'histoire*. Science et histoire de l'œuvre sont complétées par la *philosophie* qui pense réflexivement leur relation, en cherchant à définir le rapport de la forme à ce qu'elle organise. La notion de *style* étudie précisément les conditions de possibilités de l'inscription des formes dans la pratique. Se définissant comme ergologie transcendantale, la stylistique grangérienne se veut *générale* et a, de ce fait, un domaine d'application très vaste.

SCIENCE : LA STRUCTURE DE L'ŒUVRE

En tant que pensée des œuvres, la poïématique est *indissociablement* science, histoire et philosophie. Elle désigne un projet d'ensemble, unique et dynamique, un « mouvement de la pensée conceptuelle ». De sorte que, si l'on peut y distinguer trois instances, celles-ci sont, à strictement parler,

« inséparables »[1]. L'« instance idéaliste » correspond à la contribution de la *science* : la « *forme* elle-même est prise pour l'objet, et confondue avec l'objet » ; c'est le moment de la structure, de la pensée formelle prise en elle-même. L'« instance réaliste » désigne ensuite le moment « où la notion devient outil et où la science tend vers une technique » : c'est la visée de l'individuel, et l'effort de raccord de la structure et du réel. Vient enfin l'« instance transcendantale », phase « où l'objet-structure est rapporté à ses conditions de validité, qui ne sont pas les formes ni les normes d'une subjectivité, mais les règles explicites d'un certain aménagement provisoire de l'expérience », dans la mesure où le sujet constitue certes l'objet, mais laborieusement.

Comment un tel projet se propose concrètement d'analyser les œuvres ? La contribution scientifique est assez claire. Puisque toute œuvre est le résultat d'un travail, défini comme application d'une forme à un contenu, la pensée pratique doit commencer par expliciter la structure dont elle rencontre la présence dans l'œuvre singulière. C'est là le rôle de l'épistémologie, qui s'efforce de dégager « la structuration *manifeste et thématique* opérée par la science sur ses contenus »[2]. Reste que, si on situe la science dans la perspective large d'une philosophie de la *praxis*, la forme ne constitue qu'une partie seulement de l'*œuvre*, un simple « moment » de la pratique globale[3]. En tant que produit d'une action humaine, l'œuvre contient, en outre, un reste d'individualité, indépassable, et imputable à la conscience, au « vécu » de l'agent qui l'a créée. A strictement parler, on ne saurait donc concevoir le projet d'une « science » des œuvres humaines[4].

C'est pourquoi, à la tâche épistémologique stricte doit s'adjoindre un complément, qui en traite en quelque sorte le résidu : définir le rapport de la forme à ce qu'elle organise[5], ou encore examiner « le mode

1. *PFSH*, p. 181. Il s'agit d'instances plutôt que de moments, car chacune d'elles peut être présente « sans qu'un ordre dialectique déterminé par avance en commande l'appariti on ».

2. *Ibid.*, p. 16. Par opposition aux structures effectives, l'analyse stylistique insiste sur les structures virtuelles ou latentes. Cf. *infra*, p. 80.

3. C'est pour cette raison que la pensée de l'œuvre ne saurait être une « ontologie des formes » (*STYL*, p. 11). Ce « réalisme transcendantal » des structures, symétrique de l'idéalisme husserlien, est qualifié de « monstrueux » ; cf. *Hist*, p. 338.

4. Même si Granger a pu l'envisager ou entretenir le doute sur cet espoir dans certaines déclarations initiales. Cf. *PFSH*, p. 209.

5. *STYL* V, 1, p. 111. Cette dimension stylistique était déjà le problème que rencontrait Granger à la fin de *Pensée formelle* (*PFSH*, p. 186) : « Jusqu'à présent, notre attention s'est essentiellement portée sur la détermination de structures comme schèmes de l'objet qu'elles visent. Nous voici parvenus maintenant au point où le problème d'un *raccordement* des structures se pose au premier plan, et où la fonction de la pensée formelle doit prendre de

d'« incarnation » des structures », c'est adjoindre une déduction transcendantale à l'analyse transcendantale de la structure des œuvres [1]. Pour penser la science dans l'horizon de la praxis, il faut donc que la structure tende vers le concret jusqu'à le toucher, donc que la science rejoigne l'histoire. Mais comment? On ne saurait se contenter de la rigidité d'une « discipline normative », ou du caractère rhapsodique d'une « casuistique généralisée » [2]. C'est à la philosophie de faire en sorte que la connaissance de l'œuvre échappe au grand écart, en réalisant un exercice de convergence. Tâche délicate, qu'il lui revient de mener à bien à la fois par l'étude des hésitations de la constitution pratique des structures, et par l'examen des problèmes posés par leur application à la pratique.

PHILOSOPHIE : LE STYLE DE L'ŒUVRE

Le résidu de l'analyse structurale est ce que se propose de saisir une étude stylistique. Si celle-ci relève de la philosophie, et non de la science, c'est qu'elle ne dégage pas des faits, mais examine leur articulation à la pratique. Aussi bien le style cherche-t-il à penser l'individuel, qui n'est pas une catégorie de la science. Certes, l'étude du style présuppose une recherche positive, un essai de connaissance scientifique des modalités de cette pratique [3]. Reste que la véritable stylistique ne coïncide pas avec ces disciplines, car le style traite des *significations*, notion « existentielle » (ou « expérientielle »), qui concerne le vécu d'une conscience dans son rapport au monde [4]. Mais comment penser le rapport d'une structure scientifique, précise et limitée, à l'expérience, confuse mais globale? Du fait de la partition de Cavaillès entre le concept et le vécu, et de l'interdiction d'emprunter la voie de la conscience, le « vécu » ne peut être abordé que médiatement, via son *résultat*. C'est pourquoi la signification n'est pas ce que vise une conscience phénoménologique, mais « *ce qui* résulte de la mise en perspective d'un fait à l'intérieur d'une totalité,

façon décisive un sens dialectique. (...) Nous aborderons notre thème en examinant les rapports du point de vue "clinique" et de la structure ». *Cf.* aussi Granger, « Evénement et structure dans les sciences de l'homme », *Cahiers de l'ISEA*, n° 55, p. 25-44.

1. *Hist*, p. 338.

2. *STYL*, p. 11. Sur cette option « casuistique », cf. *infra*, p. 232.

3. *Ibid.*, p. 11. C'est là le rôle d'une « technologie et d'une psycho-sociologie du travail ».

4. Cf. *infra*, p. 156-159. Granger oppose le *sens* des faits objectivés par la pensée formelle aux *significations* du vécu.

illusoire ou authentique, provisoire ou définitive, mais en tous cas vécue comme telle par une conscience »[1]. En toute rigueur, il n'y a de « fait » que pour la science : une partie réduite de l'expérience soigneusement découpée et pensée par abstraction dans le cadre parfaitement normé d'une structure mathématique. Aussi n'est-ce pas sans précaution que Granger introduit l'oxymore du « *fait* de style », qui désigne le « fait » scientifique doté d'une signification expérientielle (pratique, existentielle), bref, le « fait » scientifique en tant qu'il est *aussi* vécu par une conscience humaine :

> Puisque le fait de style naît pour ainsi parler au contact des structures, fonctionnant comme projets, et d'une situation vécue comme donnée d'un acte possible, il est inséparable par nature d'une signification ; il est le fait significatif par excellence, ou si l'on veut le fait proprement humain [2].

Il convient de lever ici une ambiguïté terminologique. Contrairement à ce qu'elle connote de façon immédiate, la notion de style « *n'est pas originairement une catégorie esthétique, au sens spécifique de ce terme, qui évoque des valeurs de contemplation* ». En effet, est "esthétique" « tout ce qui concerne le rapport d'une structure à ses contenus, *dès que l'on considère l'objet comme objet d'une contemplation possible* »[3]. Mais dans la mesure où « le fait de style accompagne toutes les formes possibles de *travail*, et non pas seulement le [poïein] traditionnellement orienté vers la production d'un objet de contemplation », « une stylistique générale déborde (...) de beaucoup une esthétique ». Autrement dit, le style est d'abord une catégorie générique de la philosophie *pratique*[4].

La stylistique comme ergologie transcendantale

C'est comme étude générale des conditions de possibilités de l'inscription des formes dans la pratique que la philosophie du style vient compléter l'approche épistémologique *stricto sensu*. Le rapprochement

1. C'est Granger qui souligne.

2. *STYL*, p. 11 : « Nous avons employé déjà, sans autre précaution, l'expression : « *faits* de style ». A tort, sans doute, car le style, tel qu'on l'envisage, ne se réduit précisément pas aux faits. Il appartient aussi, et essentiellement, à ce que nous appelons, faute de mieux : significations ».

3. *STYL*, p. 188. C'est Granger qui souligne.

4. *Ibid.*, p. 11 : « toute pratique comporte un style et le style est inséparable d'une pratique ». La notion est unitaire ; le « dédoublement » (scientifique/artistique) de la notion de style est dérivé ; *cf.* H. Sinaceur, « Style et contenus formels chez Gilles-Gaston Granger », art. cit., introduction.

avec Kant (et Husserl) est explicitement encouragé, mais dans certaines limites seulement. Car s'il s'agit bien de remonter à « toute condition formelle de connaissance qui détermine *a priori* un type d'objectivité »[1], Granger dissocie en quelque sorte la question transcendantale kantienne, avec ses modalités (le formel, l'a prioricité), de sa réponse (le fondement subjectif, la définition du formel et de l'a priori)[2]. Aussi bien convient-il de substituer à la paresse du schématisme l'effort de la science : « La conscience kantienne donne forme, sens et unité ; mais elle ne *travaille* point, son activité est gracieuse. Tout au contraire, le sujet auquel nous nous référons accomplit des tâches »[3]. Bref, il faut considérer les œuvres dont on part « comme les ouvrages plus ou moins parfaits d'une activité laborieuse ». Par quoi l'objet de l'analyse transcendantale se modifie : ce n'est pas « le sensible, et l'aspect le plus passif de la perception », mais le travail « comme dialectique effective et efficace des formes et des contenus », dont la philosophie va chercher les conditions.

Reste que cette analyse stylistique[4] ne saurait prétendre saisir *directement* le processus du travail, comme activité se faisant : ce serait inévitablement dévier vers une « phénoménologie du travail », qui ne serait qu'une « exploration sous un nouvel angle de la vie transcendantale d'un Ego ». Or ce n'est pas à un tel prolongement de l'idéalisme husserlien qu'aspire Granger[5], pas plus qu'il ne s'intéresse à « la détermination historique concrète du travail qu'accomplit un sujet »[6] – ou du moins, pas essentiellement. Puisque le travail, comme la pratique, n'est pas appréhendable directement, la pensée doit procéder médiatement : l'examen part donc du produit du travail pour y lire le résultat, le dépôt de l'activité laborieuse. Les *œuvres* servent ainsi de fils directeurs de l'analyse transcendantale. Leurs conditions de possibilité, notamment scientifique,

1. *STYL*, p. 11, note 2.

2. Cette dissociation de la question et de la réponse vaut *a fortiori* pour Husserl, chez qui la subjectivité devient originaire et constitutive.

3. *STYL*, p. 12.

4. Granger donne comme « analogue » de l'Esthétique Transcendantale kantienne la stylistique tout entière. L'équivalent de la Logique, s'il existe, n'est pas à chercher dans la spontanéité d'une subjectivité originaire, dont les structures seraient définitives. Cf. *infra*, p. 92.

5. *STYL*, p. 16 : « Notre méthode d'investigation, si elle est tributaire des idées nouvelles introduites en philosophie par les phénoménologues, n'est pourtant pas une phénoménologie. Nous partirons toujours des œuvres singulières de la pensée, et chercherons à instituer des comparaisons propres à faire apparaître des analogies, des mutations, des dégénérescences de structures ».

6. *Ibid.*, p. 12.

ne sont donc pas à découvrir dans un conscience fondatrice, mais dans la *praxis* : « une analyse transcendantale, loin d'être une analyse de la vie intentionnelle du sujet, serait une *analyse structurale des œuvres* »[1]. De façon conséquente, l'existentialisme grangérien se développe en ergologie transcendantale[2].

L'insistance de Granger sur la dimension *formelle* des conditions du travail vise à « écarter toute détermination causante, telle par exemple celle qui fait directement dépendre une catégorie objective de la nature d'un instrument d'observation, ou encore d'un événement de l'histoire humaine »[3]. Les conditions examinées, auxquelles l'analyse remonte à partir des œuvres, ne sont donc pas envisagées comme « produits et conséquences dans une situation causalement déterminée », mais telles « que l'acteur se les propose – ou plus communément qu'elles lui sont offertes par sa civilisation – comme cadre d'un projet »[4]. Toute la difficulté consiste à délier relativement le transcendantal de la subjectivité, suffisamment pour qu'on ne puisse l'y réduire, mais pas trop, de façon à pouvoir lire dans les œuvres des *traces* subjectives (fussent-elles diffuses, fondues dans une « civilisation »). L'historicisation du transcendantal rend ainsi flottant le cadre des conditions *a priori*, lesquelles ne sont pas « des caractéristiques originaires, intemporelles, définitives d'une pure subjectivité », mais « sont *a priori* un peu à la manière des règles d'un jeu, qui sont bien contraignantes et constitutives à l'intérieur d'un type d'activité déterminée, mais que l'on peut délibérément changer, soit que le jeu cesse, soit que l'on ait voulu en modifier le dessin »[5] – encore ne faut-il pas concevoir cette régulation de façon arbitraire. La prise en considération du « travail dans le monde des

1. *Hist*, p. 338.

2. *STYL*, p. 12. Si Granger utilise si peu ce terme, c'est par réticence à forger des néologismes. Il préfère utiliser le terme de « stylistique générale ».

3. *Ibid.*, p. 11.

4. *Ibid.*, p. 12.

5. Le transcendantal ne peut plus être « identifié à une structuration *ne varietur* de l'expérience, selon les normes intimes d'une subjectivité (...) On peut bien, si l'on veut, feindre de le considérer, à un moment donné du développement de l'histoire humaine, comme le système des formes selon lesquelles le sujet constitue son objet ; mais s'il ne peut fonctionner qu'en se posant comme législateur de l'objectivation, il n'en est pas moins précaire, et le résultat d'une genèse dont l'histoire des sciences et de la culture en général nous révèle les *traces*, et que l'épistémologie s'efforce de restaurer » (*ibid.*, p. 12).

hommes»[1] pousse donc l'interrogation philosophique au-delà de l'axiomatique, en ramenant les formes à un *effort* de formalisation[2].

En portant son attention sur «les conditions les plus générales» de ce travail concret, le philosophe s'efforce donc de les mettre en évidence, sans revenir à une attitude spéculative et à un postulat idéaliste sur la fonction de sujet. Or le *travail* est une dialectique des formes et des contenus, où l'individuel, comme obstacle et résistance aux formes, joue un rôle moteur. C'est donc cet individuel que le style cherche à saisir en étudiant sa «modalité d'intégration (…) dans un processus concret qui est travail»[3]. Dans la mesure où cette ergologie transcendantale s'efforce de dégager les conditions a priori du travail, on peut par extension la définir, comme une «recherche des conditions les plus générales de l'insertion des structures dans une pratique individuée»[4], projet ambitieux synonyme d'une stylistique «générale»[5].

Une stylistique générale

Dans le cadre d'une philosophie rationaliste appliquée à la pratique, l'analyse stylistique a donc un domaine d'application très vaste. Aussi bien s'agit-il de montrer «que toute œuvre de l'homme peut être interprétée comme une mise en forme, et ne peut être comprise que si, d'une part, on essaie de «dégager la forme souvent dissimulée dans l'œuvre», et si, d'autre part, on s'efforce de «définir le rapport de cette forme à ce qu'elle organise»[6]. Reste qu'à ce but *global* n'est associée qu'une méthode *partielle*, puisque cette «possibilité d'une stylistique générale» doit être prouvée «à travers l'étude de quelques pratiques variées» (sciences,

1. J. Vuillemin, *L'héritage kantien et la révolution copernicienne, Fichte, Cohen, Heidegger*, Paris, P.U.F., 1954; cité par Granger (*PFSH*), p. 17.

2. *Ibid.*, p. 181 : «Ce qui nous paraît donc subsister de proprement transcendantal dans l'activité scientifique telle que nous la décrivons, c'est la position constituante – encore que provisoire –, et a priorique – encore qu'émergeant d'un long travail –, des esquisses catégoriales de l'objet: c'est son aspect axiomatique. Mais cet aspect axiomatique (…) est l'envers d'un aspect pragmatique, et la liberté dont il témoigne en l'homme perd tout son sens si on le veut isoler de cette co-détermination par laquelle l'homme est lié au monde qui le fait homme, et le monde à l'homme qui le fait monde. Ainsi se manifestent évidemment à la fois l'exigence transcendantale d'une pensée visant à se constituer un *objet* qui ne soit ni simple impression, ni même percept, – et les conditions contraignantes imposées par un monde à son activité d'appropriation».

3. *Cf.* la définition du style, *STYL*, p. 8.

4. *STYL*, p. 12.

5. *Ibid.*, p. 10. Le projet global prend cependant la forme d'une *question* de faisabilité.

6. *Ibid.*, p. 299.

sciences humaines, langage) seulement, même si l'une d'entre elles a une valeur démonstrative particulièrement forte[1].

Appliquée tout d'abord aux œuvres de la *science*, l'analyse stylistique vient compléter l'épistémologie, par « une analyse tâtonnante et difficile », qui fait « apparaître la structure comme l'une des figures possibles parmi celles qui se trouvent concurremment esquissées », et surtout rend « visibles les semi-structurations latentes qui organisent à différents degrés ce qui, dans l'expérience que l'œuvre modèle et transforme, demeure apparemment un déchet »[2]. Pour qui réintègre la science dans le cadre plus large de la *pratique*, le style désigne le corrélat de la pensée formelle : non pas la structuration manifeste et thématique opérée par la science sur ses contenus, mais celle, vécue, « de l'activité scientifique elle-même »[3]. C'est notamment le point de vue stylistique qui permet d'interpréter la recherche mathématique comme un *travail* concret, dans les cas où une même structure, par exemple, apparaît sous plusieurs modes, est introduite et utilisée selon des manières différentes[4]; alors que l'analyse des systèmes mathématiques ne s'intéresse pas à ce problème, et que l'approche purement historique n'en donne qu'une vision succincte et trompeuse. Par la philosophie du style, Granger entend ainsi échapper à la partition d'une « épistémologie historique » bachelardienne (idée d'une normativité inhérente à chaque élaboration scientifique, dialectique de l'erreur), et d'une « histoire épistémologique » qui, avec Canguilhem, insiste sur la cohérence interne d'un ensemble de discours, marginalisant la référence à la subjectivité du savant[5].

L'application de l'analyse stylistique aux sciences humaines constitue un cas problématique. En tant que projet de connaissance scientifique de l'homme, elle représente un simple cas particulier de la stylistique des œuvres scientifiques. Mais la difficulté tient à la place *centrale* qu'y prend le style par rapport aux efforts de structuration. En effet, la constitution du pratique en « objet » scientifique par le moyen d'une structure mathématique y est souvent imprécise, et la « forme » malaisée à déceler,

1. *STYL*, p. 12.

2. *Ibid.*, p. 297.

3. *Ibid.*, p. 16.

4. *Ibid.*, p. 298 : c'est le cas du calcul des fluxions newtonien et de l'analyse infinitésimale leibnizienne, par exemple.

5. D. Lecourt, *Pour une critique de l'épistémologie (Bachelard, Canguilhem, Foucault)*, Paris, Maspéro, 1972. Ph. Sabot insiste sur la filiation entre Canguilhem et Foucault (« Archéologie du savoir et histoire des sciences », dans P. Cassou-Noguès et P. Gillot (éd.), *Le concept, le sujet et la science*, *op. cit.*).

« masquée » qu'elle est « par la prégnance et la richesse de l'interprétation naïve du vécu véhiculée par les langages usuels »[1]. Il serait illusoire de ne considérer cette caractéristique que comme l'indice du caractère encore incertain de cette connaissance, car c'est plutôt la marque intrinsèque de leur objet qui s'y révèle : « le phénomène dont elles partent est plus concret, plus complet que celui des autres sciences », et « le travail de structuration s'y trouve moins déterminé »[2]. Cette complexité implique la multiplicité des modèles possibles, non pas par arbitraire, mais par nécessité d'aborder le phénomène « sous plusieurs angles », et en tous cas de le reconstruire comme objet « sur plusieurs niveaux ». C'est la raison pour laquelle les sciences humaines doivent faire preuve d'une grande précaution, et toujours expliciter les modalités constitutives de leurs opérations de connaissance : puisque chaque théorie est associée à un type de réduction déterminé qui définit son style, « la reconnaissance explicite des modalités de cette réduction du phénomène en objet peut seule permettre d'interpréter la connaissance qu'elle formule »[3].

Enfin, alors que dans les sciences formelles l'analyse stylistique est résiduelle (par rapport à l'analyse formelle), et qu'elle est au contraire centrale dans les sciences humaines, elle occupe une position *médiane* dans le domaine du langage. L'analyse stylistique permet en effet d'y établir une distinction décisive entre la visée scientifique (sciences formelles, naturelles, humaines), la structure, où l'effet de style n'est qu'une conséquence seconde, et la visée esthétique, qui consiste à « créer directement une expérience individuée », et où « les effets de style sont alors les moyens premiers qui assurent cette individuation du produit »[4]. Et c'est sur le cas de la langue que cette double intentionnalité, ce double usage de l'individuel apparaît le plus clairement. Il y a certes des structurations dans le langage, imposée par la langue elle-même, telle qu'elle nous est transmise. Mais celles-ci peuvent se réaliser selon différentes modalités : d'une part la structuration naïve est complexe, et peut être distribuée sur différents niveaux ; d'autre part « ce qu'elle laisse comme non-pertinent dans le matériel par lequel elle se symbolise – les redondances du signe linguistique – est susceptible d'être employé dans une organisation signifiante surimposée à la première, plus ou moins précise, plus ou moins

1. *STYL*, p. 298.
2. *Ibid.*, p. 299. Cf. *infra*, p. 179-181 et p. 182-185.
3. Cf. *infra*, p. 211.
4. *STYL*, p. 299.

contraignante », et qui constitue un effet de style[1]. Du coup, dans le cas de la langue, la stylistique n'est pas « l'auxiliaire d'une analyse des structures objectivantes » (qu'une science propose comme modèles abstraits du phénomène), mais constitue « le fondement d'une esthétique du langage », dont la fonction est de décrire et d'interpréter les procédés par lesquels l'usager d'une langue cherche à « susciter pour l'auditeur un vécu, une expérience prégnante » et singularisée.

Si l'analyse stylistique prend un sens particulier dans le cas de la science, c'est parce que le raisonnement philosophique de Granger prend la forme d'un argument *a fortiori* qui permet d'étendre la démonstration d'un cas particulier à l'ensemble des situations pratiques. Réussir à déceler l'existence de l'individuel dans l'œuvre de science rend en effet l'exercice aisé dans les cas où la présence de l'individuel est beaucoup plus patente et beaucoup moins contestable. Dans la stylistique scientifique, Granger est ainsi bien conscient d'aborder le problème du style par sa face « la plus ardue », dans la mesure où ce n'est pas par son style que la connaissance scientifique est validée; mais il pense « justement que ce caractère de trait secondaire et caché » rendrait « plus convaincante » la démonstration que toute œuvre de l'homme peut être interprétée comme une « mise en forme »[2]. Si la stylistique de la pratique scientifique est si difficile, c'est que celle-ci paraît en effet « mettre entre parenthèses l'individuel, et par conséquent tourner le dos au *style* » – l'exclusion semble radicale, et l'incompatibilité définitive[3]. Pourtant, si la pensée formelle est bien construction d'objet purement structural, « l'individuel reste à l'horizon de la science », en tant que celle-ci n'est pas purement spéculative. Granger distingue ainsi trois modes d'individualisation, de la pratique scientifique. Le premier réside dans le fait que tel mode de structuration ait été choisi plutôt que tel autre pour construire le modèle d'un certain phénomène (l'histoire des sciences témoignant d'une pluralité des modes de structuration); le second s'effectue au niveau d'une *caractérologie scientifique*[4]; le troisième est *historique* : « les événements de l'histoire des sciences, tout le *caput mortuum* de l'analyse historique que l'on rattache à la contingence,

1. *STYL*, p. 299-300.

2. *Ibid.*, p. 298.

3. *Ibid.*, p. 13. « Le succès universel de l'entreprise scientifique serait même, apparemment, la mort du style ».

4. Pour Granger, la caractérologie de la pensée scientifique, en tant que cas particulier de caractérologie informationnelle, est une « discipline positive » qui fait partie de la science. Elle ne relève donc pas à proprement parler de l'épistémologie, qui peut toutefois s'en inspirer (*ibid.*, p. 14). Sur cette approche du psychisme, cf. *infra*, p. 177.

contribuent évidemment à singulariser les actes de création scientifique d'une manière qui semble décidément échapper à une pensée rationnelle du devenir »[1]. Mais, dans le domaine historique, l'individuation, encore que très apparente, n'est pas forcément la plus facile à saisir.

L'HISTOIRE, COMPLÉMENT ET CONDITION

L'appoint historique requis par la stylistique doit aider à saisir l'individuel sans prétendre expliquer tous les incidents. Autrement dit, il s'agit d'« interpréter par une analyse assez soigneuse presque tous ces événements comme manifestations sensibles et signes apparents de situations concrètes complexes, dans lesquelles le découvreur ne joue nullement le rôle de récepteur d'un message fortuit, mais celui de l'acteur qui se saisit pratiquement d'une *conjoncture* »[2]. Mais une telle « analyse des situations »[3] est-elle seulement possible ? Elle suppose de penser la conjoncture conceptuellement, c'est-à-dire non pas sous la forme de l'instantané, du spontané, ou de l'imprévisible, mais comme « perspective nouvelle et synthétique qui résulte de la considération simultanée de divers plans d'analyse »[4]. Il s'agit donc de faire converger – au risque de les « écraser » – différentes approches structurales vers un même point, ce qui implique de résorber la diversité des temps dégagées dans l'œuvre par ces différentes « coupes » en les compressant « dans l'unique temps compact des situations ». Au lieu d'insister, comme l'analyse structurale, sur la cohérence interne des schémas, cette approche étudie au contraire les « contradictions concrètes », les « disparités » que révèlent ces différents niveaux de structure[5]. Si l'examen de la conjoncture restait théorique, elle se condamnerait au constat stérile de ces contradictions, donc à l'impuissance. Pour en « déduire un devenir », l'approche doit se faire pratique, assumer l'individuation des forces en présence, se détacher du but d'une résurrection esthétique du passé, et se concevoir au contraire comme histoire « appliquée », « histoire-outil », instrument d'intégration des différentes sciences de l'homme dans la pratique concrète[6]. Reste que, si

1. *STYL*, p. 15.
2. *Ibid.*, p. 15.
3. Cf. *infra*, p. 85.
4. *Hist*, p. 339.
5. *Ibid.* p. 340 : « une situation, du point de vue de l'analyse conjoncturelle, c'est essentiellement un nœud de contradictions ».
6. *Hist*, p. 340-341. C'est à ce titre que l'histoire peut être conçue comme « couronnement » des sciences humaines.

Granger précise bien ce que cette histoire ne saurait être une « projection vaine » du passé sur le présent, une « stérile ratiocination des leçons de l'accompli », il demeure assez vague sur la nature effective de ses opérations. Aussi bien s'agit-il d'un « art », d'un « savoir-faire d'interprète des situations concrètes »[1]. Et, si cet examen des situations fonctionne bien dans le domaine des sciences expérimentales, dans les disciplines historiques et sociologiques, au contraire, « la relative immédiateté de leur objectivation de la pratique », qui « donne à la conjoncture son plein sens », rend aussi son analyse « ambiguë »[2].

Que cette instrumentalisation de l'histoire, cet enrôlement à des fins « prospectives », aboutisse à la couper de son goût coupable pour le passé, n'est finalement que le moindre des paradoxes suscités par une telle conception. En effet, le point le plus délicat semble bien être que cette histoire des situations, requise comme *complément* et but de l'analyse des œuvres, soit *en même temps sa condition*. Cette circularité apparaît clairement si l'on examine ce que Granger appelait en 1961 « l'histoire comme analyse des œuvres ».

La tâche de l'histoire consiste à essayer de rendre compte de l'œuvre à la fois comme résultat d'une situation (un produit) et le reflet d'un projet humain (un outil)[3]. Elle ne peut donc se contenter de restituer une expérience par le récit, qui en resterait au niveau de l'événement vécu. Retrouver le sens du projet intérieur à l'œuvre implique de passer à une analyse feuilletée du temps, qui en rompe l'unité apparente. C'est bien une « étrange histoire » que cette analyse des œuvres qui, au lieu de commencer par les replonger dans le temps, s'efforce au contraire de les en détacher, instaure la discontinuité et met en lumière trois rythmes d'évolution[4]. Si l'histoire peut échapper à la chronique ou au roman[5] c'est au prix de cette « dislocation » : « L'Histoire nous révèle la pluralité des temps et leur hiérarchisation dans la perspective de l'œuvre réalisée au sein de la collectivité. Considérée de ce point de vue, l'analyse des œuvres est une

1. *Ibid.* Granger donne en exemple « pas absolument satisfaisant » le *Dix huit Brumaire* de Marx.

2. *STYL*, p. 15.

3. Cf. *supra*, p. 67-69.

4. *Hist*, p. 337.

5. Le récit, comme chronique, n'est qu'une simple reproduction de l'expérience, que même le roman contemporain n'utilise plus. Granger fait référence aux œuvres de Robbe-Grillet, Proust, Joyce et Durrell, qui décrivent moins le déroulement de l'expérience que sa constitution (en une sorte de genèse transcendantale) – *ibid.*, p. 329-330.

sorte d'analyse spectrale du temps humain »[1]. Si elle « se rattache encore très profondément à l'idée naïve du récit »[2], la gradation qu'elle instaure, « allant de l'immédiat au réflexif », l'en éloigne, en distinguant les niveaux respectifs des événements, des outils et des catégories[3].

Le plan des événements bruts est celui de l'analyse des *situations*. Le récit y a droit de cité, mais « jusqu'à un certain point » seulement, car il ne s'agit pas de l'événement du chroniqueur : sa présentation suppose une « connaissance du dynamisme des situations », que révèlent à la fois son passé et son avenir, et aussi une « conscience de l'idéologie qui lui donne son sens contemporain, le consacre comme événement présent ». Pour Granger, l'événement ainsi inséré dans un récit n'est que le support d'un travail conceptuel véritable : non pas l'achèvement d'un savoir mais seulement son point de départ et sa condition première, le « fondement de toute analyse proprement historique ». Dans le cas de la science, il s'agit des découvertes qui jalonnent une époque, c'est-à-dire « les moments de l'œuvre scientifique, tels qu'ils ont été ressentis par les contemporains, mais aussi tels que les font apparaître leurs précédents et leurs conséquences »[4]. Le plan de l'analyse technologique examine ensuite l'œuvre comme outil, c'est-à-dire comme moyen d'action, matériel ou conceptuel : l'invention de la lunette ou des logarithmes. L'analyse se fait alors « *technologie comparée* des instruments de toute nature »[5]. Enfin, à un niveau encore plus abstrait, l'analyse peut aborder le plan des *catégories*. Dans la mesure où toute œuvre « recouvre une notion plus ou moins latente, plus ou moins cohérente, de ses propres objectifs, de la nature du domaine où elle se déploie, du rapport général de l'acte humain à son cadre », la catégorie sert à désigner « les spécifications de cette notion qui dépassent les simples concepts par le caractère de fondement global qu'elles revêtent à l'égard des actes de la connaissance ou de la pratique »[6]. Sa fonction « n'est pas seulement de nous servir à penser les phénomènes, mais encore d'*orienter* notre pensée *vers* l'objet de connaissance » ; ainsi en est-il, pour

1. *Hist*, p. 337.

2. En réalité, le récit n'est qu'un symptôme, et sa maladresse même trahit son « sens profond » qui est visée de la « réalité individuelle » qu'est l'œuvre (*ibid.*, p. 339).

3. *Ibid*, p. 335-337.

4. *Ibid.*, p. 337.

5. G.-G. Granger, « Evénement et structure en histoire des sciences », art. cit., p. 364. Granger ajoute que « l'instrument scientifique (...) n'est pas un outil comme les autres, dans la mesure où il est moyen de *représentation* » des phénomènes.

6. *Hist*, p. 337.

la science du XVIIe siècle, de l'idée de détermination spatio-temporelle de l'objet physique[1].

En poussant l'analyse jusqu'à ce qui donne aux œuvres leur sens, l'histoire se fait ainsi de plus en plus réflexive et conceptuelle, et « débouche » dans une *philosophie* transcendantale, qui examine les conditions d'insertion de l'œuvre dans un univers de signification[2]. Cette analyse philosophique, qui prend la forme d'une explicitation des structures et d'un examen de leur mode d'incarnation dans la praxis, correspond précisément à l'ergologie transcendantale (stylistique générale). Autrement dit, d'une part, l'histoire comme analyse des événements, prépare à l'analyse philosophique, au sens où elle la précède et y conduit inévitablement. D'autre part, la philosophie se prolonge elle-même en une « analyse des conjonctures », pensée du présent actuel[3]. Ce texte programmatique, écrit en 1961, donnait à l'histoire une place singulière, en étonnante symbiose avec la réflexion philosophique, au point de ne laisser aucun résidu de sens que viendrait précisément méditer une « philosophie de l'histoire ». L'histoire était déjà philosophique, de part en part (l'analyse des œuvres correspond à une philosophie de l'histoire, et l'analyse des situations à une philosophie de l'actuel)[4]. Dans cette combinaison d'histoire et de philosophie, on aura bien sûr reconnu l'ancêtre du *style*, discipline proprement philosophique prenant en considération le rapport des structures à une singularité historique. Mais on aurait tort de croire que le concept de style remplace purement et simplement l'histoire : par la suite, en effet, l'histoire comme *concept* philosophique construit, requis, ne disparaît pas. Elle constitue en quelque sorte la pointe ultime du style, le moment du *raccord* par excellence. C'est la raison pour laquelle cette discipline est définie comme « entièrement stylistique » (comme la philosophie[5] et l'art), et conserve sa

1. Les catégories constituent un premier essai de formulation philosophique de l'idée des « concepts constitutifs de l'objet lui-même » (*cf.* « Événément et structure en histoire des sciences », art. cit., p. 365).

2. *Hist*, p. 338.

3. *Ibid.*, p. 342 : Granger, contre la préférence exclusive de Braudel en faveur de la longue durée, cherche « à rendre suffisamment justice à la fonction d'analyse du présent, qui met en œuvre, sans doute, la grande Histoire, mais s'établit dans l'événement, en lui donnant son seul sens conceptuellement maîtrisable de temps-à-l'état-naissant, abordé dans la perspective d'une pratique ». De cette façon, la philosophie peut éviter d'arriver « après la noce » (Marx, *La Sainte Famille*).

4. *Ibid.*, p. 342.

5. La philosophie étant tournée vers le passé, et l'histoire vers le présent (paradoxalement, puisque cela implique de ne pas prendre en considération le temps en histoire, seulement l'instant, la conjoncture où convergent les structures).

nature éminemment paradoxale[1]. De sorte que la circularité du texte de 1961 perdure, elle aussi, à l'arrière-plan de la philosophie pratique de Granger.

L'originalité de la pensée du philosophe aixois, par rapport à la démarche kantienne, consiste ainsi à donner beaucoup plus d'importance à la « théorie de la Méthode », notamment à l'Histoire. Aussi bien le « renversement » du questionnement transcendantal, et le déplacement de la réponse de la subjectivité atemporelle à la *praxis*, et au caractère laborieux du rationalisme, conduisent-ils nécessairement à une temporalisation du transcendantal[2]. Mais l'ambiguïté corrélative apparaît clairement : l'histoire n'est qu'en apparence située à la *fin* de la poïématique, parce qu'elle la *précède* en réalité tout autant. Elle joue donc à la fois un rôle de complément (« l'analyse des œuvres se complète et s'achève en analyse des situations »[3]) et de condition (l'analyse des situations est le point de départ de l'analyse des œuvres). Il y a là la figure d'un cercle, dont Granger ne peut sortir qu'en le rendant vertueux à la faveur d'une constitution enfin positive des sciences de l'homme (qui garantirait une forme plus conceptuelle d'histoire) – d'où son impérieuse nécessité, voire son *urgence*, pour tout son projet philosophique[4].

Héritière « existentialiste » d'une anthropologie de l'aliénation, la philosophie de Granger se veut une riposte rationaliste au défi de l'individuel, qui oriente la philosophie pratique dans le sens *médiat* d'une poïématique. Ce détour par l'ergologie est nécessaire pour thématiser de façon objective le concept central de travail (application créatrice d'une forme à un contenu). Véritable fil rouge de cette pensée, la notion d'individuel revêt donc un enjeu ontologique décisif, et peut être considérée comme un critère de la réalité. Cette philosophie pratique de la connaissance rationnelle du réel a ainsi une vocation clinique forte. Mais un tel projet, qui s'inscrit dans un cadre symbolique, bute d'emblée sur une difficulté essentielle : la polysémie du fait humain fait obstacle à sa saisie objective, et oblige

1. Cf. *infra*, p. 216-223.

2. *PCP*, p. 11 et 152 *sq*. En particulier, « l'histoire des sciences ne peut guère se concevoir que comme une rationalité en devenir » – Granger, « Evénement et structure en histoire des sciences », art. cit., p. 366.

3. *Hist*, p. 342.

4. La réflexion sur les sciences humaines, loin d'être le parent pauvre de cette pensée, en constitue le but profond. C'est en effet par l'analyse des sciences humaines que Granger *commence* son œuvre de philosophe, comblant ainsi une lacune de l'œuvre de Bachelard.

la raison à un retour sur soi, et à un examen critique de ses capacités et prétentions. D'où l'orientation double de ce programme d'une *raison à l'œuvre* : la raison *clinique* est indissociablement une raison *critique*.

C'est également l'ambition transcendantale qui conduit à s'assurer du pouvoir de la raison, dans la lignée des philosophies critiques et réflexives. En effet, il ne s'agit pas seulement d'analyser le mode d'incarnation des structures dans une pratique, mais d'en questionner la légitimité, et d'en dégager les conditions de possibilité. Dans le cadre sémiotique choisi par Granger, cette tâche consiste à définir le symbolisme, à instaurer un principe de comparaison qui ordonne la diversité sémiotique de façon précise, et enfin à tracer les limites, en signalant les erreurs d'usage. Le projet conduit également à souligner la propriété réflexive du langage naturel, véritable condition de légitimité de l'activité philosophique. Ce n'est qu'à l'aide d'une telle boussole de la rationalité symbolique qu'on peut prétendre cartographier le réel individuel – encore faut-il pour cela établir des procédures cliniques objectivées, qui saisissent le sens de l'œuvre de façon à la fois rigoureuse et souple, et expliciter toutes les modalités des opérations de schématisation requises.

Deuxième partie

CRITIQUE

Un monde sans signification, un monde où rien ne parle à l'homme, est assurément inimaginable ; partout réapparaît la marque du pied de Vendredi
Hist, p. 333.

CRITIQUE DE LA RAISON SYMBOLIQUE ET PHILOSOPHIE TRANSCENDANTALE

En développant un projet philosophique transcendantal, Granger reste fidèle à une certaine inspiration kantienne, infléchie par l'influence bachelardienne [1], et demeure, en ce sens, très opposé au programme quinien de « naturalisation » de l'épistémologie [2]. Il ne s'agit pas pour autant de prétendre fonder les conditions de possibilité du fait scientifique dans une subjectivité. Mais plutôt, puisque la raison développe une activité sémiotique, au sens où la définition minimale de la pensée est celle d'un maniement de signes (ou de symboles), d'élaborer une *critique de la raison symbolique* au sens transcendantal du terme. L'examen des conditions de possibilité d'une connaissance objective coïncide dès lors avec l'observation minutieuse des gestes de manipulations que le kantisme neutralisait par la doctrine du schématisme.

L'élucidation du pouvoir de la raison est ainsi poursuivi selon une conception renouvelée du transcendantal : désubjectivé, symbolique, historicisé, opératoire. Si chez Kant *l'illusion* par excellence consiste à prétendre saisir la « chose en soi », là où on ne peut connaître que des

1. Pour une interprétation transcendantale de l'épistémologie de Bachelard, *cf.* B. Barsotti, « Le non kantisme de Bachelard », dans J.-J. Wunenburger (dir.), *Bachelard et l'épistémologie française*, *op. cit.*, p. 183-213.

2. *Cf.* W.V.O. Quine, *Du point de vue logique* (Paris, Vrin, 2003) et *Relativité de l'ontologie* (Paris, Aubier, 2008). Leur différend tient sans doute à leur lecture respective de l'œuvre de Carnap. La signification n'a rien d'un mythe, pour Granger, car elle est l'élément même de la philosophie; et la catégorisation symbolique, constitutive de la rationalité, ne saurait être réduite, par empirisme behavioriste, à des « natural kinds » – cf. *Catég*, p. 531.

« phénomènes », pour Granger, elle devient volonté de saisie d'une réalité en soi, en dehors de tout symbolisme : « Toute connaissance scientifique se déploie dans un univers de langage ; (...) la science requiert nécessairement comme *condition transcendantale*, un système linguistique » [1]. La version renouvelée de *l'Esthétique* transcendantale, comme « *sémiotique* transcendantale » consiste à délimiter l'usage légitime que peut faire la pensée scientifique de son symbolisme [2]. La *Logique* ne saurait, quant à elle, être déterminée de façon définitive par une table des catégories ; elle s'ouvre au contraire à la diversité rhapsodique de concepts en création perpétuelle [3]. En son sein, la *déduction* transcendantale prend également une dimension symbolique : si des contenus purement formels peuvent être source d'une connaissance de l'expérience, c'est en vertu d'un « *Factum* épistémologique (...) essentiel ; c'est à savoir que l'empirie, en tant qu'elle est visée par une connaissance, ne se donne que transposée dans un univers symbolique dès son point de départ » [4]. Corrélativement, la *dialectique* transcendantale se transforme en une dénonciation d'un certain nombre de transgressions sémiotiques, dans le passage inconsidéré d'un système symbolique à un autre, par exemple. On a vu, enfin, le rôle renforcé que joue la théorie de la *Méthode* (en particulier l'histoire de la raison pure), à côté de la théorie des Eléments. Cette inflexion générale confère à la raison une fonction plus polémique qu'architectonique [5].

En fait, là où Kant, du fait du *mutisme* de la raison pure, se posait la question de l'homogénéité de l'objectivation scientifique à la perception naïve, Granger se pose le problème, renouvelé mais « symétrique » de « l'homogénéité structurale et fonctionnelle des langues naturelles et des « langues » scientifiques » [6]. C'est donc pour des raisons épistémologiques

1. *STYL*, p. 111 (« langage » est pris ici au sens large de symbolisme en général) – c'est Granger qui souligne. Sur l'illusion d'une saisie immédiate et anté-symbolique de l'individuel, cf. *infra*, p. 159.

2. *Cont*, p. 35.

3. Sans pour autant qu'on puisse faire absolument coïncider contenus formels et catégories de l'expérience : les objets mathématiques ne constituent pas *a priori* des guides transcendantaux d'une connaissance de l'empirie. Cf. *Dual*, p. 68. Tout le travail philosophique consiste précisément à élucider le mode d'articulation du virtuel et de l'actuel.

4. *Ibid.* Que la réalité ne nous soit accessible que sous une forme toujours déjà symbolique, c'est là un aspect que Granger tente de comprendre au moyen du concept de « dualité » (cf. *infra*, p. 109-111).

5. *Cf.* G. Bachelard, *L'engagement rationaliste*, Paris, P.U.F., 1972.

6. « La forme de l'objet scientifique ne concerne pas directement le contenu sensible, mais un *langage* » (*PFSH*, p. 12-3 ; *STYL*, p. 113). Il faut voir dans ce souci du « langage » (symbolisme) une influence de l'empirisme logique, et de l'empirisme en général – *cf.* « Le langage », art. cit., p. 45.

précises que la critique de la perception devient critique de l'activité sémiotique :

> Si l'objet scientifique est très décidément à nos yeux en discontinuité radicale avec l'objet perçu, les langues plus ou moins formalisées de la science, encore que profondément distinctes des langues vernaculaires, n'en conservent pas moins certains traits essentiels. De sorte que la continuité entre la quasi-objectivation vécue, et l'objectivation scientifique de l'expérience – que nous récusons dans les termes kantiens – se trouverait paradoxalement restaurée sur une base nouvelle dans la perspective de la construction des systèmes d'expression, considérée comme constitutive et de l'une et de l'autre [1].

L'épistémologie de Granger tout entière, et même sa philosophie de la raison, est structurée par ce projet d'une comparaison des symbolismes formels et naturels. Reste que la tâche de la critique de la raison est en fait plus complexe, car elle répond à un *double* souci. Elle vise certes à établir la nature du symbolisme, sa diversité, à élucider les propriétés respectives des systèmes en présence, et à comprendre la légitimité de leur rapport – programme conçu très tôt même s'il met un certain temps à aboutir. Mais il faut également que la raison puisse *légitimer* le projet critique en sens plus radical, et apprécier la prétention ontologique des signes, sans pour autant sortir de leur domaine. Une telle gageure ne saurait être tenue qu'à la faveur de l'explicitation d'une dimension *réflexive* (métalinguistique) de la pensée, qui engage une certaine conception de la philosophie, de sa place et de son travail.

1. *STYL*, p. 113.

CHAPITRE III

LE COMPARATISME SÉMIOTIQUE

Touchant le résultat lui-même de la comparaison entre systèmes symboliques formels et naturels, un examen trop rapide des prises de position de Granger pourrait donner une impression de grande variété. En fait, les indéniables modifications de sa pensée sur ce point correspondent à un approfondissement obstiné, et nullement à de fâcheuses palinodies. Quant au résultat lui-même, il est d'emblée *mitigé*[1]. Cette remarque liminaire met donc sur la voie de la recherche autant des caractères « communs » que des traits « différentiels »[2]. Proximité car y a un élément formel dans la langue naturelle ; écart, comme l'atteste l'œuvre de Wittgenstein, interprétée dans son ensemble comme un effort de démarcation du symbolisme logique d'avec celui des langues naturelles. Et si le nombre des critères de différences s'est accru, et si les définitions données par Granger sont de plus en plus fines, l'écart lui-même entre langue naturelle et systèmes formels n'a jamais été remis en question. Tout au plus peut-on dire que Granger a, un temps, pensé que le développement de la pensée formelle pourrait réduire cet éloignement, sans cependant nourrir d'illusion quant à la capacité de la science moderne de le faire complètement disparaître – et, ce, d'autant moins que la justification de

1. *STYL,* p. 113 : « la réponse cette fois est plus nuancée qu'elle ne devrait être pour le problème kantien ». *Cf.* déjà G.-G. Granger, « Logique, langage, communication », dans *Hommage à Gaston Bachelard*, Paris, P.U.F., 1957. Une première version de ce chapitre est parue dans P. Lacour, « Gilles-Gaston Granger et la critique de la raison symbolique », *Texto !,* fév. 2005, http://www.revuetexto.net/Inedits/Lacour_Granger.html [consulté le 23.03.2011].

2. *Ibid.*, p. 113.

l'écart se voyait renforcée par la mise en évidence d'une « pragmatique pure »[1].

Il est remarquable que, immédiatement après la formulation de son programme philosophique, Granger précise qu'il refuse d'y consacrer son *Essai d'une philosophie du style*, renvoyant cette recherche à un autre travail – un article de 1969 : « Langue et systèmes formels »[2]. En fait, s'il a d'emblée conscience de la centralité du comparatisme symbolique dans son œuvre (il le mentionne 1960 comme équivalent contemporain de la déduction transcendantale), c'est progressivement qu'il en fait l'objet privilégié de son attention philosophique. À l'identification de la difficulté comme cruciale, dans les remarques de 1960 et 1968, fait place ensuite son traitement philosophique effectif, dans l'article de 1969, contemporain de nombreux travaux consacrés à Wittgenstein[3]. Ce problème constitue le cœur de l'ouvrage *Langages et épistémologie* (1979), livre tout entier habité par le comparatisme, qui lance dans sa conclusion le programme de recherche sur les universaux du langage naturel, dont les résultats datent, dans leur forme achevée, des années 90[4]. En outre, le projet comparatiste n'est pas abandonné par la suite, puisque, d'une part, l'article-clé écrit en 1969, « Langue et systèmes formels », qui constituait déjà le pivot du livre de 1979, est aussi celui qui donne son unité au recueil de 2003[5]. D'autre part, la notion de dualité, « solution » apportée au problème renouvelé de la déduction transcendantale, et conceptualisée en 1980 d'abord, puis plus clairement en 1987[6], est fortement liée à ce comparatisme symbolique du naturel et du formel (la dualité, catégorie primitive, joue un rôle dans chacun des deux symbolismes). Enfin, la différenciation, au sein de la réalité, de l'actuel et (des diverses formes) du non-actuel, dans les années 90, découle directement des acquis (protologiques) de la comparaison,

1. Cf. *infra*, p. 116-123. Cette discipline correspond à peu près à la recherche des « universaux » du langage que Granger regroupe sous le terme générique de « conditions protologiques » (cf. *infra*, p. 104-109).

2. « Langue et systèmes formels », *Langages*, n° 21, p. 71-87, 1971 ; repris dans *PLS*, chap. 9. (désormais cité *Lang*).

3. G.-G. Granger, *Wittgenstein*, Paris, Seghers, 1969 ; et *Introduction à la lecture de Wittgenstein*, Paris, Alinéa, 1990.

4. *Cond ; PLS* ; G.-G. Granger, « Le langage » dans G. Floistad (éd.), *Language, Meaning, Interpretation*, Dordrecht-Boston, Kluwer Academic Publishers, p. 45-71.

5. *PLS*, p. 5 : le chapitre 9 (« Langues et systèmes formels ») a, malgré sa spécificité, une position centrale et fournit « la clef de l'unité du recueil ».

6. *Cont* et *Dual*.

puisqu'elle repose sur les nuances de la composante pragmatique des symbolismes[1].

Le comparatisme n'est par ailleurs possible qu'à la faveur d'une étude systématique de l'univers symbolique, de sa composition, de son fonctionnement, de ses propriétés et de ses conditions. Ce n'est en effet qu'à cette aune que peuvent être explicités certains paralogismes de la raison symbolique (son usage inconsidéré des systèmes formel ou naturel). Par quoi se précise aussi la nature des limitations internes de l'enquête grangérienne, qui font obstacle à une détermination de l'unité de la raison. Reste que la complexification que la dimension pragmatique du langage naturelle fait subir à l'analyse comparée des symbolismes, en imposant le complément d'étude de la « pragmatique pure » et en modifiant le sens de la déduction transcendantale, affine considérablement les paramètres ontologiques de cette philosophie.

L'UNIVERS SYMBOLIQUE ET SON FONCTIONNEMENT

Préalables : du signe au symbolisme

La conception grangérienne du signe, en dépit de ses limites mêmes, élabore une réflexion sémiotique faisant droit à la pluralité. Largement inspirée par l'œuvre de Peirce, elle en refuse pourtant la tentation ontologique et monotone[2]. Le signe est d'abord caractérisé par sa fonction de *renvoi*, ou de représentation : « non pas seulement au sens trop étroit de figuration, mais en ce sens que le signe « tient lieu de », et rend possible des manipulations et des opérations effectuées en pensée qui seraient impraticables, le plus souvent, sur l'objet de son renvoi »[3]. Le signe a

1. *VERIF*, *PPV* et *S et R*. C'est notamment pour des raisons pragmatiques qu'on peut expliquer le paradoxe apparent consistant à rattacher l'imaginaire à l'actuel, et non au virtuel (*PPV*, p. 235).

2. Cf. *supra*, p. 20. Granger souligne la double originalité de la position peircienne : la liaison signifiante est triangulaire, avec la présence d'une suite d'interprétants ; et l'objet du signe est lui-même défini comme signe (*STYL*, p. 114 *sq.*). Sur la question subsidiaire de savoir si Granger peut ou non être considéré comme peircien au sens strict, *cf.* l'opposition de Pierre Thibaud (« L'idée peircienne de logique comme théorie de l'objet », *CP*, p. 147-167), et de Claudine Tiercelin (« Dualité, triadicité et signification en mathématiques : ou pourquoi Granger ne peut finalement pas être peircien », *CP*, p. 169-186).

3. G.-G. Granger, « La philosophie du langage dans les sciences exactes », *in* M. Dascal *et alii*, *Philosophy of Language*, Walter de Gruyter, 1996 (désormais cité *Phil*), vol. 2, p. 296. On trouve une définition similaire dans *PLS*, p. 10 : par symboles, on entend « des figures matérielles mais abstraites de leurs contenus sensibles, susceptibles de *renvoyer* à des objets ou à des activités. Ces figures sont donc abstraites en ce que leur substrat sensible, leur

ensuite une valeur de distinction, en ce qu'il « découpe » : « de tels signes n'ont de valeur que par la position qu'ils occupent dans ce qu'on pourrait appeler un espace d'information, un canevas de repérage, qui, plus ou moins clairement, introduit la discontinuité dans l'univers auquel il renvoie »[1]. Enfin, selon une inspiration peut-être plus saussurrienne, le signe prend une valeur différentielle, dans la mesure où il ne fonctionne que comme élément d'un système.

Par « système symbolique » Granger entend « un ensemble de signes effectivement donnés ou effectivement constructibles », en insistant sur la clôture de l'ensemble des signes du systèmes (par opposition à une énumération, simple collection de signes)[2]. Ce concept *minimal* joue ainsi le rôle de plus petit dénominateur sémiotique commun. Mais on aurait tort de croire que la limite entre le symbolique et le présymbolique est simplement marquée par des critères d'identification et d'opposition d'un signe aux autres signes du système, puisque aussi bien ce trait apparaît déjà « dans la pensée perceptive, pré- ou protosymbolique[3] », sans qu'on ait pour autant un élément pourvu de *sens*. En fait, le sens est caractérisé pour Granger par la mobilité, par opposition à la fixité du signifiant : « Le sens d'un symbole, qu'il soit partie d'une langue naturelle, d'un système quelconque de signes, ou d'un système formel, présente toujours, relativement à la fixité du signifiant, le caractère d'un élément inséré peu ou prou dans un système opératoire »[4]. Autrement dit, le sens est « l'objet du renvoi du signe lorsque cet objet est virtuel et mobile par rapport à la fixité du signifiant »[5]. De sorte que le véritable critère du symbolique n'est pas la présence du *signifiant* dans le signe (qui permet d'identifier et d'opposer un signe aux autres signes du système), mais la présence du *sens* dans les signifiants (le fait que ces signifiants fixes renvoient à un objet virtuel et mobile). On peut donc dire que « le critère de clôture *suppose* » l'organisation en signifiants, mais

signifiant, est totalement ou partiellement neutralisé en tant que tel, au profit de sa fonction de renvoi, indéfinissable fondamental ».

1. *Phil*, p. 296.

2. *Lang*, p. 107. Cette clôture ne doit pas être entendue en un sens trop strict, car des innovations symboliques sont possibles, comme l'atteste l'enrichissement des langues par les néologismes, par exemple (*ibid.*, p. 108).

3. Cette apparition à ce niveau est la conséquence de l'exercice de la catégorie de dualité – cf. *Dual* et *infra*, p. 109-111.

4. *Dual*, p. 57-8; *Langages et épistémologie,* Paris, Klincksieck, 1979 (désormais cité *L et E*), p. 101.

5. Comme le remarque Arley Moreno, « La philosophie et les universaux du langage », *CP*, p. 249-270, p. 251.

« ne *s'applique* que lorsque les signifiants se trouvent déjà organisés selon le critère sémantique de l'objet du renvoi »[1].

Les systèmes symboliques

Pour les raisons épistémologiques précises[2], la tâche que se propose Granger consiste autant à exhumer ce *seuil* commun du symbolisme qu'à discriminer les systèmes symboliques particuliers et leurs propriétés, et surtout à situer les systèmes formels par rapport aux langues naturelles. De fait, au risque de la trivialité, la première particularité de l'univers sémiotique, tient à sa *diversité* : il existe plusieurs systèmes de signes[3]. Cette bigarrure se retrouve aussi au sein de la relation de signification : se posant « le problème sémantique le plus général », « celui du rapport d'un monde à un système symbolique »[4], Granger insiste ainsi sur la multiplicité du rapport des symbolismes à ce qu'ils visent : « le mot « signifier » ne saurait être univoque »[5].

Si tout signe est défini par sa fonction de renvoi, on peut distinguer deux voies de représentation symboliques profondément divergentes. La première est orientée vers la communication d'un contenu (une expérience actuelle, conservant les caractères du vécu concret auquel le signe fait référence); la seconde vers la création de forme, qui correspond à la formulation du générique et du virtuel (par opposition au concret, à l'actuel). Alors que la « communication » insiste sur le rapport d'un émetteur à un récepteur du message, l'« expression »/la « symbolisation » désigne « la création en symboles d'un objet de pensée ». Ces deux fonctions sont irréductibles l'une à l'autre, mais elles sont aussi, au sens strict, inséparables[6].

1. *Ibid.*, p. 251. Renvoyant à *L et E*, p. 153, Moreno ajoute que « le passage de la fonction exclusivement sémantique aux fonctions sémantique *et* syntaxique du signe marque, finalement, pour Granger, le passage au symbolique. Ainsi, un élément du vécu sera admis en tant que *symbole* dans la mesure où il peut fonctionner sémantiquement *et* syntaxiquement, et non pas dans la mesure où le système présente des contraintes, quoique virtuelles, permettant de distinguer le pertinent du non-pertinent dans la matière du signe ».

2. Cf. *supra*, , p. 92-93.

3. *S et R*, p. 61 : la langue naturelle est ainsi « l'un des nombreux systèmes symboliques, merveilleusement divers ».

4. *Déf*, p. 193.

5. *Ibid.*, p. 204. Chacun des termes de cet article indique une modalité de renvoi sémantique des symboles à un monde : « définir », « décrire » et « montrer ».

6. *Ibid.*, p. 205. Granger préfère parler ailleurs de fonction de représentation (d'une expérience) et de fonction illocutoire (en un sens restreint : réalisation d'un effet chez

Au sens faible, on peut cependant les considérer de façon séparée, du moins relativement. Il existe en effet des systèmes de signes qui ne remplissent que la fonction de communication, sans expression symbolique, ou du moins où celle-ci joue un rôle secondaire : ce sont par exemple la communication animale, ou celles de certaines formes de communication affective. Réciproquement, certains systèmes sont dédiés à la seule expression, et la communication y est inexistante, ou à tout le moins secondaire (les systèmes formels [1]). Dans chacun des cas, c'est ce caractère subsidiaire de la fonction adverse qui permet à la fois de la considérer comme présente et négligeable – il n'y a donc pas de contradiction dans les déclarations de Granger sur ce point. L'important tient au fait que les systèmes des langues ordinaires, quant à eux, possèdent les deux fonctions. C'est ce qui fait leur intérêt et leur richesse [2].

La polarité sémiotique fondamentale

L'enquête épistémologique de Granger poursuit surtout un but *topique*, consistant à construire une échelle graduée du sémiotique, ou encore à élaborer un cadre où viendront s'inscrire les différents symbolismes, tout système symbolique pouvant être situé « par rapport aux deux pôles typiques que constituent les langues naturelles et les systèmes formels » [3].

Par rapport aux langues naturelles, un *système formel* se caractérise par trois traits essentiels [4] :

a) les aspects pertinents des signes qui le composent y sont délimités sans équivoques (par exemple, la manière dont les chiffres sont écrits ne joue aucun rôle quant à leur sens en tant que signes de nombres). De cette

l'interlocuteur) – *S et R*, p. 61. Les deux aspects, quoique « distincts », sont « conjoints » dans la fonction de la communication d'une expérience des langues naturelles.

1. On peut néanmoins affirmer que les systèmes formels communiquent certains « contenus », à condition de préciser que ceux-ci ne sont pas ceux, matériels, d'une expérience vécue, mais des contenus « formels ». Granger s'efforce de montrer leur naissance progressive de la logique aux mathématiques. Leur existence est ce qui permet à Granger de redonner sens, par delà la critique qu'en fait Quine, à la distinction analytique-synthétique : l'analyticité, c'est le degré zéro du contenu formel (la pure coïncidence de l'opération et de l'objet dans le calcul propositionnel en logique) ; le synthétique commence avec l'apparition des objets, d'abord timidement dans le calcul des prédicats ou les logiques hétérodoxes (modales), puis franchement dans les mathématiques, que Granger considère comme la « théorie des objets quelconques ». Cf. *Dual* et *Phil.*

2. Cf. *infra*, p. 101-102.

3. *Phil*, p. 297.

4. Nous suivons ici l'exposé de *Phil*, qui est beaucoup plus complet que celui de *Lang* touchant la caractérisation des langues naturelles.

stricte détermination, il résulte que la distinction entre diverses occurrences du même signe ne peut dépendre que de sa position dans le syntagme (et jamais de quelque singularité intrinsèque), et il suit que « sont neutralisés pour ces signes tous les éléments pragmatiques que leur usage effectif peut faire apparaître comme étant attachés à des aspects non pertinents de la matière de ces signes ».

b) Les signes du système formel sont construits à partir d'un ensemble *fermé* de signes élémentaires (ceux-ci sont donnés dans une liste close).

c) La construction de signes complexes est subordonnée à des contraintes sur la concaténation des composants, lesquelles sont complètement explicitées dans le système (la thèse de Church-Türing sur la « calculabilité » exprime cette caractéristique)

A l'autre extrémité du champ sémiotique, on trouve les *langues naturelles*, fondamentalement régies par deux principes majeurs :

a) une langue naturelle comporte toujours une superposition d'articulations, c'est-à-dire d'organisation de ses signifiants en systèmes symboliques plus simples, distincts, quoique éventuellement interférents. L'une de ces articulations est, au moins approximativement, un système formel (articulation phonologique, graphique pour les versions alphabétiques [1]).

b) une langue naturelle utilise des ressources pragmatiques qui en font un moyen de communication complet. Ces ressources sont essentiellement des symboles d'« ancrage » (sorte d'arrimage de la langue à l'expérience, marqué par la présence, dans un énoncé, du sujet de l'énonciation) et des symboles à valeur illocutoire, c'est-à-dire ce qui, dans la langue, permet de donner à un énoncé des fonctions spécifiées de communication, ou de préciser les conditions de leur exercice (marques de modalisation, de performativité).

La richesse du symbolisme des langues naturelles

Dans les langues naturelles, les deux fonctions de communication et de symbolisation viennent se croiser avec une importance égale. C'est la raison pour laquelle ces systèmes sont moins élaborés mais plus riches que les systèmes formels. L'élaboration moindre doit se comprendre comme un degré d'abstraction et de médiatisation inférieur [2]. Un langage naturel

1. Le cas des langues idéographiques, comme le Chinois classique, est particulier, l'écriture pouvant constituer à elle seule une langue partiellement autonome.

2. *Déf*, p. 193. A propos des trois modalités de renvoi sémantique de symboles à un monde (montrer, décrire, définir), modalités distinctes « quoique plus ou moins étroitement

dispose ainsi de nombreuses capacités déictiques, que ne possèdent pas les systèmes formels, mais la définition, peu précise, n'y joue qu'un rôle classificatoire (du type : « le lion est un mammifère carnassier »). Au contraire, « le symbolisme formel du mathématicien ne comporte aucun signe déictique permettant de désigner tel objet situé *hic et nunc* par rapport à l'énonciation »[1], mais la définition est très précise dans les systèmes formels, et joue ainsi pleinement son rôle (rendre les objets manipulables[2]). Un tel degré d'acribie, conquis de haute lutte, n'a d'ailleurs pu s'effectuer qu'« à travers les différentes étapes marquant un détachement progressif de la langue naturelle »[3].

Reste que les langues naturelles sont plus *riches*, du fait de leur capacité à emprunter à l'expérience actuelle et concrète et à en communiquer les fragments. Cette richesse, en tant que moyen de communication, explique, d'ailleurs, qu'elles puissent fonctionner comme « métalangues universelles »[4], au sens où elles servent souvent d'auxiliaire scientifique : au physicien ou le biologiste, pour « décrire historiquement une expérience personnelle », au mathématicien pour « commenter la sèche et rigoureuse exposition formelle des faits mathématiques »[5].

enchevêtrées », et dont les premières surtout caractérisent les langues naturelles, Granger précise : « Je les prendrai dans un ordre allant, pour ainsi dire, du plus concret au plus abstrait, du contact le plus direct et de la moindre charge proprement symbolique au renvoi le plus médiatisé ».

1. *Ibid.*, p. 202. Et Granger ajoute : « il en est de même du langage des sciences de l'empirie, car il ne s'agit jamais alors que de faits et d'objets génériques, ou si l'on veut virtuels, dont l'actualisation relativement à l'acte de l'énonciation n'est aucunement pertinente ». Sur la différence entre virtuel et actuel, cf. *PPV*.

2. *Déf*, p. 195 : « En mathématiques, par exemple, définir un objet consiste bien essentiellement à l'introduire explicitement dans un système opératoire, que ce soit en donnant une procédure de construction, ou que ce soit en formulant des énoncés et des règles où entre le nom de l'objet à définir. En ce dernier cas, qui est celui de l'axiomatisation, l'objet se trouve médiatement défini, en ce sens que l'on a les moyens de manipuler et combiner tous les énoncés bien construits où entre son nom (...) Par où l'on voit que l'acte de définir ne s'exprime pas nécessairement ici sous la forme prédicative, ou plutôt même que cette forme prédicative n'est alors qu'illusoire, masquant la fonction véritable de la définition sous une apparence descriptive ».

3. *Phil*, p. 315. *Cf.* notamment la belle méditation sur les génies symétriques de Pascal et Leibniz, touchant l'usage de la langue.

4. *Phil*, p. 298 : « Cette richesse des langues naturelles, en tant que moyen de communication, justifie l'idée avancée par Alfred Tarski qu'elles peuvent fonctionner comme « métalangues universelles », avec, en contrepartie, leur incapacité à formuler pour elles-mêmes une définition libre de tout paradoxe de la vérité de leurs énoncés ».

5. *Déf*, p. 202.

Ajoutons que les systèmes formels sont régis par des règles logiques; *le logique* se voyant en quelque sorte conféré le rôle de *canon* de la sémiotique formelle. Au niveau du logique, la pensée ne porte pas sur des objets [1] mais seulement sur ses propres opérations, contraintes par le principe de non-contradiction [2]. Or cette description purement formelle étant « virtuellement interprétable comme métalangue », théorie d'un discours [3], le logique constitue, comme le souligne A. Moreno, « une borne supérieure par rapport au langage : il décrit les jeux analytiques et inférentiels qui sont à la base des expressions linguistiques et que la grammaire laisse échapper » [4]. On comprend dès lors pourquoi la langue naturelle peut être « théorisée » d'un point de vue logique, quoique toujours de façon incomplète (tel pourrait être le sens du parcours philosophique de Wittgenstein) : « Un système symbolique au sens le plus complet, comme la langue ordinaire, ne se réduit pas à un système formel, essentiellement gouverné par des conditions logiques, bien qu'il puisse être décrit comme tel à un certain niveau » [5]. Reste encore à mesurer l'écart entre ces deux modes de pensée. En fait, le logique est l'aboutissement d'un parcours, et présuppose le langage, qu'il complexifie : l'expression linguistique « précède les régulations logiques proprement dites, qui constituent un enrichissement et un perfectionnement du cadre des symbolismes dont elles systématisent et renforcent les pouvoirs de communication et de construction d'objets, pouvoirs que possédait déjà, de façon moins réglée, ce cadre primitif » [6]. Etant déjà théorie d'un discours, le logique suppose nécessairement lui-même des conditions et des règles plus élémentaires de la pensée symbolique : « (…) la structuration logique joue son rôle à un niveau déjà élaboré de la pensée symbolique, comme détermination de *formes d'objets en*

1. Au sens strict, « il n'y a pas d'objets logiques », comme le remarque Pascal Engel, *CP*, p. 121-134. Aussi bien la détermination du « logique » comme pure corrélation de l'opératoire et de l'objectal, est-elle faite dans une perspective transcendantale, et ne prend-elle tout son sens que par l'établissement d'un dégradé formel, comme le souligne J. Proust (« Introduction », in *CP*, p. 8). Tandis que le calcul des propositions combine les trois méta-propriétés de non-contradiction, décidabilité et complétude, le calcul des prédicats perd la décidabilité, et les mathématiques, la complétude. Pour une formulation aboutie de cette idée d'un « enrichissement » progressif, qui tient compte des difficultés spécifiques posées par la logique combinatoire, les logiques para-consistantes et la théorie des Catégories, cf. *S et R*, chap. 1 et 2.

2. *L et E*, p. 53 *sq.*; *Cond*, p. 61.

3. *L et E*, p. 52 *sq.*, *Cond*, p. 63-64, et p. 66.

4. A. Moreno, « La philosophie et les universaux du langage », art. cit., p. 250.

5. *Cond*, p. 87-88.

6. *L et E*, p. 189.

général et détermination de *formes d'inférences*. Elle suppose donc déjà satisfaites des conditions premières »[1].

Autrement dit, le logique n'est que la forme la plus élaborée et épurée de la fonction symbolique non communicante (ou communicante de façon seulement secondaire). Mais par rapport aux systèmes formels, les langues naturelles, qui combinent à la fois la fonction de symbolisation (représentation) et la fonction de communication, sont régies non seulement par des conditions logiques (du moins, peuvent-elles l'être), mais aussi par des conditions non-logiques. Plus exactement, Granger n'oppose pas les conditions de la fonction de symbolisation à celles de la seule communication, pour montrer ensuite que les deux types de conditions contraignent les langues naturelles, expliquant ainsi leur richesse. Car une telle démarche – si d'ailleurs elle était possible – ne ferait que juxtaposer des conditions sans les hiérarchiser. Aussi préfère-t-il prendre la *communication symbolique* comme un tout, et montrer que les conditions qui la régissent sont plus fondamentales que les conditions logiques, dès lors que la symbolisation formelle est *dérivée*, issue, par abstraction, de la communication symbolique. De fait, si les systèmes formels ne peuvent qu'apparaître comme des organisations incomplètes au regard des langues naturelles, c'est qu'ils ne remplissent pas certaines des « conditions protologiques » constitutives d'une langue ordinaire.

Les conditions protologiques du symbolisme naturel

Celles-ci concernent au premier chef les langues, systèmes symboliques « par excellence »[2], et « apparemment les plus riches, et adaptées comme telles à l'expression directe du *vécu* et de la pratique quotidienne ; adaptées aussi à l'usage esthétique, créateur d'*objets* symboliques »[3]. Ces conditions générales, qui concernent les formes symboliques les plus simples (alors que les conditions logiques touchent des formes déjà largement médiatisées), Granger les nomme des *fonctions* parce qu'elles ne correspondent pas à des classes de symboles, mais désignent les opérations génériques de la symbolisation.

On peut considérer que ces conditions sont organisées en conditions préalables et spécifiques[4]. Parmi les *conditions préalables*, la fonction

1. *Cond*, p. 87.
2. *Lang*, p. 114.
3. *Ibid*., p. 122.
4. A. Moreno, « La philosophie et les universaux du langage », art. cit., p. 255-256. Dans un article ultérieur (*Phil*), Granger ne semble pas cependant mettre l'accent sur les mêmes

d'énoncé complet désigne l'acte même de *poser* un énoncé (par opposition au fait de ne rien poser), fonction primitive, antérieure même à ses spécifications comme formes de prédication ou formes d'assertion. La fonction de pluralité d'articulation souligne, à la suite d'A. Martinet[1], l'organisation stratifiée des signifiants, avec un niveau de fractionnement ultime, d'organisation élémentaire, des signes[2]; cette articulation, qui suppose le caractère discret du signe linguistique, « rend possible la création réglée mais non bornée des signes du niveau supérieur »[3]. Les fonctions d'énoncé complet et de pluralité d'articulations concernent le symbolisme linguistique encore *indissocié*, non soumis aux critères *régionaux* du sémantique, du syntaxique ou du pragmatique[4].

Les fonctions d'ancrage, de nom propre, et de thème-rhème correspondent à des *conditions* plus *spécifiques*. Soit qu'elles concernent les rapports syntactico-sémantique, comme l'opposition thème-rhème, ou opposition entre *ce que* l'on dit et *ce dont* on le dit, corrélation antérieure même à la prédication (définie comme corrélation d'un sujet et d'un prédicat)[5]. Soit qu'elles concernent plutôt l'aspect pragmatique : la fonction d'ancrage désignant l'arrimage de l'énoncé à la situation d'énonciation, le signalement, dans le symbolisme même, de son attachement au monde et à l'expérience du locuteur (les symboles d'ancrage sont des « indicateurs de

priorités, puisqu'il insiste sur la pluralité d'articulations et la dimension pragmatique. Nous avouons ne pas savoir expliquer cette différence d'accent.

1. A. Martinet, *Éléments de linguistique générale* (Paris, Armand Colin, 1991), paru en 1960, et dont Granger donne très tôt une recension (« La linguistique moderne », *Critique*, n°205, 1964, p. 551-561).

2. *Cond*, p. 90 : « Les renvois des signes élémentaires ne sont pas des « objets » extérieurs au système. Leur fonction est informationnelle *stricto sensu*. Ces signes servent à former les signes de niveau supérieur qui renvoient à de tels objets ».

3. *Ibid.* Et Granger précise : « L'important n'est pas qu'il y ait deux articulations ou davantage, mais c'est la distinction d'une articulation ultime et d'*autres* articulations : il y a du reste, dans une langue, plus de deux niveaux en général ».

4. A. Moreno juge que la fonction « énoncé complet » est plus fonctionnelle, et celle de pluralité d'articulations plus structurale. *Cf.* « La philosophie et les universaux du langage », art. cit., p. 255-256.

5. *Cond*, p. 95-96 : « Au niveau des grammaires, cette fonction proto-logique est marquée de façon plus ou moins explicite et réglée. En français, elle est marquée, quand elle l'est en langue, par des accents d'intensité prosodique, ou par des tournures syntaxiques, comme les formules commençant par "c'est...". En japonais, par contre, il existe un système explicite marquant cette opposition au moyen des particules *ga* et *wa*, qui servent à accentuer le thème ou à l'affaiblir. C'est ainsi que *ga* concentre l'attention sur les mots qui précèdent (le rhème), *wa* relâchant l'attention vers d'autres parties de la phrase ». Granger souligne ainsi la différence entre « éiga *ga* suki desu » : j'aime le cinéma, c'est le *cinéma* que j'aime ; et « éiga *wa* suki desu » : j'aime le cinéma, le cinéma je l'*aime*.

subjectivité » qui dérivent directement du statut pragmatique du mot *je*); et celle de nom propre renvoyant à une « interpellation virtuelle » [1].

Par ailleurs, seul le protologique est primitif et principiel, parce que purement formel. Au contraire, lorsqu'une grammaire décrit l'organisation d'un système symbolique, elle considère toujours déjà certains aspects substantiels de l'énoncé ou du contenu (tout au moins de la forme de celui-ci). De sorte qu'on peut bien dire que le proto-logique, loin de coïncider avec le proto-grammatical, est plus fondamentale que lui, et *a fortiori* proto-grammatical[2]. En fait, chaque grammaire *applique* ces conditions d'une manière ou d'une autre, de sorte que toute grammaire occupe nécessairement un ordre de généralité moindre que ces conditions. En ce sens strict, il n'y a donc pas de grammaire « universelle », même s'il peut exister des grammaires plus ou moins abstraites (pour des familles de langue, par exemple)[3].

1. Granger a développé longuement ce point dans un article (« A quoi servent les noms propres ? », *Langages* 66, juin 1982, Larousse, repris dans *PLS*, p. 125-148) qui partage certaines des intuitions de Jean-Claude Pariente sur la question (*cf.* « Le nom propre et la prédication dans les langues naturelles », *Langages*, 66, juin 1982, Larousse). Cette question du nom propre a été notamment discutée par S. Kripke (*Naming and Necessity*, Oxford-Cambridge (Ma), Blackwell Publishers, 1998) et U. Eco (*Sémiotique et philosophie du langage*, Paris, P.U.F., 1988). Dans un article très éclairant Pierre Thibaud a critiqué la lecture grangérienne, qui stigmatisait une insuffisance de la théorie peircienne sur la question, en cherchant à montrer que cet universel du langage est déjà mis en valeur chez Peirce, le célèbre logicien américain fournissant « la première description véritablement éclairante des conditions sous lesquelles devient possible la désignation d'individus dans le langage » (*cf.* « Nom propre et individuation chez Peirce », *Dialectica*, vol. 43, n°4, 1989). Plus critique envers Granger, mais convergent en fait avec celui de Thibaud, est l'article de Moreno qui ne voit pas dans le nom propre une condition spécifique du linguistique, mais « une fonction beaucoup plus générale et disséminée parmi des systèmes symboliques à communication effective autres que les langues naturelles » (*cf.* A. Moreno, « La philosophie et les universaux du langage », art. cit., p. 268). À noter que Passeron prolonge la méditation de Granger en conférant au concept sociologique un statut sémantique *intermédiaire* entre le nom commun et le nom propre (sur le « semi-nom propre », *cf.* J.-C. Passeron, *Le raisonnement sociologique. L'espace non poppérien du raisonnement naturel*, Paris, Albin Michel, 2006.

2. *Cond*, p. 88 : « Pourquoi pas “proto-grammaticales ? ”. C'est qu'une grammaire décrit l'organisation d'un systèmes symbolique en considérant à un certain niveau *des aspects de la substance* de l'expression, et de la *forme* – sinon de la *substance* – *du contenu*, dans le langage de Hjelmslev ».

3. *Ibid.* En particulier, les règles transformationnelles de la grammaire générative chomskyenne ne sont pas universelles : elles « concernent des phénomènes attachés à des réalisations substantielles propres à certaines langues, qu'elles traduisent en termes abstraits en occultant leur spécificité. Fausse généralité qui neutralise à un niveau inadéquat le concret des langues ».

La tentation serait grande de régresser en quelque sorte de ces conditions protologiques à leurs propres conditions, qu'on pourrait alors imaginer corporelles ou biologiques. Mais outre que l'état actuel de la psychologie du langage et de la physiologie cérébrale ne permettent pas donner une réponse précise, Granger signale à bon droit le paralogisme consistant à réduire une relation symbolique (ternaire, définie par sa fonction de « renvoi ») à une relation causale (binaire)[1] : « Quel que soit le progrès des neurosciences, il me semble que leurs réponses laisseront toujours, *en deçà*, la question philosophique de la possibilité *a priori* du symbolisme »[2]. Adressant à la « naturalisation » du symbolique une fin de non-recevoir, Granger cherche au contraire à donner à celui-ci une autonomie relative : le « problème général » qu'il se pose est « celui d'une délimitation des frontières du comportement *symbolique* (par exemple, par opposition à un comportement réflexe) »[3]. Or le protologique, on l'a vu, commence avec l'introduction du *sens*, objet virtuel et mobile du renvoi[4]. Le protologique, comme condition de possibilité du symbolisme en général, désigne donc des conditions suffisantes, alors que les données neurophysiologiques, simples matériaux empiriques, ne sont que des conditions nécessaires, dont l'identification est loin de pouvoir prétendre épuiser le problème du symbolique[5].

On comprend dès lors que l'exhumation de ces universaux du langage fasse l'objet d'une enquête proprement *philosophique*, et non empirique[6]. En effet, la critique de la raison sémiotique met la philosophie dans une position intermédiaire entre langage et science, et la réflexion philo-

1. Pour Granger, « les propositions de Changeux dans l'*Homme neuronal* ("objets mentaux" comme "entrée en activité corrélée et transitoire d'une assemblée de neurones" p. 174) ne résolvent pas la question de la représentation, du "renvoi" » (*Cond*, p. 89). Granger renvoie à l'édition Fayard (1983) du célèbre livre du neurobiologiste.

2. *Cond*, p. 89. Ce problème, en tant qu'il relève d'une critique du symbolique, est philosophique (c'est celui de la déduction transcendantale) : Granger essaie d'y répondre par sa théorie de la « dualité ». C'est en ce sens qu'il précise : « L'association causale des phénomènes dans le réflexe conditionné, qui peut mimer jusqu'à un certain point la fonction symbolique, demeure néanmoins toujours en deçà du symbolisme. Il lui manque précisément ce que le plan opératoire permet de coordonner à la saisie statique d'un objet, à savoir la virtualité et la mobilité des signifiés » (*Dual*, p. 57-58).

3. *Cond*, p. 89.

4. *Dual*, p. 57-58.

5. Le niveau « protologique » est dit concerner « ce par quoi un système symbolique est apte à produire des énoncés décrivant la forme d'un monde » (*Phil*, p. 311).

6. Elle part toutefois des « langages effectivement observés », mais les considère comme des « œuvres de la pensée humaine » (*Dual*, p. 66). L'analyse des données empiriques est « régressive » (*ibid.*, p. 67).

sophique, sans se confondre avec l'une ou l'autre, cherche précisément à penser leur rapport[1], en *tenant lieu* de ce fait, par le recensement des conditions protologiques, de grammaire universelle[2]. C'est donc à elle, métadiscipline sans « objet » scientifique, ni science ni langage ordinaire, de réfléchir comparativement sur le symbolique, d'en dégager transcendentalement les conditions de possibilité, et de dessiner les limites de son fonctionnement, qu'il s'agisse d'un système formel, ou d'une langue naturelle. Pas de philosophie sans linguistique, donc, mais pas de réduction non plus de l'une à l'autre[3]. Le partage des tâches est esquissé par Granger comme suit : « la relation de la philosophie du symbolisme aux théories empiriques, comme la linguistique ou certaines parties de l'esthétique, consisterait alors en ceci que toute proposition d'une condition protologique de symbolisation devrait être appuyée par l'exhibition de plusieurs réalisations grammaticales significativement distinctes. Corrélativement, les règles établies par la grammaire descriptive d'une langue devraient pouvoir être rattachées à un réquisit proto-logique »[4].

Cette investigation protologique est « transcendantale » parce que les conditions protologiques de symbolisation *à la fois* sont constitutives d'une possibilité de *penser* la fonction, *et* signifient une condition de possibilité *de la fonction elle-même*[5]. Dans cette démarche, « transcendantal » ne désigne pas d'ailleurs « une détermination rigide et complète, mais plutôt un ensemble de conditions qui constituent le point de départ d'une pensée minimale de la symbolisation linguistique ». D'où le caractère *rhapsodique* et non systématique, donc plus aristotélicien que kantien, de la liste des transcendantaux (pluralité d'articulation, fonction d'énoncé complet,

1. *PLS*, p. 5 : « Il s'agit des questions posées au philosophe par l'expression du savoir scientifique dans des systèmes symboliques, langue naturelle ou systèmes formels ad hoc, et par les transformations historiques de cette formulation ».

2. *Cond*, p. 96 : « La satisfaction de tels réquisits "proto-logiques" se manifeste (…) au niveau des "grammaires". Ces *réalisations grammaticales* sont essentiellement multiples, et il n'y a pas lieu d'espérer établir une *grammaire universelle*. Ce qui peut en tenir lieu, c'est justement le recensement et l'analyse de ces réquisits, qui est une tâche *philosophique* ».

3. Les conditions protologiques « seront mises au jour par réflexion, sans être cependant tirées par simple recensement des formes grammaticales et par induction ; mais elles seront *mises à l'épreuve dans les langues les plus diverses*. Il s'agit alors autant de philosophie du langage que de linguistique descriptive ; collaboration nécessaire mais difficile, dans la mesure où la linguistique, sous aucune forme, ne saurait se confondre avec une réflexion de philosophe, et où la philosophie, en revanche, ne peut se substituer à la connaissance positive » (*Cond*, p. 88).

4. *Cond*, p. 96.

5. *Cond*, p. 89-90.

ancrage, nom propre, thème-rhème)[1]. De fait, si la liste est ouverte, c'est que Granger ne cherche pas à constituer un « système de la sémiotique pure », mais à dégager « quelques conditions de fonctionnement d'une langue ordinaire ». Et c'est parce que les formes de systèmes symboliques sont des concepts *philosophiques*, qu'il est impossible d'établir un système clos.

S'il est impossible de régresser du protologique au biologique, la philosophie transcendantale peut cependant tenter une remontée ultime vers une condition fondamentale du symbolisme, antérieure à la bifurcation du formel et du naturel[2]. La *dualité opération/objet* est définie comme catégorie primitive de la pensée cherchant à connaître un objet, relation de réciprocité, de correspondance mutuelle entre deux registres d'entités de pensée, au sens le plus général du terme. Particulièrement dense et abstraite, cette notion de « dualité » constitue en fait la solution au problème renouvelé de la *déduction transcendantale*. Elle caractérise, à titre de condition de possibilité radicale, le stade pré-symbolique, situé entre la perception (brute) et le symbolique lui-même (qui commence avec les aspects protologiques). Selon une version initiale (1969) « la question critique fondamentale » devait être formulée ainsi : « *comment une représentation symbolique de l'expérience dans l'expérience est-elle possible ?* »[3]. Ce n'est qu'après la mise en place de son programme de « pragmatique pure », qui complexifie considérablement la continuité entre systèmes formels et naturels, que la déduction transcendantale prend la forme suivante : « Comment des contenus purement formels peuvent-ils être source d'une connaissance de l'empirie ? ». Si l'origine de ces contenus est bien exclusivement formelle – et il s'agit non des formes d'une intuition sensible mais de formes de symbolisation – comment justifier la fécondité d'une application des mathématiques au sens large à l'élaboration d'une physique, par exemple (…) »[4]. C'est à cette question que la catégorie de *dualité* cherche à apporter une réponse :

> Par l'exercice du principe de dualité, la saisie perceptive d'un phénomène se dédouble en acte de position d'objet et en un système d'opérations

1. Cette liste n'est pas établie sans hésitation. Ailleurs (*Catég*, p. 541, note 8), c'est sous réserve (« peut-être ») que Granger élimine, comme « dérivée », la catégorie de « verbe ».

2. *Catég* p. 533 : la catégorie de dualité est plus primitive que les universaux linguistiques et logiques, antérieure à la « bifurcation logico-grammaticale » et située « aux origines mêmes de toute expression symbolique de l'expérience ».

3. G.-G. Granger, « Propositions pour un positivisme », *Man and World*, 2-3, 1969, p. 391.

4. *Dual*, p. 67-68.

> implicitement, et peut-être virtuellement, établi, dont l'objet est à la fois le support – en tant qu'indéterminé – et le produit – en tant que détermination d'une expérience. C'est ce dédoublement dual d'un moment objectal et d'un moment opératoire qui permet de donner à un fragment d'expérience le statut de signifiant. La corrélation à l'opératoire découpe dans le phénomène des éléments invariants, *pertinents*, et le renvoi au jeu réglé de l'opératoire est alors disponible pour l'assignation d'un sens [1].
> (...) le trait caractéristique est la détermination de deux entités avec renversement des points de vue (...) Or, l'efficacité de toute pensée qui se déploie dans un système symbolique et vise à décrire un « monde » nous paraît reposer sur une telle dualité entre un système d'objets et un système d'opérations, qui se déterminent l'un l'autre. Dualité qui, plus ou moins parfaite, est du reste condition de possibilité même de toute pensée symbolique, dans la mesure où les symboles doivent cesser d'être adhérents aux impressions qui leur servent de support, et se prêter aux constructions d'une combinatoire [2].

Le dédoublement que rend possible la dualité, constitutif du symbolisme, doit être pensé comme *opposition créatrice d'une forme à un contenu* [3] : « cette institution d'une opposition de forme à contenu est toujours, et à tous les degrés d'élaboration, le premier moment décisif de l'objectivation d'une expérience, de sa transposition dans un système symbolique » [4]. L'enjeu *métaphysique* de la catégorie de dualité est donc décisif : parce qu'elle insiste sur la *simultanéité* d'apparition, la création conjointe de la forme et de la matière [5], et sa nature symbolique, elle déjoue, d'une part, la critique simondienne de l'hylèmorphisme [6]. Celle-ci prétend, en effet, subvertir, par les notions de transduction et de métastabilité, l'idée

1. *Dual*, p. 57-58.
2. *Phil*, p. 302.
3. Cette opposition peut elle-même prendre plusieurs acceptions dans le fonctionnement du symbolisme : celle du pertinent au non-pertinent, du moyen au but, du régulé au non-régulé – cf. *Dual*, p. 58-59. Elle prend par ailleurs un caractère relatif et non absolu (*ibid.*, p. 59).
4. *Ibid.*, p. 59-60.
5. H. Sinaceur, « Style et contenus formels chez Gilles-Gaston Granger », *in* A. Soulez et A. Moreno (dir.), *La pensée de Gilles-Gaston Granger*, Paris, Hermann, 2010, *incipit* : « La forme ne précède pas le contenu, ni ne le détermine. Elle apparaît *en même temps* que lui ». D'où la relativité et la variabilité de l'opposition (*Cont*, p. 37), qui est travail de corrélation (*ibid.*, p. 40).
6. *Ibid*, p. 34 : « On a pris parti, depuis les origines de la philosophie classique, sur la nature ontologique ou épistémologique de l'opposition d'une forme à un contenu. On n'a peut-être pas suffisamment insisté sur une hypothèse qui nous paraît plus radicale encore que la position de cette alternative. C'est que forme et contenu ne sauraient être antérieurs à une représentation symbolique du vécu ».

de principe d'individuation, comme application (statique) d'une forme (prédéterminée) à une matière (passive)[1]. Parce qu'elle revêt un caractère dynamique et dialectique, la corrélation de l'opératoire et de l'objectal évite, d'autre part, de prêter le flanc à la critique des « métaphysiques de la représentation » : de fait, les catégories ne sont pas des concepts généralissimes et vides (genres de l'Être), mais des *opérations* applicables à différentes espèces d'objets de pensée[2].

LA TRANSGRESSION SÉMIOTIQUE

Peut-être appartient-il alors au philosophe de rappeler sans cesse au logicien et au linguiste qu'une langue naturelle n'est pas un système formel, et qu'une structure d'expression formalisée ne saurait être un instrument suffisant pour la communication de notre expérience[3].

Observateur toujours attentif des écarts et différences entre langues naturelles et systèmes formels, Granger est un critique averti des tentations mathématiques de la linguistique, forme proprement moderne de la dialectique transcendantale : la confusion entre la langue naturelle et un système formel est ainsi qualifiée explicitement de « nouveau paralogisme transcendantal »[4]. Emportée par son élan, la raison transgresse les limites de pertinence objective d'un système sémiotique en appliquant de façon « dogmatique » ses propriétés à un autre symbolisme. C'est donc tout naturellement qu'elle commet une double erreur.

La première réside dans sa tendance à considérer la langue naturelle d'un point de vue formel. La critique anti-réductionniste de ce biais est très claire : « Un système symbolique au sens le plus complet, comme la langue ordinaire, ne se réduit pas à un système formel, essentiellement gouverné par des conditions logiques, bien qu'il puisse être décrit comme tel à un certain niveau »[5]. En fait, il convient de distinguer plus précisément *deux*

1. Gilbert Simondon, *L'individuation à la lumière des notions de formes et d'information*, Grenoble, Jérôme Million, 2005.

2. *Catég*, p. 531 ; cf. *infra*, p. 229. Cette dimension méta-conceptuelle (opératoire) et tran-conceptuelle (applicabilité) est mise à jour dans le livre consacré à Aristote (*TAS*), ouvrage contemporain de l'élaboration de la notion de dualité (*Cont*) et, sans doute en raison de l'originalité et de la complexité de sa problématique, resté assez méconnu des spécialistes de la pensée du Stagirite.

3. *Déf*, p. 205.

4. *STYL*, p. 163.

5. *Dual*, p. 87-88 ; et *supra*, p. 103.

« points de vue » formels possibles sur le symbolisme naturel. Pour bien mettre en évidence leur différence, il faut partir du fait que le langage naturel est régi par une articulation multiple (au moins double) – une articulation est un découpage en segments dont chacun constitue un signe. Le système substrat (ou support) de la langue, l'articulation phonologique-phonématique, est « au moins approximativement »[1]) un système formel[2]. Au contraire, les autres articulations (les autres découpages en signes dont la langue est susceptible[3]) ont pour particularité, non pas de véhiculer des significations, mais de ne pas constituer des systèmes formels[4]. Certes, on peut toujours *organiser* ces autres articulations de façon formelle. Ainsi, le logicien organise les énoncés propositionnels en système formel dans le calcul des propositions. Mais ce point de vue n'est pas alors une organisation de la langue elle-même, car les signes élémentaires qu'il utilise ne sont pas tirés de celle-ci par segmentation[5]. On dira donc qu'un tel système formel est surimposé à la langue de *l'extérieur*[6], tandis que celui qui régit l'articulation support peut être qualifié de système formel *immanent* à la langue, ou encore que le premier n'est que *régulateur* tandis que le second est véritablement *constitutif* du linguistique – en des métaphores très suggestives, Granger dit enfin que le premier est un simple « outil de simulation », qui se contente de construire des systèmes « tangents à la langue »

1. La nuance est d'importance. Granger précise en fait que ce système formel immanent, « même si la formulation est sujette à variantes, même s'il y a "plusieurs solutions" (...) à un problème phonologique donné, est néanmoins *unique* en tant que seul substrat essentiellement formel nécessaire au fonctionnement de la langue ». *Cf.* G.-G. Granger, « Syntaxe, sémantique, pragmatique », *Revue Internationale de Philosophie*, n°117-118, p. 376-410, et Yuen Ren Chao « The non-uniqueness of phonemic solutions of phonetic systems », *Bulletin of the Inst. Of History of Philology, Academia Sinica*, vol. IV, 3, 1934, p. 363-397).

2. Granger mentionne la possibilité que le système support articule des sons non pas à des phonèmes, mais à des traits prosodiques ou d'intonation. L'essentiel est que l'articulation support, qui est un système formel, admet elle-même différentes « modalités ». Cf. *L et E*, p. 110, note 8.

3. Granger refuse l'idée de Martinet selon laquelle le seul découpage secondaire possible est celui des monèmes. Il souligne ainsi la possibilités de découper la langue en unités plus volumineuses : les « groupements de monèmes » ou les « énoncés propositionnels » (*ibid.*, p. 112). Il légitime ailleurs la prise en considération des « grosses unités » de sens, phrases ou discours (*PLS*, p. 70).

4. *L et E*, p. 111.

5. Les signes du calcul des propositions sont « des *noms* pour des classes de segments de la langue – les propositions, et leur système (formel) est un méta-système par rapport à la langue elle-même » (*L et E*, p. 112, note 10).

6. Granger ajoute : « Que les langues puisse être ainsi investies, pour ainsi dire par en haut, par des systèmes formels est évidemment ce qui permet leur utilisation comme véhicules scientifiques » (*L et E*, p. 112).

en divers points[1]. Bref, le langage n'est pas *entièrement* passible d'une objectivation scientifique : « Une langue n'est pas assimilable à un système formel, alors même que différents systèmes formels peuvent en décrire les facettes, et qu'un système formel immanent lui sert de support informationnel »[2].

En outre, la signification vécue du signe linguistique est d'une richesse et d'une liberté extrême, impossible à immobiliser par sa seule association aux renvois. Or « l'usager de la langue surimpose à ces éléments libres une organisation plus ou moins prégnante, dont il propose au récepteur de découvrir la clef »[3], créant ainsi des effets de *style*. Ce résidu, que l'analyse formelle du symbolisme naturel délaisse, c'est une analyse esthétique qui tentera de le saisir à un autre niveau : l'approche *stylistique* cherchant à penser ce reste dans un ensemble de règles définies a posteriori (« a parte post », aime à dire Granger)[4]. C'est « l'association de cet important registre des surcodages et de la multiple articulation, qui fait des langues les instruments d'une communication très explicitée, en même temps que d'une création parfaitement individuée d'objets d'art »[5]. Articulation multiple et aspects stylistiques, entre autres, jouent donc le rôle d'obstacle fondamental à l'extension de la pensée formelle, et empêchent une objectivation complète de la langue.

La seconde erreur, caractéristique des années 60, est symétrique de la première, et consiste à donner à *tous* les symbolismes les propriétés *spécifiques* du symbolisme naturel. Comme tout fait humain comporte un aspect symbolique essentiel, il en résulterait « une sorte d'alignement des sciences humaines sur la linguistique, et une reconstruction abusive des objets de la sociologie, de la psychologie, voire de l'économie sur le modèle de l'objet linguistique. L'idée partait d'une conception juste de la spécificité du fait humain, en tant que fondamentalement symbolique; elle devenait stérilisante et dogmatique en réduisant au langage naturel les formes multiples de la symbolisation »[6]. Granger dénonce notamment ce glissement dans le *Système de la mode* de Barthes où le système des

1. *Ibid.*, p. 115-116.

2. *Ibid.*, p. 114-115.

3. *Ibid.*, p. 115.

4. Le style est donc une continuation de la pensée formelle, une tentative de formalisation de l'informel, une imposition de formes secondes à ce qui résistait à une réduction aux formes premières. Cf. *Dual*, p. 60; et *infra*, p. 210 *sq.*

5. *L et E*, p. 115.

6. Granger, « La philosophie est-elle une critique du langage? », in *Le langage comme défi*, Cahiers de Paris VIII, p. 243, p. 246; et *infra*, p. 199-203.

vêtements est étudié comme fragment d'un corpus linguistique[1]. C'est d'ailleurs pour combattre une telle tendance qu'il utilise souvent les guillemets pour parler du « langage » mathématique[2].

Que chaque erreur ait son importance, que l'une ne soit pas moins nocive que l'autre, de multiples déclarations l'attestent, qui rapprochent ces deux faux-pas comme les deux conséquences possibles d'un même déséquilibre. Peu importe, à la limite, la direction dans laquelle s'opère la transgression sémiotique, puisque aussi bien, dans les deux cas (« tout est formel », « tout est langage »), c'est une même *hybris* dogmatique qui gomme les différences symboliques : « *Systèmes symboliques* « par excellence », les langues le sont en raison de leur complexité structurale et fonctionnelle, et non par le caractère fondamental et élémentaire des traits du symbolisme qu'elles illustrent. C'est pourquoi il est inexact soit de les réduire purement et simplement à des systèmes formels, soit de les prendre pour prototype de *systèmes symboliques* en général »[3]. Ce sur quoi insiste cette dénonciation des paralogismes réciproques, c'est finalement le *propre* des symbolismes, leur fonctionnement singulier.

UNE UNITÉ DE LA RAISON SYMBOLIQUE ?

La condition pour qu'on puisse parler d'une unité de la raison symbolique serait que la critique grangérienne de la raison fût exhaustive. Or, d'une part, Granger n'insiste pas, ou peu, sur les systèmes sémiotiques non théoriques. Ce n'est pas seulement par inclination personnelle, goût de la philosophie des sciences, mais aussi, plus structurellement, du fait de la limitation donnée d'emblée à la *dualité*, qui ne vaut que pour la connaissance d'« objets » au sens strict, mais pas pour les thèmes « d'une vie affective ou d'une visée d'action »[4]. Aussi bien la visée affective nie-t-elle la détermination réciproque de la dualité, comme le montre assez le phénomène stendhalien de la cristallisation, où les paradigmes subjectifs

1. *Ibid.*, p. 109. On ne saurait assimiler cette *confusion* avec l'analogie réglée par laquelle F. Rastier envisage de constituer la notion de corpus en modèle d'une sémiotique des cultures (F. Rastier, *Arts et sciences du texte*, Paris, P.U.F., 2001).

2. *Phil*, p. 314.

3. *Lang*, p. 114 ; *STYL*, p. 163.

4. *Dual*, p. 55. Cette limitation n'équivaut pas à une valorisation, mais à une différenciation qui permet d'éviter les « impostures consistant à confondre les domaines et les fonctions » (*Catég*, p. 539). Touchant la réflexion de Granger sur le « raisonnable », cf. *supra*, p. 21-22.

remplacent les formes d'objet[1]. Dans la visée pratique, c'est au contraire l'aspect opératoire qui étouffe l'aspect objectal auquel il prétend se substituer: les abstractions éthiques n'ont pas d'évolution dialectique propre, comme les concepts scientifiques, mais ne relèvent que de l'histoire d'une prise de conscience subjective.

Pourtant, les symbolismes artistiques appelleraient légitimement une enquête propre[2]. En fait, Granger aborde effectivement la question du symbolisme musical, mais rapidement, et essentiellement pour le différencier du symbolisme naturel[3] : le niveau support du symbolisme musical, qu'il s'agisse de l'ensemble des degrés de la gamme (ensemble clos d'éléments relatifs et oppositifs ayant cependant pour trait particulier la cyclicité par réitération des éléments à l'octave), où la pertinence est marquée par la hauteur – et non par l'intensité ou le timbre), ou de l'ensemble des accords, est un système formel. Il existe bien, par ailleurs, une articulation postérieure en musique, comme en langue. Mais, ajoute-t-il en termes hjelmsleviens, le contenu n'est pas organisé en unités sémantiques auxquelles correspondraient des groupes de signes déterminés[4]. En fait, la segmentation musicale existant à un niveau supérieur à celui des supports est à établir dans chaque « message » musical : étant à chaque fois le résultat d'un codage libre *a parte post*, elle peut être considérée comme œuvre de *style*. Granger utilise certaines remarques de Wittgenstein pour souligner que le segment musical de l'articulation signifiante ne dit rien sur le monde, comme la tautologie, et qu'il est plutôt, comme elle, un référentiel d'expression : « il ne s'agit pas de désigner des faits, ou des relations entre signes, mais de donner une certaine forme à des sentiments ou des mouvements affectifs, accompagnés et même suscités par les valeurs connotatives

1. Ce ne sont que « des projections unilatérales et extemporanées d'une expérience »; cf. *Catég*, p. 539.

2. Dans *Cinéma* (Paris, Minuit, 1983-1985), Gilles Deleuze cherche à mettre en évidence un « propre » du signe cinématographique (l'image-temps, au-delà de l'image-mouvement, à partir de la sémiotique peircienne), et B. Sève du symbolisme musical (*L'altération musicale*, Paris, Seuil, 2002 ; l'ouvrage souligne les limites d'une approche mathématique et discursive (linguistique) de la musique). Granger ne mentionne guère que l'œuvre de Goodman (G.-G. Granger, « Le langage », art. cit.).

3. *L et E*, p. 112-113.

4. *Ibid.*, p. 112-13. Jakobson, comparant musique et poésie, souligne que l'ensemble des conventions de la musique « se limite au système phonologique, et ne comprend pas de répartition étymologique des phonèmes, donc pas de vocabulaire » – *cf.* « Musicologie et linguistique (1932) », *Musiques en jeu* 5, 1971, p. 57-60.

(essentiellement para-symboliques) des éléments et des figures »[1]. Autrement dit, même symbolique, l'artistique, en tant qu'il a trait à l'affectif, tombe en dehors du rationnel. C'est parce que, en tant qu'*imaginaire*, il relève de la subjectivité individuelle[2].

Quant à l'exclusion par la dualité de toute « visée d'action », elle équivaut à privilégier le pôle *théorique* de la rationalité, en faisant obstacle à l'idée traditionnelle – depuis Aristote – d'une rationalité *spécifique* des actions humaines (le raisonnable), associée au mode épistémique particulier du plausible. De fait, grâce à l'inflexion poïématique, Granger semble s'efforcer de remplacer cette rationalité pratique par le projet tout « théorique » d'une science de l'homme. Ce n'est donc qu'en un sens pratique élargi[3] qu'on peut parler chez Granger d'une unité de la raison.

L'ENJEU PROFOND DE LA PRAGMATIQUE PURE

Même si l'écart entre langue naturelle et systèmes formels n'a jamais été vraiment remis en question quant à son existence même, Granger a un moment rêvé d'en réduire l'importance. De fait, l'évolution de sa position touchant les rapports entre symbolismes formel et naturel est particulièrement nette si on compare deux textes de 1969 et 1979 – il s'agit du même texte (« Langue et systèmes formels »), dont seule la conclusion a été modifiée[4]. Cette légère altération peut s'interpréter comme une correction apportée à la question de l'écart symbolique, après une hésitation initiale. Un tel infléchissement « pragmatique » de la réflexion grangérienne est certes facteur de complexification, mais il permet aussi d'approfondir de façon décisive le projet ontologique d'ensemble.

En 1969, le ton était emprunt d'un certain optimisme, dénotant l'espoir secret placé dans la pensée formelle. Rappelant qu'un embrayeur (pronom personnel *je/tu*, démonstratif, signe temporel) « ne saurait fonctionner comme symbole abstrait pur et simple puisque ce à quoi *il renvoie – ce message* – est nécessairement un *vécu individuel* », Granger commençait par remarquer qu'« on peut certes construire des systèmes formels qui comprendraient des embrayeurs », mais qu'« aucun système logico-mathé-

1. *LetE*, p. 113. Ces intuitions wittgensteiniennes prolongent les conceptions de Schopenhauer, pour qui la musique exprime par excellence le vouloir, alors que la représentation est du domaine de la langue.

2. *L'imaginaire* est une projection actuelle de la réalité « existentielle » du sujet (*PPV*, p. 14 et 235).

3. Cf. *infra*, p. 21.

4. *Lang*, article écrit en 1969, et repris dans *L et E*, chap. 5, avec un *finale* différent.

matique ne fait usage de tels signes», la vacuité sémantique des signes formels[1] semblant incompatible avec leur utilisation. Il concluait en conséquence son arbitrage entre système naturel et système formel par un verdict de quasi égalité, nuançant le léger avantage reconnu aux langues naturelles par la formulation du «rêve» d'un développement de la pensée formelle qui pourrait à l'avenir rééquilibrer la balance (sans doute pensait-il aux logiques modales)[2] :

> Mais ceux-ci [les systèmes logico-mathématiques] ne sont peut-être pas les seuls, et il n'est pas interdit de rêver à une extension de la pensée formelle débordant le logico-mathématique tel qu'on l'a ici défini, et rompant par exemple l'interdit jeté sur les embrayeurs.

La conclusion de 1979, au contraire, part du constat inverse: la dimension irréductiblement pragmatique des embrayeurs est jugée complètement incompatible avec le mode de fonctionnement d'un système formel. Soulignant notamment «l'indispensable détermination pragmatique (et non pas seulement syntactico-sémantique) des indicateurs temporels», Granger ne nourrit plus l'espoir illusoire de pallier cette difficulté par l'utilisation «d'autres systèmes formels plus généraux». Au contraire, de ce «trait fondamental des systèmes logico-mathématiques», le philosophe tire désormais une «conclusion méthodologique importante»: la tâche d'une «pragmatique pure» qui déborde le seul plan syntactico-sémantique[3].

Granger entend par là une discipline, située «à la frontière de la linguistique et de la philosophie du symbolisme», et qui cherche à «isoler dans le fonctionnement de la langue des éléments qui ne relèvent ni de l'organisation syntactico-sémantique, ni des situations empiriques concrètes de communication, mais bien des conditions régulatrices *a priori* de l'acte

1. *Ibid*, p. 121-122 (c'est Granger qui souligne). Par vacuité, Granger désigne l'absence de renvoi au vécu: les signes logico-mathématiques fonctionnent comme des symboles *abstraits*, et leur éventuelle *référence* n'est que virtuelle. L'existence de «contenus formels» (particulièrement mis en évidence en mathématiques) empêche de parler de «vacuité» sémantique au sens strict. En toute rigueur, l'impossibilité de réduire les mathématiques à une pure syntaxe (c'est l'échec que Granger voit à l'œuvre dans la grandiose tentative de Carnap) obligerait à parler plutôt de «quasi-vacuité» sémantique (la vacuité effective étant réservée au seul calcul logique des propositions).

2. *Ibid.*, p. 122. En deçà de cet espoir, il reste que la science ne peut approcher la structure de la langue que de façon perspectiviste.

3. *L et E*, p. 117.

linguistique de communiquer »[1]. S'il est d'ores et déjà en mesure de dire qu'elle invalide définitivement le rêve de réduction de l'écart entre symbolisme naturel et forme, cette pragmatique pure n'en reste pas moins à l'époque (1979) à l'état de projet. De fait, ce programme de recherche des « universaux » du langage, dont Granger trace les grandes lignes dans le dernier chapitre[2] de son livre, n'aboutira que dix ans plus tard, avec la constitution de la liste des « conditions protologiques ».

L'idée de la délimitation d'un tel domaine de réflexion naît progressivement chez Granger : les mentions de la pragmatique sont d'abord vagues[3]. Différents facteurs ont ensuite conduit le philosophe à exhumer cette « pragmatique pure ». L'idée apparaît sans doute d'abord avec l'étude de la catégorie de causalité[4] et des pseudo-langues de programmation[5]. Celles-ci sont en effet indissociables des systèmes formels, du point de vue syntaxique, et « les différences n'apparaissent en fait que lorsque, les réintégrant dans leurs conditions « pragmatiques » de fonctionnement, on considère leur propre organisation sémantique »[6]. De ce point de vue, les langages informatiques apparaissent comme des « intermédiaires » entre les langues naturelles et les systèmes formels. A la différence de ces derniers, ce sont bien « déjà des instruments complets de *communication* », mais leur dimension pragmatique est fortement contrainte et limitée[7] (elles ne possèdent pas d'embrayeurs), en vue d'éviter la polysémie qui caractérise la sémantique des langues naturelles (et qui

1. « "Je me tais", "Je mens" », *Bulletin de l'Académie Royale de Belgique*, août 1976, p. 548-551 (désormais cité *Tacit*), p. 551.

2. Le dernier chapitre de *L et E*, « universaux du langage et théorie linguistique », a une tonalité largement programmatique (l'une des sections est explicitement intitulée : « propositions pour une recherche d'universaux »).

3. En 1968, il parle de double articulation et d'aspects stylistiques ; en 1971, il ajoute les symboles d'ancrage et à valeur illocutoire.

4. G.-G. Granger, « Logique et pragmatique de la causalité dans les sciences de l'homme », dans S. Lantiéri (éd.), *Systèmes symboliques, science et philosophie*, CNRS, Marseille, 1978. Ce texte est écrit en 1974. Il est possible que ce soit la réflexion sur la philosophie aristotélicienne de la science qui soit à l'origine de cet infléchissement.

5. G.-G. Granger, « Sémantique et syntaxe dans la communication homme-machine », in *Hommage à Georges Mounin, Cahiers de linguistique, d'orientalisme et de slavistique*, n° 5-6, 1975, p. 177-189, repris sans modification dans *L et E*, chap. 7.

6. *L et E*, p. 146.

7. Granger constate que les possibilités de communication homme-machine se limitent (pour l'instant) « à des ordres plus ou moins complexes pour l'exécution d'algorithmes. Car les indices pragmatiques dont elles font usage sont en réalité des indices *muets*, dont la flexibilité est neutralisée par la fixité des renvois au câblage de la machine » (*L et E*, p. 147).

rend la communication possible dans des circonstances extrêmement variable et complexes).

L'examen de l'informatique aura certes contribué à la prise de conscience renouvelée « des ambiguïtés de l'objet linguistique », en éveillant l'attention « à des aspects encore obscurs du fonctionnement des langues naturelles » [1]. Mais la *nécessité* de la délimitation du domaine de la pragmatique pure comme *distinct*, *propre*, et son identification comme problème philosophique, sont surtout contemporaines de la formulation des intuitions de Granger sous la forme plus condensée d'un paradoxe, auquel il a plaisamment donné le nom de « paradoxe du Taciturne » [2], par allusion au célèbre « paradoxe du Menteur ». Les deux paradoxes, apparemment symétriques, sont pourtant d'une nature fondamentalement différente. L'expression « Je mens » est une expression réflexive, dont la fonction sémantique est de se désigner elle-même : c'est l'*énoncé* qui renvoie à *l'énoncé* même, et l'incohérence naît du fait que le mode de renvoi est une négation, et que l'énoncé est une assertion. L'expression « Je me tais », quant à elle, ne renvoie pas à proprement parler à elle-même, mais à son actualisation : l'*énoncé* désigne l'*énonciation* (il en nie l'acte – Granger parle d'« anti-performatif » ou de « performatif auto-négateur », non d'« auto-contradiction performative » [3]). Si le paradoxe du menteur relève de la sémantique, entendue comme « théorie des renvois à des "objets", ou relations entre "objets" extérieurs ou intérieurs au symbolisme », le paradoxe du Taciturne relève, lui, de la pragmatique, entendue comme « théorie des conditions régulatrices de l'énonciation » [4].

Le Menteur semble faire intervenir, comme le Taciturne, des éléments pragmatiques, puisqu'il comporte, comme son cousin, le mot « je »,

1. *Ibid.*, p. 147.

2. *Tacit.* Ce texte est exactement contemporain de celui sur les « pseudo-langues de programmation », « Sémantique et syntaxe dans la communication homme-machine », art. cit.

3. La dimension transcendantale inhérente à la relation sémiotique ne permet de tirer réflexivement aucune conséquence fondationnelle, y compris normative, au sens de présupposés universels de la communication linguistique (au sens fort, dans la pragmatique transcendantale de K. O. Apel, ou affaibli de la pragmatique formelle de J. Habermas). Sur cette théorie de la *validité*, cf. *Le Logos propre au langage humain* (Marseilles, l'Eclat 1992) ; et F. Cossutta, « Pour une critique sceptique de la pragmatique transcendantale de K. O. Apel. » (*Methodos* 3, 2003). Granger ne vise ni une fondation logico-formelle de la raison, à laquelle Apel oppose la fondation pragmatico-argumentative de façon *exclusive* (par l'argument dominateur de l'auto-contradiction performative), ni la détermination définitive d'une « Logique », au sens hégélien du terme (cf. *Cont*, p. 36-37).

4. *Tacit*, p. 548.

« prototype de ces symboles d'embrayage dont le fonctionnement ne peut être défini en termes de Sémantique pure, mais exige des considérations de type pragmatique »[1]. En réalité, toutefois, la dépendance pragmatique de « Je mens » est inessentielle, car on peut faire disparaître l'embrayage dans le Menteur sans que le paradoxe soit désamorcé, alors qu'il n'en est pas de même pour le Taciturne[2]. Tandis que le paradoxe du Menteur est à l'origine d'une réflexion féconde sur les limites des symbolismes formels, le paradoxe du Taciturne n'a aucune portée logique « parce qu'il est fondé sur un élément pragmatique qui se trouve totalement éliminé des systèmes formels »[3]. Sa mise en évidence n'est pas pour autant dénuée d'intérêt, puisqu'elle suffit à « justifier, aux frontières de la linguistique et de la philosophie du symbolisme, la pertinence d'une Pragmatique pure », cherchant à mettre en évidence les conditions régulatrices *a priori* de la communication linguistique[4].

Le paradoxe pragmatique du Taciturne semble d'abord conduire à un abandon de la tripartition classique (syntaxe/sémantique/pragmatique), au profit d'une dichotomie (syntaxe-sémantique/pragmatique)[5]. Mais il

1. *Tacit*, p. 549. Granger explique : « On ne peut en effet déterminer les renvois de tels symboles qu'à l'intérieur du message où ils entrent, et en privilégiant la position de son locuteur : il faut donc dire que le sens de ces mots dépend non seulement de l'*énoncé* dont ils font partie, mais encore de *l'énonciation* même : ils relèvent d'une Pragmatique pure ».

2. *Ibid.*, p. 550. Si on paraphrase en effet ce dernier à la troisième personne (« il dit qu'il se tait »), le débrayage n'est que partiel puisque, d'une part, l'usage du modificateur « dire » maintient un élément pragmatique et que, d'autre part, il réintroduit sous une forme affaiblie l'ancrage à la première personne : bien qu'il n'y ait pas position du « je » qui domine l'ensemble de l'énonciation, il y a cependant identification provisoire et partielle de ce locuteur avec le locuteur dont on rapporte l'*énonciation*, et pas seulement l'énoncé. Du coup, le paradoxe subsiste dans sa traduction apparemment débrayée (« aucune réduction plus poussée du Taciturne n'est possible sans que la disparition du renvoi à l'énonciation ne supprime le paradoxe et n'altère essentiellement le sens même de l'énoncé »). En revanche, la réduction du paradoxe du Menteur peut être poursuivie de façon à rendre le débrayage complet, comme l'a montré Russell, en passant à la métalangue (« l'énoncé 'a' ») et en l'enchevêtrant avec la langue (« a est faux ») de façon à dire : « l'énoncé 'a' désignera 'a est faux' ». Sous cette forme, la nature du paradoxe apparaît clairement sémantique, tandis qu'une formulation équivalente du Taciturne (« l'énoncé 'a' désigne la *non-énonciation* de 'a' ») n'éliminerait pas le renvoi à l'énonciation. *Cf.* aussi M. Foucault, *La pensée du dehors*, Paris, Fata Morgana, p. 9-10.

3. *Tacit.*, p. 549.

4. *Ibid*, p. 551.

5. Granger, « Syntaxe, sémantique, pragmatique », art. cit., texte repris dans *LetE*, chap. 8, p. 178-179 : la dissociation du syntaxique et du sémantique dans une langue naturelle ne peut être considérée que comme une « fiction simplificatrice, les deux aspects étant dans un rapport de « correspondance duale qui fait de l'une ou de l'autre la forme ou le support du sens, selon les cas, et de façon différente dans les différentes langues naturelles » ; au contraire, l'opposition du pragmatique au syntactico-sémantique est « fondamentale, et

pousse en réalité Granger en direction d'une position beaucoup plus radicale : la distinction même du sémantique, du syntaxique et du pragmatique est *dérivée*, car seulement « grammaticale », par rapport au caractère primitif des fonctions protologiques [1]. C'est encore ce paradoxe qui mène le philosophe à souligner les limites de la régulation stylistique (le fait d'être *a parte post* et l'ouverture) que la pseudo-régulation statistique informationnelle et la régulation syntaxique ne peuvent pas (encore) formaliser : « au-delà d'un certain degré d'individualisation », les énoncés requièrent une analyse pragmatique parce qu'ils ne peuvent plus être rapportés seulement à « un usage *théorique* ; ce sont des *productions* au sens fort, dans le temps et dans des situations déterminées, extérieures au systèmes symbolique de la langue » [2].

Enfin, la prise en considération de la nature irréductiblement pragmatique de l'expression temporelle semble directement responsable de l'abandon du rêve (que Granger reprend à Prior) de construction de systèmes formels intégrant des embrayeurs [3]. Les langues naturelles expriment en effet pragmatiquement la notion logique d'énoncé complet, et la modalité logique [4], tandis que la logique contemporaine vide les modalités de leurs dimensions pragmatiques, ou, dans la sémantique (Lewis), constitue en quelque sorte des théories mathématiques portant sur de nouveaux objets (temps, modes), et comporte de ce fait une visée ontologique cachée [5] :

permet de caractériser les langues naturelles parmi les divers systèmes symboliques ». C'est la mise en valeur de l'illocutoire et l'ancrage qui mettent Granger sur la voie de cette distinction décisive (*ibid.*, p. 170-175).

1. *Cont*, p. 37 : « la distinction des aspects syntaxiques, sémantiques et pragmatiques, tout à fait indispensable à l'analyse d'un état de langue, est postérieure aux universaux ». *Cf.* également *Cond*, p. 92 ; et *supra*, p. 106.

2. G.-G. Granger, « Le concept de régulation en linguistique », dans *Hommage à François Perroux*, Presses Universitaires de Grenoble, 1978, p. 73-88, repris dans *L et E*, chap. 6, et reproduit à l'identique dans *PLS*, p. 149-168 ; citation : p. 166-167.

3. *Papers on Time and Selves*, Oxford, Clarendon Press, 1968, et deux articles de la même époque : « Worlds, Times and Selves », et « Egocentric logic » (repris dans *World, Times and Selves*, Prior 1977).

4. Les modifications modales du *dictum* peuvent concerner son expression (forme) ou son contenu. En s'appuyant sur les travaux de G. Guillaume, Granger analyse la nature « syncrétique » de la modalité dans le symbolisme naturel (« la visée qui préside à la construction des systèmes symboliques du logicien est justement de désarticuler ce syncrétisme »). Cf. *L et E*, p. 87-89.

5. Granger part du constat d'une intertraduction parfaite du modal et du temporel dans un langage formalisé, remarquée par Prior, von Wright, voire Peirce, pour souligner que « le « maintenant » de ces logiques n'est pas identifiable complètement au « maintenant » pragmatique des langues naturelles ». Cf. *L et E*, chap. 4, p. 90-93. Ce chapitre reprend très largement

Le formalisme logique de la modalité, du temps, et *a fortiori* ceux de la causalité, du commandement et de l'évaluation morale, ont en fin de compte un statut épistémologique ambigu qui les rend plus proches des langues que la logique ordinaire, sans pourtant les rendre aptes à exprimer totalement ce qu'expriment les premières. Ce sont des logiques *sur* des structures, et elles constituent par conséquent déjà des théories d'*objets* qui ont cessé d'être absolument quelconques. En ce sens, elles s'écartent de la pure symbolisation logique, se rapprochant du syncrétisme des langues naturelles. Mais leur construction demeure cependant résolument fidèle au paradigme des logiques pures en se limitant à la mise en œuvre des aspects syntaxiques et sémantiques des symboles. Le privilège et la singularité des langues naturelles est au contraire de jouer sur leurs aspects pragmatiques. Ce n'est donc pas en raison de leur insuffisance que les langues ne sauraient être la pure expression de l'articulation logique du discours, mais plutôt de leur richesse [1].

Le paradoxe du Taciturne indique donc de façon éclatante la nécessité de constituer une Pragmatique pure « à la frontière de la philosophie du symbolisme et de la linguistique ». Or ce programme, qui complexifie considérablement la tâche d'élucidation de la continuité entre symbolismes formels et naturels, permet également un approfondissement du projet transcendantal et ontologique du philosophe, qui prolonge de façon symbolique la réflexion bachelardienne sur l'instant [2]. Il fournit en effet une reformulation précise du problème de la déduction transcendantale et y répond par la catégorie de dualité [3]. Celle-ci est commune au logique et au protologique, et antérieure au protologique, puisqu'elle marque l'articulation du perceptif au symbolique. Du même coup, la figure de l'illusion transcendantale, comme « connaissance spéculative de l'individuel », est

un article de 1977, où Granger doutait que ce que nous savons de la forme temporelle des objets de notre connaissance doive « être rattaché à une physique, à une mathématique, à une logique du temps ». Les logiques temporelles (de Mc Taggart, Rescher, Prior) laissent échapper la dimension proprement pragmatique du « maintenant », qui relève de l'étude d'une pragmatique pure, et, dans les logiques modales, la modalité cesse d'être temporelle. Une connaissance logique du temps n'est donc plus une pure logique (elle introduit déjà des objets) ; et le trait irréductible d'une doctrine du temps est l'introduction du présent, qui fait intervenir le rapport de la vérité de l'énoncé à l'énonciation elle-même (mis en valeur par le paradoxe du Taciturne), alors qu'il est fait abstraction de cet ancrage des énoncés dans la logique proprement dite.

1. *L et E*, p. 94. *Cf.* aussi *supra*, p. 101-102.

2. Sur ce que « l'intuition de l'instant » doit à la théorie de la relativité, *cf.* D. Parrochia, « Temps bachelardien, temps einsteinien : la critique de la durée bergsonienne », dans F. Worms et J.-J. Wunenburger, *Bachelard et Bergson*, *op. cit.*, p. 123-133.

3. Cf. *supra*, p. 109-111.

définie comme prétention de connaissance hors-signe[1]. *C'est donc tout le projet ontologique qui se voit ainsi affiné* : le réel est caractérisé par l'individuel qui, en tant qu'il suppose la capacité de baptiser un fragment d'expérience *hic et nunc*, repose sur les conditions protologiques, et est donc exprimé *in fine* par la le langage naturel[2]. L'élucidation de la pragmatique pure permet aussi d'affiner la distinction entre l'actuel et le non-actuel, et de préciser les degrés du réel : probable, possible, virtuel s'ordonnent ainsi à partir de la situation *actuelle* et *présente* du « je parle ». Tous les aspects caractéristiques de la « réalité »[3] sont donc précisés au moyen de la réflexion transcendantale sur la pragmatique.

1. Respectivement : *STYL*, p. 7 ; et G.-G ; Granger, « Langage et individuation », *Synthèse* 59, D. Reidel Publishing Company (désormais cité *Indiv*), p. 109.

2. *STYL*, p. 7. Il n'existe pas d'expérience antéprédicative de l'individuel; seul existe « l'individu-légomène ». Cf. *infra*, p. 159.

3. *PLS*, p. 42-3. Au regard du virtuel, nécessité et contingence, qui relèvent du possible, sont des catégories métaphysiques dérivées. C'est le sens de la critique de la philosophie de J. Vuillemin (*Nécessité ou contingence. L'aporie de Diodore et les systèmes philosophiques*, Paris, Minuit, 2001). *Cf.* la recension de *Nécessité ou contingence*, dans *Dialectica*, vol. 40 n° 1, p. 59-70; « Méthode axiomatique et idée de système dans l'œuvre de Jules Vuillemin », G.G. Brittan, Jr. (éd.), *Causality, Method and Modality*, Dordrecht-Boston, Kluwer Academic Publishers, 1991, p. 83-97 ; *PPV*, p. 14.

CHAPITRE IV

UNE RÉFLEXIVITÉ DÉCENTRÉE

Le projet grangérien d'une *critique de la raison symbolique* s'épanouit en un comparatisme ample et rigoureux des différents systèmes sémiotiques. Mais pour que la raison assume pleinement le projet critique, jusque dans l'élaboration d'une ontologie, encore faut-il que la philosophie légitime son point de vue transcendantal. Cela n'est possible que si elle revendique une dimension *réflexive*, qui engage une certaine conception de sa place et de son travail. Cette question est si importante que Granger n'a cessé d'y revenir tout au long de son œuvre [1]. Elle peut certes surprendre, de la part d'un esprit refusant la « pensée de survol » et la « codification abstraite » de son travail concret, mais on ne saurait y voir un emprisonnement momentané de son geste philosophique [2]. Aussi bien est-elle appelée par le projet épistémologique qui, loin d'être antithétique d'une

1. Mentionnons : « A arte e a interpretação do mundo atual », art. cit.; « Sur la connaissance philosophique », *Revue internationale de Philosophie*, n°47, 1959, p. 96-111 ; « Science, philosophie, idéologies », *Tijdschrift voor Filosofie*, n°4, p. 771-780; *Positiv*; « Remarques sur l'usage de la langue en philosophie », *Langages*, n°34, p. 22-26; « Les concepts philosophiques », *La philosophie et les savoirs*, Montréal, p. 21-74; « La science comme texte philosophique », *Archives de philosophie*, 43, p. 73-4; « Qué es una metadisciplina ? », *Dianoia*, Año XXXII, p. 103-117; *PCP*; « Pour une épistémologie comparative », *in* G. Jucquois et P. Swiggers (éd.), *Le comparatisme devant le miroir*, Leuven, Peeters, 1991 ; « Must a Science of Artificial Intelligence be Necessary Reductionnist ? », *in* E. Agazzi (éd.), *The Problem of Reductionism in Science*, Dordrecht-Boston, Kluwer Academic Publishers, 1991, p. 173-182 ; « À quoi sert la philosophie ? », *Canadian Journal of Philosophy*, Supplementary Volume, 19, 1993.

2. Selon E. Schwartz, *Pour la connaissance philosophique* (*PCP*) marquerait un infléchissement temporaire (Schwartz, « Postface », in *CP*, p. 325).

interprétation des œuvres singulières, se nourrit de leur parcours comparatiste (qui fait d'ailleurs toute l'originalité de Granger par rapport à Cavaillès [1]), y compris pour les sciences humaines [2].

Cette réflexivité est inscrite, à titre de possibilité propre, au sein du symbolisme naturel [3]. C'est fondamentalement parce qu'elle ne saurait être une *mathèsis universalis* que la philosophie, qui reste discursive (liée à la conceptualité du langage naturel), prend une orientation réflexive, et non descriptive ou seulement déterminante [4]. Dans sa poursuite de l'individuel, la réflexion sur les opérations (via leurs traces dans les œuvres) joue un rôle d'articulation, moteur mais décentré, car l'ontologie est toujours à reprendre. Son rôle est constitutif, mais nullement auto-suffisant. Aussi bien ne saurait-il exister de méta-philosophie, puisque la philosophie est d'emblée « méta » : celle-ci est *exercice* réflexif et non dimension « de » la réflexivité [5]. C'est également pourquoi la méta-langue ne saurait être susceptible d'une objectivation sans reste, comme dans le rêve computationnel [6]. La mise en évidence et la valorisation de cette fonction de *reprise* philosophique est toutefois acquise de haute lutte, à l'issue d'une controverse serrée avec la conception wittgensteinienne de la philosophie.

Le déficit réflexif de l'herméneutique du non-sens

L'opposition de Granger à Wittgenstein est sans doute moins connue que l'intérêt qu'il porte à son œuvre et l'admiration qu'il lui voue. Granger a certes contribué à introduire en France les écrits du philosophe

1. H. Sinaceur, « Formes et concepts », in *CP* 1995, p. 98; G.-G. Granger, « Méthode axiomatique et idée de système dans l'œuvre de Jules Vuillemin », art. cit.

2. *PCP* et *VERIF* ne marquent pas d'abandon de l'épistémologie des sciences humaines et de leur spécificité (E. Schwartz, *ibid*.).

3. L'opposition protologique thème-rhème (*supra*, p. 105) fonde la capacité du langage à se saisir lui-même comme partie du monde.

4. *PCP*, p. 153 et 170-175. La philosophie, ni description des essences, ni construction logique du monde, ne saurait se confondre dogmatiquement avec le savoir positif, comme le remarque G. Lebrun. *Cf.* « De la spécificité de la connaissance philosophique », art. cit., p. 23-4. Il est impossible de délimiter le domaine philosophique (celui des significations) sans réfléchir sur le paradoxe que constitue leur mode de « connaissance ».

5. *PCP*, p. 10; « À quoi sert la philosophie ? », art. cit., p. 15.

6. Les computers *objectivent* une métalangue. Cf. *STYL*, p. 276-267. Cette introduction du « schème objectif de la conscience » dans le fait humain ne vas pas sans mal, comme l'attestent les limitations de la pragmatique dans les langages informatiques. *Cf.* « Sémantique et syntaxe dans la communication homme-machine », art. cit. et *infra*, p. 118 et p. 213.

autrichien[1], notamment par la traduction du *Tractatus*, et il a toujours revendiqué une forte influence sur sa pensée, aussi importante que celle de Peirce. Reste que Granger est finalement l'un des rares philosophes à avoir vraiment pris au sérieux les déclarations célèbres de Wittgenstein sur la philosophie, au point d'éprouver le besoin de justifier ses divergences de vue. S'il ne va pas jusqu'à parler de misologie[2], Granger refuse nettement d'entériner une attitude quiétiste et enjoint clairement la philosophie de se remettre au travail, fidèle en cela à la conception *dialectique* d'un rationalisme qui ne saurait accepter d'être condamné au sur-place. Aussi bien ne se contente-t-il pas de souligner la contradiction de la position wittgensteinienne, mais la met-il également en défaut sur le terrain des mathématiques, comme pour mieux légitimer en acte l'exercice épistémo*logique*.

La contradiction wittgensteinienne

Manifestement, Granger a été autant frappé par le contenu de la philosophie wittgensteinienne (qu'il interprète comme une comparaison des systèmes symboliques) que par son étrange manière. Se montrant toujours attentif au « lieu » logique de l'énonciation philosophique, il a cherché à comprendre comment, à l'intérieur de son système, Wittgenstein justifiait sa propre prise de parole. Granger n'a cessé, d'une part, de s'intéresser au fait que le statut de l'activité philosophique trouve difficilement une réelle légitimité aux yeux de Wittgenstein[3], et, d'autre part, de tenter de dégager, par opposition, sa propre conception du « lieu » légitime de la parole philosophique, et notamment le sens à donner à une enquête épistémologique[4]. Son effort obstiné pour légitimer le discours philosophique (en particulier le sien) l'a donc obligé à se démarquer de la position wittgensteinienne sur la question, en étudiant tout d'abord la position du philosophe viennois, puis en lui adressant une objection *pratique*.

1. Granger a également contribué à faire connaître les manuscrits de Wittgenstein, ainsi que ceux de Peirce.

2. *Cf.* A. Badiou, *L'anti-philosophie de Wittgenstein*, Paris, Nous, 2009.

3. Mentionnons : « Sur la connaissance philosophique », art. cit. ; « Sur la conception du langage dans le *Tractatus* », *Word*, vol 23, n°1-2-3, p. 196-207 ; « Le problème de l'espace logique dans le *Tractatus* », *L'Âge de la science*, III, p. 181-195 ; « Wittgenstein et la métalangue », *Revue Internationale de Philosophie*, n° 88-89, p. 223-236 ; « Was in Königsberg zu sagen wäre », *Manuscrito*, vol. 5, n° 1, p. 69-90.

4. Ainsi : « Pour une épistémologie du travail scientifique », *La vie des sciences*, Comptes rendus, série générale, tome 2, n°4, p. 367-374 ; « Discussing and convincing : an approach towards a pragmatical study of the languages of science », *Dialogue : an interdisciplinary approach*, Dascal, p. 339-351 ; « Pour une épistémologie comparative », 1991 ; « A quoi sert l'épistémologie ? », *Droit et Société*, n° 20-21.

Granger essaye d'abord de dégager chez Wittgenstein, derrière l'apparente *interdiction*, la présence *effective* d'un discours philosophique, puis utilise cette contradiction (absolue dans le *Tractatus*, relative dans les *Investigations*) comme un signe étayant sa propre hypothèse d'une fonction métalinguistique connaturelle au discours philosophique. Si la réponse de Wittgenstein à la question de la possibilité d'un usage métalinguistique du langage est « toujours, apparemment, demeurée négative »[1], la présence d'un discours philosophique vient pourtant de fait contredire cette impossibilité de droit. Il est vrai que la position de Wittgenstein sur la question s'est « transformée assez radicalement » du *Tractatus* aux *Recherches*. Le problème de la métalangue trouve dans le premier ouvrage une « solution dogmatique, en accord avec le dessein du philosophe, qui est alors de rendre manifeste une forme logique universelle organisant tout discours objectif »[2]. L'illégitimité de la métalangue ne fait alors aucun doute, puisque le langage ne peut pas sortir de lui-même pour exprimer ses propres propriétés. Pour être exact, il faudrait préciser que Wittgenstein disqualifie alors *trois* usages du langage : un usage *trans-linguistique*, qui prétend formuler des jugements de valeur, mais dont les énoncés sont rejetés comme purs non-sens ; un usage *cis-linguistique*, qui correspond à l'énoncé des tautologies, dont les énoncés sont vides de sens, mais qui, pris comme figuration de schèmes, aident cependant à mieux voir se qui se montre dans les énoncés corrects représentant des faits[3] ; et enfin un usage *métalinguistique*, qui consiste à vouloir désigner des formes et des opérations, à tenter de décrire ce qui, du langage, est indescriptible. Or, il est remarquable que la plus grande partie du *Tractatus* relève précisément de ce dernier usage[4].

Dans les *Recherches*, la thèse sur la métalangue perd sa tournure dogmatique pour prendre un sens plus souple, qui autorise un discours

1. G.-G. Granger, « Wittgenstein et la métalangue », art. cit., p. 223.

2. *Ibid.*

3. A cette époque, remarque Granger, l'énoncé mathématique est considéré comme un cas particulier de tautologie : « Les tautologies dessinent le *cadre* des combinaisons propositionnelles possibles ; les équations désignent certaines *opérations* linguistiques. C'est ainsi que le nombre est défini comme « l'exposant d'une opération » itérée, c'est à dire l'index de répétition de cette opération, du reste quelconque (6.021). C'est un pseudo-concept, purement formel, qui concerne simplement une procédure nécessaire du langage (...) les mathématiques tout entières sont un substitut de la métamathématique » (« Wittgenstein et la métalangue », art. cit., p. 227).

4. Raison pour laquelle la fin de l'ouvrage se place en contradiction avec le fait même de l'énonciation philosophique qui lui a pourtant donné naissance : c'est l'image de l'échelle qu'on repousse.

philosophique semi-légitime. Wittgenstein considérant comme illusoire la recherche de la « forme générale de la proposition » (qui est toujours relative à un système de règles), refuse de réduire les systèmes de règles à des contraintes combinatoires portant sur des signes, préférant y voir des schèmes de conduite régissant des « formes de vie », qui n'ont pas de traits généraux mais de simples « airs de famille ». Dès lors, le problème de la métalangue se trouve reformulé (« *Ich kann mit der Sprache nicht aus der Sprache heraus* » [1]) : non seulement un langage est insuffisant pour se servir à lui-même de métalangue, mais encore aucun langage ne peut être considérée comme la métalangue adéquate d'aucun autre. « Dans ces conditions, le dessein même de la philosophie qui demeure ici comme dans le *Tractatus*, critique du langage, s'infléchit maintenant en une description des difficultés soulevées par les règles multiformes des différents jeux de langage, et rencontre de nouveau l'obstacle de la métalangue » [2]. Puisque le langage est désormais conçu comme une multitude de jeux en situation, comme une conduite réglée par des conventions complexes qui ne sont plus forcément entendues comme de propriétés internes constitutives d'un langage en général, Granger peut à bon droit se demander « si la mise à nu des règles d'usage, la description des « faits grammaticaux » ne constitue pas une réhabilitation de l'usage métalinguistique du langage ». Comme il le fait remarquer, ce sont en fait les rapports du monde au langage et à sa grammaire qui ont changé, au début de la seconde manière : le signe renvoie toujours au fait, et il n'y a toujours pas d'intermédiaire entre le langage et la réalité qu'il représente, mais ce rapport n'est plus assimilé à la similitude de l'image et du fait : la proposition est qualifiée d'*hypothèse*, posant hypothétiquement une construction de fait à partir des différentes esquisses qu'en donne l'expérience [3].

Dès lors, le « couplage » du langage et de la réalité est plus ou moins lâche, et la clause de stricte représentativité imposée à tout usage correct du

1. L. Wittgenstein, *Philosophische Bemerkungen*, 1.6; trad. fr. J. Fauve, *Remarques philosophiques*, Paris, Gallimard, 1975, p. 55 : « avec le langage, je ne puis sortir du langage ».

2. G.-G. Granger, « Wittgenstein et la métalangue », art. cit., p. 230.

3. Cette conception « hypothétique », développée dans les *Remarques philosophiques*, est dépassée par la suite. Granger relève l'ambiguïté du terme : « le mot *Satz* semble intentionnellement osciller entre le sens général de proposition et celui, plus spécifique, de loi » (*ibid*, p. 231). Dans *La force de la règle* (Paris, Minuit, 1987), Jacques Bouveresse insiste lui aussi sur ce flottement, qu'il explique par le fait que, pour Wittgenstein, des propositions (empiriques) peuvent être *utilisées comme* des règles (« Hier liegt ein Buch ») – elles ont alors un *rôle* grammatical, sans pouvoir, au sens strict, être considérées comme des propositions grammaticales, car elles portent bien sur des objets, même si elles ne le font pas à la manière d'hypothèses.

langage par le *Tractatus* est considérablement affaiblie. D'où l'insistance de Granger touchant cet espace de « jeu » nouvellement conquis, et une interprétation assez audacieuse, où il comble manifestement les silences de Wittgenstein par ses propres intuitions :

> En dernière analyse, c'est bien toujours au monde que la proposition pourvue de sens doit renvoyer; mais si l'on admet maintenant que la représentation n'est que partielle – hypothétique – un certain glissement n'est-il pas autorisé, qui permette d'assimiler à l'une de ces facettes de la réalité quelques aspects essentiels du langage lui-même ? Et par ce biais, c'est légitimement que le langage parlerait du langage. Il nous semble que cette attitude plus libérale, sans qu'elle soit exactement formulée, se manifeste dans le traitement des jeux de langage tel que le présentent les notes des *Cahiers bleu et brun* et les *Recherches philosophiques* [1].

De même, l'enquête sur la grammaire profonde concerne l'usage des mots réintégré dans le jeu de langage effectif, et « la description du langage devient (...) légitime en tant que c'est cet emploi des règles qu'elle vise ». On peut donc dire que « la langue naturelle, la langue de tous les jours peut et doit nous permettre de conduire cette description des jeux de langage aussi loin qu'elle peut l'être », et que « la philosophie, comme jeu de langage consistant à parler ainsi du langage, n'exige pas une « philosophie du second degré », puisque c'est le même langage naturel qui décrira l'usage du mot « philosophie », tout comme l'orthographe traite du mot « orthographe » lui-même ».

L'inflexion est décisive. Si le lien entre langage et réalité n'est plus direct, si la représentation n'est que partielle, on l'a dit, un espace de flottement, de jeu devient possible. Mais Wittgenstein insistait sur cet espace de manière négative (sur le caractère *partiel* de la représentation), pour critiquer la conception tractarienne du sens et développer une sémantique « en archipel » : la multiplicité des jeux de langage renvoyant à la diversité indépassable des formes de vie – la « forme de vie » constituant, pour ainsi dire, le texte unique de toute ontologie rationnelle. Tandis que Granger en souligne au contraire la fécondité. Si le langage n'adhère plus à la réalité de façon homothétique, s'il « glisse » et n'en assure plus qu'une représentation tronquée, alors il peut *aussi* glisser sur lui-même, donc se représenter, au moins en partie. Bref, là où Wittgenstein insiste sur la dimension usuelle du sens linguistique (« Don't ask for the meaning, ask for the use »), Granger souligne que l'un de ces usages consiste

1. G.-G. Granger, « Wittgenstein et la métalangue », art. cit., p. 231-232.

précisément, pour le langage, à se prendre pour objet, pour déterminer son sens. Qui plus est, puisqu'il existe une pluralité de systèmes de signes, on peut, sans prétendre sortir des signes[1], tirer partie de la capacité du langage naturel, méta-langue universelle, à parler (relativement) des autres systèmes.

Que la réflexivité soit une capacité inscrite au cœur du symbolisme naturel, le cas wittgensteinien le prouve donc en quelque sorte *a contrario*. Il illustre en effet de façon exemplaire comment le semi-déni de la réflexivité provoque inévitablement une contradiction entre l'existence de fait d'un discours philosophique et son interdiction de droit. Si finalement le langage peut servir d'outil philosophique à une exploration comparée des symbolismes, c'est qu'il recèle en lui la possibilité d'un *usage méta-linguistique*, qui lui donne précisément son incomparable plasticité. Par quoi on voit aussi que la réflexivité linguistique ne coïncide pas avec une illusoire métalangue, mais correspond à une *capacité* réflexive du symbolisme naturel. Mais cet argument dialectique doit encore se doubler d'une démonstration plus positive de la thèse soutenue.

Un exemple de travail philosophique : l'épistémologie

Tirant toutes les conséquences des embarras wittgensteiniens, Granger essaye de justifier la légitimité d'un discours philosophique qui ne s'abolisse pas dans une simple exhumation (par une monstration à peine dicible) des règles du langage ordinaire (ce qu'il appelle une « herméneutique du non-sens »[2]). Or c'est notamment en *opérant* une réflexion épistémologique, en élaborant un discours sur des *œuvres* scientifiques qu'il échappe aux difficultés wittgensteiniennes. L'objection que Granger adresse au penseur viennois est en effet d'ordre pratique, et on peut en étudier la teneur sur le cas spécifique, mais très révélateur, des mathématiques.

Le statut des mathématiques dans la seconde philosophie de Wittgenstein constitue sans doute l'origine du désaccord de fond entre Granger et le philosophe de Cambridge, dans leur projet commun d'une

1. L'idée d'un rapport *immédiat* au réel, sans médiation symbolique, est illusoire : cf. *infra*, p. 159.

2. Par exemple, V. Descombes, *Grammaire d'objets en tous genres*, Paris, Minuit, 1983, p. 25 : « L'échappée du sens qui nous intéresse (…) est la dissimulation du non-sens derrière les apparences du sens : non-sens qu'il convient de publier, de rendre public pour que se dissipe l'illusion de comprendre ».

comparaison des symbolismes[1]. Alors que dans le *Tractatus* les énoncés mathématiques étaient des cas particuliers de tautologies, dans sa seconde manière, Wittgenstein considère les mathématiques comme un jeu de langage particulier, dont le caractère spécifique est que tous ses énoncés sont des règles de syntaxe. La différence avec le *Tractatus* tient à ceci que de tels énoncés, bien que ne renvoyant à rien hors d'eux-mêmes, sont à présent reconnus comme légitimes au sein d'un jeu de langage et se voient décerner le statut de propositions grammaticales. La modification est d'importance selon Granger, « car la proposition mathématique a maintenant une sorte de contenu »[2]. S'appuyant sur différents textes de cette époque, Granger interprète la conception wittgensteinienne du travail mathématique comme consistant à transformer l'intuition symbolique en règles explicites d'un jeu de langage. C'est que la mathématique ne peut se *décrire*, elle se *fait* : « elle est la transcription actuelle d'un jeu de langage portant, en fin de compte, sur le langage lui-même ; une proposition mathématique non seulement montre, mais encore explicite une démonstration »[3]. Etant grammaire de part en part, donc normatives, les mathématiques ne sont pas passibles d'un examen métamathématique : « elles n'ont besoin que d'éclaircissements concernant la cohérence et les limites de leur jeu ».

Granger a étudié très précisément ce cas du statut des mathématiques dans un article ultérieur[4]. Il attribue certes aux vues esquissées par Wittgenstein entre 1929 et 1931 une « pénétration » et une « cohérences admirables », d'une part parce qu'elles attirent l'attention sur la libre créativité des mathématiques[5], d'autre part parce qu'elles invitent à prendre au sérieux la pluralité des mathématiques (au contraire de l'unité de la logique, et contre toute tentation réductionniste des mathématiques). Mais s'il reconnaît sa dette envers le philosophe viennois touchant la question de « l'objet » des mathématiques[6], il refuse de considérer le

1. Le désaccord ne concerne pas tant les mathématiques elles-mêmes que leur signification comme *pratique* (symbolique).

2. « Wittgenstein et la métalangue », art. cit., p. 232 : contenu « que l'interlocuteur de Waismann, si l'on en croit les notes de ce dernier, paraît bien avoir caractérisé comme "intuition des symboles" ».

3. *Ibid.*, p. 233.

4. « Was in Königsberg zu sagen wäre », art. cit.

5. *Ibid.*, p. 89. C'est du point de vue de l'activité symbolique que Granger rapproche Wittgenstein des intuitionnistes, pour qui les mathématiques constituent « plutôt une activité qu'une doctrine ».

6. Cet article est contemporain de l'explicitation par Granger de la notion de « contenu formel » comme version renouvelée du synthétique a priori (*Cont*).

symbolisme scientifique comme la simple traduction d'une forme de vie : « si la science est inéluctablement dépendante des constructions de langage, elle n'est pas pour autant le simple reflet des grammaires » [1]. C'est que l'élaboration symbolique est corrélative d'un *travail*, et qu'en particulier les objets mathématiques sont les résultats produits par un effort, une *praxis*. C'est d'ailleurs la raison pour laquelle la science n'est pas « le résultat d'un jeu grammatical plus ou moins arbitraire, dont les règles seraient définies en vue de quelque intérêt de circonstance » [2].

Granger refuse donc l'idée d'un lien *direct* entre forme de vie et signification (ou symbolisme signifiant, « langage »), d'un rapport sans intermédiaire qui condamne la parole philosophique au non-lieu et au non-sens. Il cherche au contraire à réintroduire une certaine dialectique dans le rapport des deux termes, au sens où entre la forme de vie et la signification symbolique s'insère une certaine *activité* humaine. L'édifice scientifique, en tant qu'il est construit, est une preuve de cette pratique qui empêche un symbolisme de se clore sur sa propre immédiateté : « "De ce dont on ne peut parler, il faut se taire" (...) Mais non. C'est précisément parce qu'il rencontre à chaque instant ce dont il n'a pas les moyens immédiats de parler que l'homme improvise une science, invente un nouveau langage, et annexe de nouveaux objets » [3]. C'est donc finalement la pratique médiatrice de l'homme comme animal symbolique qui transforme les simples « formes de vie » en univers de signification. Une telle activité symbolique est par conséquent aussi ce qui assigne un lieu possible à la philosophie, définie positivement comme interprétation de ces transformations de signification, et non comme simple « critique du langage » :

> On pourrait être tenté par une conception radicale de la philosophie qui la réduit à une élucidation du langage. Puisque le langage est par excellence le lieu des significations, philosopher serait en faire la police, et en chasser les peudo-sens. Attitude extrémiste qu'on trouve représentée avec éclat dans l'œuvre de Wittgenstein. « Les résultats de la philosophie, écrit-il, sont la mise au jour de tel ou tel pur non-sens, et des bosses que l'entendement s'est faites en se heurtant le front aux limites du langage... » (*Philosophical investigations*, n° 118). C'est l'aspect négatif de l'œuvre du philosophe, aspect trop souvent négligé. Mais il n'est pas interdit de croire que la philosophie dépasse cette herméneutique du non-sens, si l'on rejette la thèse wittgensteinienne d'une équivalence absolue de ces concepts :

1. *L et E*, p. 210.
2. *Ibid.*, p. 209.
3. *PFSH*, p. 13.

> « proposition, langage, pensée, monde » (*Ibid.*, n°96). Si le monde signifie quelque chose par-delà le langage et la pensée même, la tâche de la philosophie ne saurait se réduire à une critique grammaticale. Elle se trouve liée à un état de l'expérience totale, expérience de l'individu dans un contexte physico-social, qui est la *praxis*, et à laquelle elle demeure immanente [1].

C'est encore parce que la pratique est *médiation* symbolique que la forme de vie ne saurait être le texte ultime de toute ontologie, et même de toute réflexion philosophique. Le célèbre aphorisme « Die Regelmässigkeit unsrer Sprache durchdringt unser Leben » [2] est ainsi assez sévèrement commenté par Granger :

> Il se peut, comme l'a suggéré Wittgenstein, que le jeu réglé de nos langues pénètre notre vie de part en part, sans que pourtant rien ne soit accessible par là d'essentiel. Mais communiquer, mais construire des concepts, mais proposer des interprétations qui donnent un sens à l'expérience sont des aspects de notre activité qui supposent assurément des langages. Philosopher sur ces activités est justement possible encore par le moyen de la langue ; et quand bien même nous ne pourrions jamais ainsi qu'explorer, découvrir, instituer des formes en surface, du moins cette méditation serait-elle un *travail*, une opération, une maîtrise, qu'il vaudrait la peine encore d'exercer [3].

Aussi bien convient-il de définir la philosophie plutôt comme une « critique des *systèmes symboliques* » que comme une « critique du langage », de peur d'une « interprétation littérale et réductrice » de cette formule, forcément « ruineuse » pour la philosophie [4].

Sans cet écart *pratique* entre une forme de vie et son expression symbolique, non seulement la science (comme élaboration d'œuvres) ne pourrait pas exister, mais le discours épistémologique serait inepte. C'est donc aussi parce que sa conception de la philosophie diffère profondément de celle de Wittgenstein que Granger, du même élan qu'il cherche à définir la spécificité de sa discipline, se montre soucieux de légitimer son enquête épistémologique. Comme réflexion proprement philosophique sur le fait (symbolique) scientifique, discours qui n'est ni science, ni propos de sens commun : « une épistémologie (...) interprétera la science elle-même comme expérience totalisée au sein de laquelle prendront signification les

1. « Sur la connaissance philosophique », art. cit., p. 107.

2. L. Wittgenstein, *Remarques sur les couleurs*, § 303, trad. fr. G. Granel, Paris, TER, 1997, p. 57.

3. *L et E*, p. 209.

4. G.-G. Granger, « La philosophie est-elle une critique du langage ? », art. cit., p. 245.

différents aspects et moments de la connaissance objective »[1]. En tant qu'exercice de comparaison des œuvres scientifiques singulières, la philosophie demeure fermement arrimée au symbolisme naturel : elle part de celui-ci comme d'un fait mais, « à la différence de la science qui détruit et réforme ce symbolisme naturel en vue de constituer un monde d'objets exactement associables à des énoncés bien formés (...) s'attache à expliciter le rapport des symbolismes à l'expérience qu'ils organisent »[2]. C'est pourquoi les concepts épistémologiques ne sont ni des concepts scientifiques, ni des pseudo-concepts de sens commun, mais des méta-concepts qui témoignent de la possibilité d'un usage métalinguistique du langage naturel[3]. L'existence d'une *pratique* (entre la forme et vie et le symbolisme qui l'exprime) sur laquelle on puisse tenir un *discours* philosophique ; l'existence d'un *usage métalinguistique* au cœur du symbolisme naturel : tels sont les sens profond du « truisme » selon lequel « il n'est pas de philosophie sans expression linguistique »[4].

Faire sens : l'opération de reprise philosophique

L'élucidation du travail épistémologique vaut défense et illustration de la philosophie. Celle-ci n'est ni une science, ni un art. Par science, Granger entend la construction de modèles abstraits des phénomènes, représentés, via des symbolismes formels, dans des structures abstraites de plus en plus éloignées du vécu, mais sur lesquelles il est possible de se livrer à des opérations rigoureusement normées. Or force est de constater que tel n'est pas le *but* de la philosophie. La philosophie ne prétend pas expliquer des faits ; elle ne détermine pas ceux-ci à la manière de la science, de façon régionale et spécifique (tel fait physique, tel fait chimique), en les

1. *Positiv*, p. 404.

2. « Les concepts philosophiques », art. cit., p. 68.

3. *Ibid.*, art. cit., p. 69. Faire coïncider la conceptualité philosophique et la conceptualité scientifique relève d'une confusion *dogmatique*. Et Granger appelle *perversion idéologique* « la variante spécifique du dogmatisme qui consiste à considérer comme méta-concepts de pseudo-concepts objectifs, obtenus par extrapolation abusive à partir d'un savoir et d'une pratique limités ».

4. « Remarques sur l'usage de la langue en philosophie », art. cit., p. 95. La langue philosophique n'est ni art ni science ; c'est la langue naturelle mais non pas dans sa fonction rhétorique. Par un travail sur la langue, le philosophe veut « construire en un système les significations dont il décrit les indices et les figures » ; les systèmes produits « ne sont pas de même nature que les structures établies par la science pour représenter l'expérience, et pas non plus comme l'œuvre d'art une création d'expérience ».

découpant de façon à pouvoir les soumettre à une vérification. Au sens strict où Granger entend le terme d'« objet », une structure formelle abstraite du vécu au moyen d'un symbolisme adéquat et d'opérations parfaitement réglées, *la philosophie n'a pas d'objet*. Son champ d'application, de fait, est plus vaste, et surtout plus uni que celui de la science. Car les sciences étudient des faits en morcelant l'expérience vécue selon certaines structures formelles : à l'issue de cette transformation, l'expérience ressemble à une mosaïque de faits, ou de classes de faits. Au contraire la philosophie s'exerce sur *l'ensemble* de l'expérience humaine, et vise moins à organiser des faits qu'à penser des *significations*. Pour analytique et architectonique qu'elle soit, la philosophie n'est donc pas connaissance scientifique[1].

La philosophie n'est pas non plus l'un des beaux-arts, car l'art vise essentiellement à créer des objets concrets, dont l'existence est inséparable d'un support sensible, quelle qu'en soit la nature. Or le projet philosophique ne consiste pas à susciter la présence de tels objets concrets, mais à utiliser le langage pour produire directement des concepts. On peut bien dire que les œuvres philosophiques parviennent à susciter des « expériences », mais à condition de ne jamais les résoudre à des faits, objets ou mouvements effectifs du sujet qui en est l'acteur. C'est que la philosophie n'exprime pas une expérience comme l'artiste, en la produisant ou la reproduisant, mais en cherchant à en dégager le *sens*. Alors que l'artiste fait apparaître des *significations*, et nous permet de les vivre par l'imaginaire, le philosophe transpose ces significations vécues en abstractions conceptuelles. En outre, puisque la création de l'artiste est homogène à l'expérience (étendue à l'imaginaire), l'auteur tend à se représenter dans son œuvre ; alors que le philosophe, plus proche en cela du scientifique, vise à s'en effacer. Si la philosophie n'est pas un des beaux-arts, elle demeure un *acte* ; et parce qu'elle est travail d'exécution, elle produit à la fois une expression manifeste, voulue par l'auteur, et latente, au sens où une sorte de surcodage apparaît, qu'il appartient au lecteur de déchiffrer dans un jeu ouvert d'interprétation. Dans la terminologie grangérienne, la philosophie est *style*[2], au même titre que toute activité humaine, mais en un sens plus fondamental que la science. Le paradoxe de la connaissance philosophique tient à ce que, comme connaissance, elle est inséparable d'un style, et que,

1. *PCP*, p. 12-14.
2. *STYL.*

n'ayant d'existence que dans une œuvre singulière, elle n'est pourtant pas un art[1].

Autre formulation du paradoxe, et non moins déroutante, la philosophie ne saurait prétendre à la *vérité*, dans la mesure où les énoncés des philosophes ne sont pas, contrairement aux énoncés scientifiques, des énoncés révisables et provisoires. C'est que la philosophie ne vise pas tant à dire le vrai qu'à *faire sens*, en choisissant, de façon très libre, d'adopter une perspective sur ce que signifie notre expérience, prise dans sa totalité. Du coup, faire de la philosophie, c'est nécessairement accepter un certain pluralisme, sans pour autant se résigner à l'éclectisme, au relativisme, ou au scepticisme : car une grande philosophie n'est pas qu'un reflet fugace de certaines conditions historiques, mais la transformation conceptuelle d'une expérience par une conscience, transformation prétendant à l'intemporel, et, en quelque sorte, réactualisée par chaque récepteur futur. Tout lecteur philosophe doit à la fois séjourner dans les œuvres passées, pour les comprendre, et confronter l'organisation des significations qu'elles proposent avec les contenus de sa propre expérience. C'est la raison pour laquelle, s'il y a un progrès philosophique, il ne saurait être cumulatif, contrairement à celui des sciences : puisque toute grande philosophie est close, elle ne se prête pas tant à une amélioration (comme une théorie scientifique) qu'à une réinterprétation. *Le progrès philosophique est largement lié à l'expansion de l'expérience humaine*, notamment, par exemple, du fait du progrès de la pensée scientifique. Les œuvres de la science renouvelant profondément un aspect de l'expérience, une philosophie de la science peut permettre de révéler le degré de validité d'une connaissance philosophique.

La philosophie n'est pas non plus un simple discours subjectif sur le vécu (« les intéressantes expressions d'un état d'âme »). En effet, sans avoir d'objet, l'expression philosophique procède pourtant par concepts, et non par affects ou images. Pour approfondir ce paradoxe, Granger souligne tout d'abord le fonctionnement *analogique* des notions philosophiques dans un système symbolique : les diverses occurrences d'un même concept se répondent, sans pourtant renvoyer à un objet commun. C'est que le mot qui véhicule le concept (« intuition », par exemple ou « dialectique », ou « substance ») a pour référence la totalité d'une expérience, et non pas un objet séparé qui y serait découpé, et que l'articulation opératoire ne vise pas des faits mais la totalité d'un vécu. Les concepts philosophiques ne servent donc pas à formuler un découpage de l'expérience, mais un

1. *PCP*, p. 15-19.

entrecroisement intelligible de points de vue sur cette expérience, et le discours philosophique vise à montrer cette intelligibilité. Les concepts philosophiques sont « flous » au sens où ils ne sont pas complètement déterminés par un réseau de relations ou par un enchevêtrement de classes, sans pour autant cesser d'être susceptibles d'une utilisation rigoureuse, et ils ne servent pas à formuler un découpage de l'expérience, mais un entrecroisement intelligible de points de vue sur cette expérience[1].

Par ailleurs, la formation des concepts philosophiques est invention stylistique, et non découverte d'essences, comme le voudrait, par exemple, la phénoménologie husserlienne. C'est pour cette raison profonde que le discours philosophique ne renvoie ni à des choses ni à des actes, mais cherche à expliciter des organisations inexactes de concepts, présentés comme des vécus (et non comme des théories scientifiques). Et l'on comprend dès lors que le discours philosophique ne puisse jamais se passer entièrement de tout concept naturel. Les concepts philosophiques sont, par rapport aux concepts naturels de la perception, de la technique ou de la science, des *méta-concepts*, qui ne visent ni à désigner un vécu en tant que tel, ni à le représenter abstraitement par la médiation de structures, mais à fournir des points d'appui à un langage qui veut parler de ces concepts naturels en en découvrant la signification, c'est-à-dire en en construisant une organisation totalisante.

Si flous et « naturels » que soient les concepts philosophiques, leur maniement n'exclut pas nécessairement la rigueur. À cette fin, une philosophie doit, selon Granger, souscrire à deux exigences : d'une part établir une topique transcendantale, c'est-à-dire délimiter et articuler les domaines du vécu où s'exerce l'acte de construire des significations, donc indiquer le *feuilletage* des différents plans où chaque concept déploie son sens (les catégories philosophiques déterminant, pour chaque œuvre ou doctrine, non pas des formes d'objets, mais un système de référence par rapport auquel tout énoncé d'un discours philosophique doit pouvoir être repéré) ; d'autre part, se méfier des métaphores, qui font toujours courir au philosophe le risque de la surdétermination (dans l'image, les éléments pertinents et non pertinents ne sont pas clairement dissociés), même s'il peut exister un bon usage philosophique de ces tropes.

De là découle le paradoxe final de la philosophie comme connaissance sans objet : sa démarche argumentative ne consiste pas à *démontrer*. Aussi

1. Gilles Deleuze se trompe, qui croit voir dans les « concepts flous » de Granger une transition des concepts scientifiques aux concepts philosophiques. *Cf.* G. Deleuze et F. Guattari, *Qu'est-ce que la philosophie ?, op. cit.*, p. 136.

bien les principes dont elle part ne donnent-ils jamais qu'un critère de signification d'énoncés portant sur nos expériences à l'intérieur d'un système, en tant que celui-ci est un projet de les organiser en une totalité vécue. Mais ils ne peuvent fournir ni les points de départ d'une déduction de la forme des énoncés particuliers sur le monde, ni un moyen de décision quant à leur vérité. Tout au plus peut-on exiger de la philosophie cohérence et validité (non la vérité), lesquelles sont attestées, outre via l'établissement d'une topique, par la connexité des chemins conceptuels : les concepts philosophiques communiquent entre eux par de nombreux passages qui permettent d'évoluer ainsi dans l'œuvre tout entière comme dans un système (le cas de Leibniz est sans doute, dans ce cas, le plus représentatif). On peut donc dire que la validité en philosophie est celle d'un système plutôt que celle de ses divers énoncés ; mais cela ne saurait rapprocher totalement une telle validité de celle de la science, puisqu'elle ne peut être décidée par des critères strictement formels ni par une adhésion à des faits.

Le « lieu » logique assigné à la philosophie comme usage méta-linguistique du symbolisme naturel explique qu'elle soit toujours conçue comme une discipline réflexive, de second degré, s'appliquant non pas directement à des faits, comme la science, mais à des actes de représentation. En ce sens, c'est bien une « méta-discipline »[1], mais à condition de souligner que la réflexivité qui la caractérise ne coïncide ni avec l'exploration d'une subjectivité toute constituée, ni avec celle d'une méta-théorie (les signes sur lesquels elle parle ne sont pas des objets, alors que la logique, par exemple (ou la linguistique), est *à la fois* méta-discipline *et* méta-théorie). Quoique sans objet, la philosophie part bien de l'expérience humaine, individuelle et collective ; mais, au lieu de la constituer en objets, elle l'interprète et en produit le sens[2]. Même si cette expérience est déjà directement vécue comme signifiante pour les sujets qui l'éprouvent, la philosophie ne se contente pas de redoubler inutilement le vécu. En effet, elle vise à organiser en *système* ces significations attribuées à l'expérience et aux œuvres humaines. Et ce, non certes en mettant en évidence une structure, comme la pensée formelle s'y applique pour constituer des objets scientifiques, mais en les organisant en ensembles corrélés. On peut donc dire que la systématisation philosophique est métasystématique, puisqu'elle réorganise des représentations déjà organisées de manière immanente, et tend à restituer comme totalités virtuelles ce qui n'est vécu que comme expériences actuelles finies : c'est cette interprétation

1. « La philosophie comme méta-discipline », dans *PLS*, p. 19.
2. *Ibid.*, p. 13.

terminale, ramenant la singularité d'une œuvre à la totalité d'un espace d'expérience que Granger appelle « donner un sens ». Encore faut-il ici prendre bien soin de ne pas concevoir cette expression sous une forme trop paresseuse ou passive. Car la philosophie est un acte et non une simple spéculation, et c'est la raison pour laquelle elle peut jouer un rôle herméneutique et *critique* à l'égard des autres disciplines (elle peut par exemple dégager le sens de leurs concepts dans leurs propres systèmes, ou en mettre éventuellement en évidences certaines difficultés latentes)[1].

C'est cette conception réflexive, herméneutique et opératoire de la philosophie qui est à l'œuvre, on l'a vu, dans l'enquête sur les universaux du langage, où les *fonctions* dégagées sont des méta-concepts, et non de simples rapprochements opérés sur la base d'un « air de famille »[2]. C'est également elle qui, via la catégorie de *dualité*, est opposée aux tentatives réductionnistes (le repliement du symbolique sur le biologique, et de la fonction de renvoi sur une relation causale). C'est elle, en outre, qui pose l'existence d'un « problème sémantique »[3] (le rapport d'un monde à un système symbolique), corrélative d'un engagement ontologique, là où Wittgenstein associe « abstinence sémantique »[4] et ontologie déflationniste (la forme de vie), et où Peirce dissout la difficulté dans une sémiotique universelle[5]. C'est elle, enfin, qui intervient comme commentaire stylistique dans la saisie clinique de l'individuel[6]. A chaque fois, la philosophie ne crée pas des objets, mais du sens : elle est fondamentalement une activité de *reprise*, de distorsion, d'invention des sens[7].

C'est la raison pour laquelle le jugement de Deleuze semble trop sévère. Selon lui, avec Granger, « on commence par attribuer le pouvoir du concept à la science, on définit le concept par les procédés créatifs de la science, on le mesure à la science, puis on se demande s'il ne reste pas une possibilité pour que la philosophie forme à son tour des concepts de seconde zone, qui suppléent à leur propre insuffisance par un vague appel au vécu »[8].

1. *PCP*, Cf. *infra*, p. 227 *sq*.

2. *IRR*, p. 17-18. Par quoi Granger insiste encore sur la positivité du *travail* philosophique, qui ne saurait se contenter de « laisser les choses en l'état ».

3. Sur le traitement de ce problème sémantique selon le « dire », le « montrer » et le « définir », cf. *infra*, p. 161.

4. Selon le mot de Jaako Hintikka, « Semantics : A Revolt against Frege », *in* G. Floistad, *Contemporary Philosophy, a new Survey*, La Haye, Nijhoff, vol. 1, 1981.

5. Cf. *supra*, p. 20.

6. Cf. *infra*, p. 210-216.

7. On en trouvera une source dans la « philosophie du "re" » de Bachelard; *cf.* D. Gil, *Bachelard et la culture scientifique*, *op. cit.*, p. 70.

8. G. Deleuze et F. Guattari, *Qu'est-ce que la philosophie ?, op. cit.*, p. 36.

Même si Deleuze prend un autre point de départ, et définit le concept de façon très différente, au point de le réserver à la seule philosophie[1], le malentendu n'est pas que terminologique. Car là où Granger insistait sur l'importance de l'écart, et la fécondité de la spécificité philosophique, Deleuze ne voit que complexe d'infériorité et « compensation » illusoire[2].

L'écart que Deleuze cherche à instaurer d'avec la position de Granger lui fait commettre plusieurs erreurs à l'égard de ce dernier. D'abord son insistance sur le caractère créateur de la philosophie (il faut, dit-il, « éprouver dans ses moindres détails le lien unique, exclusif, des concepts avec la philosophie comme discipline créatrice ») n'est en rien étrangère à Granger. Ensuite, il fustige la référence au vécu, qui réduit selon lui la philosophie à une sorte de phénoménologie secondaire, venant après (et avec un statut moindre que) la science[3] ; or Granger, d'une part, ne confond jamais le vécu existentiel (domaine des significations) et la conceptualité philosophique (domaine du sens[4]), et, d'autre part, n'établit pas une hiérarchie, mais une différence (de conceptualité) entre science et philosophie (la philosophie n'est pas moindre, mais autre que la science). L'animosité anti-phénoménologique de Deleuze ne l'empêche d'ailleurs pas, plus loin, de reprendre à son compte, de façon contradictoire, la définition grangérienne du « style », qui renvoie pourtant explicitement au « vécu »[5]. Enfin, et ce n'est pas le contresens le moins important, Deleuze confond le vécu comme

1. « Les propositions ou fonctions suffisent à la science » qui ne s'occupe que des « états de chose » ; « Le concept appartient à la philosophie et n'appartient qu'à elle » (*ibid.*, p. 37). Il est « le contour, la configuration, la constellation d'un événement à venir » (*ibid.*, p. 36).

2. *Ibid.*, p. 37 : « (...) la philosophie n'a pas besoin de son côté d'invoquer un vécu qui ne donnerait qu'une vie fantomatique et extrinsèque à des concepts secondaires par eux-mêmes exsangues. Le concept philosophique ne se réfère pas au vécu, par compensation, mais consiste, par sa propre création, à dresser un événement qui survole tout vécu, non moins que tout état de chose ».

3. G. Deleuze et F. Guattari, *Qu'est-ce que la philosophie ?*, *op. cit.*, p. 136 : « Gilles-Gaston Granger a pu proposer une répartition où le concept, étant d'abord déterminé comme fonction scientifique et logique, laisse pourtant une place de troisième zone, mais autonome, à des fonctions philosophiques, fonctions ou significations du vécu comme totalités virtuelles (...) La science s'est donc arrogé le concept, mais il y a quand même des concepts non scientifiques, qu'on supporte à des doses homéopathiques, c'est-à-dire phénoménologiques ».

4. A la différence près (certes importante) de l'événementialité, Granger serait même sans doute d'accord avec Deleuze sur cette définition et les démarcations qu'elle opère : « (...) ni dénotation d'état de choses ni signification du vécu, le concept est l'événement comme pur sens (...) » (*ibid.*, p. 137).

5. *Ibid.*, p. 121 : « Granger a pu montrer que des « styles » renvoyant à des noms propres existaient dans les systèmes scientifiques, non pas comme détermination extrinsèque, mais au moins comme dimension de leur création et même en contact avec une expérience ou un vécu ».

source de conceptualité philosophique diverse et non-scientifique (l'expérience comme domaine de significations susceptible d'une reprise philosophique potentiellement infinie) avec une acception kantienne du vécu comme totalité d'une expérience possible, qui, comme telle « implique un sujet transcendantal » [1], accusation pour le moins injuste puisque, chez Granger, le transcendantal est précisément délié de la subjectivité.

Faire sens, opérer une interprétation, dont le résultat n'est pas une « découverte », mais bel et bien le produit issu d'un acte de création, telle est la définition de la philosophie que l'œuvre de Granger tout à la fois élabore et met en jeu. *Penser c'est opérer* : en ce sens également, la philosophie de Granger est fondamentalement pratique [2].

Étrange arc que dessine l'œuvre de Granger, du moment 1900 au moment des années 60, à partir d'un centre « existentiel » : la pensée du réel ne ressortit plus du tout à une philosophie de *l'esprit* conçu comme norme subjective, intérieure et abstraite, mais à une philosophie de la praxis symbolique, concrète et objective. Son approche phénoménologique du transcendantal à travers les produits du travail scientifique, est curieusement proche de celle de Meyerson (solution « identitaire » mise à part), voire du conventionnalisme de Poincaré. Que la dimension sémiotique de l'être, caractéristique du « structuralisme » comme mouvement d'ensemble [3], mine la prétention de la représentation à indiquer le réel, c'est là un thème décliné à l'envi par de nombreux penseurs, que la naïve *immédiateté* de la méthode phénoménologique ont détourné du programme husserlien de retour aux choses mêmes – pensée du « dehors », « déconstruction »... Mais, pour Granger, la prise de conscience de notre condition symbolique ne condamne pas la philosophie au vertige ou à la dérive, ni d'ailleurs au quiétisme ou au relativisme absolu – tel est le sens de sa critique de Wittgenstein [4]. Du sein de l'univers symbolique, l'engagement ontologique reste possible, en tant qu'il est le produit d'un travail : la pensée scientifique (formelle) affine par son labeur notre appréhension de

1. G. Deleuze et F. Guattari, *Qu'est-ce que la philosophie ?, op. cit.*, p. 136, note.

2. Selon la belle formule de H. Sinaceur (« Formes et concepts », in *CP*, p. 110) : « Si le mathématicien, comme l'artiste, multiplie les formes ce n'est pas pour évacuer le sens, mais au contraire pour le recueillir, le condenser, le diffuser, l'incarner à nouveau, le régénérer sans cesse ». Penser, c'est « créer du sens » (*ibid.*, p. 119).

3. *Cf.* G. Deleuze : « A quoi reconnaît-on le structuralisme ? », dans *L'île déserte*, Paris, Minuit, 2002.

4. Cf. *infra*, p. 126-135.

l'objectivité du réel[1], tandis que l'épistémologie en montre la pertinence pour notre compréhension de l'expérience (c'est le sens ontologique de la catégorie d'individuel). Le « réalisme modéré » désigne ainsi la capacité de la science à viser la réalité par des symboles, de découvrir et de produire cette réalité et donc d'atteindre la transcendance dans (depuis) l'immanence, non sans que la philosophie ne soit reconduite dans son rôle *critique* touchant ces efforts scientifiques.

S'inscrivant dans ce cadre symbolique, le programme ergologique rencontre d'emblée le problème de la polysémie du fait humain, qui fait obstacle à sa saisie objective. D'où le retour sur soi de la raison et l'examen *critique* de ses capacités et prétentions. Ce n'est qu'une fois menée à bien l'entreprise de comparaison symbolique, dont l'inspiration transcendantale réaffirme la dimension réflexive et productive de la philosophie, que la raison peut reprendre son travail *clinique*, en se lançant à la poursuite de l'individuel, grain ontologique et critère de la réalité. Et c'est pour résoudre toutes les difficultés sémiotiques afférentes à cette entreprise que les acquis de l'analyse critique sont soigneusement réinvestis dans l'élucidation des modalités les plus acceptables de la rationalité clinique.

1. C'est d'ailleurs la visée du réel (par des symboles) comme *intention* qui fait l'unité de la science. Cf. *S et S* et *S et R*.

Troisième partie

CLINIQUE

L'originalité épistémologique la plus féconde de la discipline médicale ne tient-elle pas précisément à la dialectique du « cas », à la saisie complexe et contradictoire du singulier et du symptomatique, de l'idiosyncrasie et du syndrome ? Dialectique théoriquement très confuse, mais concrètement très efficace, et dont il faut peut-être chercher la prise de conscience la plus lucide non dans les textes hippocratiques, mais dans la théorie aristotélicienne de la connaissance.

PFSH, p. 188.

« MALAISE » ÉPISTÉMOLOGIQUE ET INCONFORT DE LA RAISON

La *clinique* joue pour Granger le rôle de déclencheur d'une enquête philosophique de grande ampleur. Elle ne désigne pas tant la discipline médicale de l'anatomo-clinique, dont Foucault a étudié la constitution progressive, au croisement d'une configuration particulière des savoirs [1], que *la question plus générale de la rationalité d'une connaissance de l'individuel*. C'est que, d'un point de vue épistémologique, la situation clinique est prometteuse mais ambiguë. Elle se caractérise en effet par « le rapport immédiat du patient et du thérapeute, de l'observé et de l'observateur », synonyme d'indistinction confuse, de préconceptualité, de vécu plutôt que de pensée rigoureuse. De sorte que, spontanément, cette situation est vécue « sur le mode magique et mythique de la communication » [2]. Une philosophie rationnelle ne saurait cependant se satisfaire d'un tel mystère, et cherche à faire entrer cette pratique tout empirique, chargée de préjugés mythiques, dans le registre de la connaissance authentique. Granger identifie d'emblée parfaitement le « double écueil » qu'il s'agit

1. M. Foucault, *Naissance de la clinique*, Paris, P.U.F., 1963.

2. G.-G. Granger, « Le caractère comme structure d'information », art. cit., p. 105 ; *PFSH*, p. 187-188 : « il faut entendre par "rapport immédiat" une relation non totalement conceptualisée, enveloppant de façon d'abord confuse des réactions de l'un et de l'autre, de telle sorte que la situation qui s'établit ne peut être correctement décrite comme rencontre totalement dissymétrique entre un sujet actif et un objet passif, mais plutôt comme un couple dont les deux partenaires jouent des rôles alternés ».

d'éviter, et sur lequel la médecine est déjà venue s'échouer: la dégénérescence de la situation clinique en une « pratique incantatoire » d'un côté, et en une « technique brute d'objectivation mécanique » de l'autre[1]. Si, par ailleurs, le sens de la clinique comme mode de connaissance déborde largement son application particulière au domaine médical, c'est que « l'élément pathologique dans la visée du « cas » n'est pas, à vrai dire, essentiel, du moins au sens où l'entend la science du médecin »[2]. La médecine ne fait ainsi que servir de révélateur à l'originalité épistémologique de la « dialectique du cas », définie comme saisie conjointe et problématique du singulier et du symptomatique, et dont le processus est à la fois efficace et confus.

L'ébranlement causé par la clinique pour la philosophie de la connaissance est donc énorme, au point que Granger, pourtant avare de superlatif, n'hésite pas, à évoquer le « malaise épistémologique » issu de la « disparité entre les normes traditionnelles du savoir, et le type de connaissance nouvellement promu que l'on espère dériver de la situation clinique »[3]. C'est que, traditionnellement, depuis Aristote, l'individuel est défini comme écart, comme déviant par rapport à une construction schématique. Or la clinique vise l'individuel dans sa positivité (non comme le négatif d'une structure), directement (et non indirectement en partant d'une connaissance du général), avec son contenu concret (et non simplement dans sa forme[4]).

« Siège d'élection » du « conflit » épistémologique entre normes traditionnelles du savoir dont la clinique est porteuse, *la psychanalyse sert de fil directeur pour une clinique des sciences humaines*[5]. La perplexité épistémologique n'est pas en fait suscitée par la vocation thérapeutique de la discipline, mais par une triple difficulté – à chaque fois, la psychanalyse,

1. *PFSH*, p. 188 : « L'histoire de la médecine elle-même montrerait diverses péripéties de ce cheminement entre deux écueils : curieux excès "mécanistes" de l'Iatrochimie, et débordements magiques du Mesmérisme ; rigidité de l'objectivation pasteurienne de la maladie, et tendances au romanesque des théories psycho-somatiques. L'alternance même des doctrines médicales reflète la double virtualité de l'attitude du praticien ». Sur ce double risque (objectif et subjectif), *cf.* D. Lagache, *L'unité de la psychologie. Psychologie expérimentale et psychologie clinique*, Paris, P.U.F., 1977.

2. *PFSH*, p. 187 : la clinique est « une catégorie méthodologique encore imprécise et défigurée par ses origines étroitement médicales ».

3. *PFSH*, p. 189.

4. Comme c'est le cas par exemple chez Leibniz ; cf. *supra*, p. 50-53.

5. Son examen permet de « dégager, dans la perspective générale des sciences de l'homme, quelques-uns des problèmes caractéristiques qui s'y trouvent posés » (*PFSH*, p. 189-190). Cf. *S et R*, p. 205-206.

et la conception de la clinique qu'elle implique, semble souligner des aspects essentiels, mais échouer à résoudre véritablement les problèmes soulevés. Tout d'abord, la présence équilibrée, au sein de la connaissance clinique, du vécu et du conceptuel, fait obstacle à la constitution d'une « connaissance contrôlée » [1]. Or c'est à tort qu'on croirait reconnaître dans cette problématique spécifique « de la transposition en connaissance objective, contrôlée, de la saisie active d'une situation » la figure familière de l'induction. Car celle-ci vise l'élimination de l'individuel, tandis que la clinique recherche la connaissance de l'individu comme tel. Peu satisfait des solutions psychanalytiques apportées à ce problème d'une dialectisation « de l'absolu et de l'immédiat de l'individuel », Granger propose plutôt une *modélisation* de la situation du couple analytique [2].

La psychanalyse met ensuite en valeur l'importance de la parole dans la situation clinique [3]. Résistant à la séduction heideggérienne, Granger refuse de faire du langage un *être*, au risque d'une sorte de « panglossie » [4]. Dans l'idée lacanienne selon laquelle « la psychanalyse viserait à rendre le patient maître de son langage, non pas comme instrument de communication, mais comme substance en acte de sa propre autonomie », Granger croit déceler une interprétation quasi-mythologique de la parole, qui ferme la voie d'une connaissance vraiment conceptuelle de l'individuel. A cette image d'un langage largement « incantatoire » et « évocateur », Granger oppose la rigueur d'une détermination informationnelle, qui permet l'élaboration d'une « théorie dynamique des usages individuels de la parole » (l'individuation apparaissant comme redondance [5]). S'il faut donc reconnaître à la clinique psychanalytique le mérite de poser le problème d'une explicitation des « rapports demeurés obscurs du verbalisé et de

1. Granger mentionne les critiques de E. Nagel (dans S. Hook (éd.), *Psychoanalysis, Scientific Method and Philosophy*, New Brunswick, NJ/London, Transaction Publishers, 1990) touchant le problème de la vérification (ou de l'auto-immunisation) des interprétations psychanalytiques. Il conviendrait bien sûr de les rapprocher de celles de Popper ou, plus récemment, de Grünbaum dans *The Foundations of Psychoanalysis. A philosophical Critique,* Berkeley, CA, University of California Press, 1984.

2. *PFSH*, p. 191-192.

3. *Ibid.*, p. 192-193.

4. *Ibid.*, p. 192 : « le psychisme tout entier serait langage et la névrose solécisme ». Dans cette perspective, la fonction du langage n'est pas d'informer mais d'évoquer (J. Lacan, « La parole et le langage en psychanalyse », 1956). L'insistance sur l'« être » du langage se retrouve aussi sous la plume de Foucault, dans *La pensée du dehors*, *op. cit.* Sur la version structuraliste de cette illusion, cf. *infra*, p. 199-203.

5. Cf. *infra*, p. 211.

l'informulé», c'est pour Granger, «la conjonction du linguiste, du psychologue et sans doute du cybernéticien qui peut l'élucider»[1].

La clinique psychanalytique entretient enfin un rapport énigmatique au social. Granger y décèle en effet une étrange «osmose» avec la sociologie et l'anthropologie: la structure du moi devient une sorte de paradigme culturel, autour duquel graviteraient les institutions et les actions sociales, de sorte que, «de méthode de connaissance de l'individuel, la psychanalyse devient méthode d'exploration de la vie sociale»[2]. D'un point de vue épistémologique, il y va de rien moins qu'une espèce de «renversement copernicien» et une inversion du vecteur de la connaissance. Tandis que le schéma positiviste traditionnel n'admet en effet de connaissance de l'individuel qu'à partir d'une science préalable du général, l'anthropologie psychanalytique invite au contraire à expliquer «des structures sociales par la connaissance clinique de l'individuel», et d'un individuel qui n'est pas visé négativement comme déviant, ni même positivement pour lui-même, mais comme caractéristique. Autrement dit, l'anthropologue-psychanalyste ne vise pas l'individuel comme cas isolé, mais cherche à monter en généralité, et «à dégager du *cas* une structure typique, qui serait comme la forme encore vide de l'individuel»[3]. Le problème de cette recherche de représentativité est double: d'abord, puisque l'établissement des types cliniques individuels définis comme représentatifs dans une société dépend très étroitement des traits culturels du groupe auquel appartient l'enquêteur, c'est avec précaution que la méthode clinique doit être utilisée comme instrument d'exploration interculturelle. Ensuite, l'ensemble des phénomènes sociaux paraît difficilement réductible à des faits concernant la structuration de l'individu[4].

A chacun de ces problèmes différents, la psychanalyse ne donne donc qu'une solution illusoire. Or cette discipline est représentative de la saisie du fait humain en général. Comme savoir (apparemment) direct, immédiat, toujours suspect de s'en remettre au «flair», la connaissance clinique ne

1. *PFSH*, p. 193.

2. *Ibid.*, p. 194.

3. C'est ainsi que Kardiner a conçu son concept de *personnalité de base* comme un moule où les contenus individuels qui ne parviennent pas à s'insérer définissent la pathologie et décrit la société comme ensemble des conditions qui déterminent cette structure du moi et que cette structure du moi engendre. *Cf.* A. Kardiner, *L'individu dans sa société: essai d'anthropologie psychanalytique*, Paris, Gallimard, 1969. Pour une valorisation cognitive de cette figure de la généralisation casuistique, cf. *infra*, p. 232.

4. *PFSH*, p. 195: «l'anthropologie psychanalytique revient, par une voie détournée, à une macro-psychologie ignorant finalement les différences entre divers niveaux de structuration et prétendant se substituer indûment à une sociologie».

saurait être « le modèle et la source unique de la science des faits humains »[1]. De fait, la science ne peut viser valablement l'individu qu'après « un très long détour ». Résistant ainsi à la « subversion » de l'idéal scientifique que représente la clinique, Granger propose son « objectivation »[2]. Dans la conception alternative qu'il présente de la connaissance de l'individuel, il lui substitue *la technique*, définie comme application normé d'une structure formelle « au point d'articulation du savoir et de la pratique »[3].

En particulier, la clinique psychanalytique se voit remplacée par une caractérologie informationnelle[4]. Ces deux disciplines constituent deux modes d'approches différents d'un problème identique, celui du raccordement des structures et de l'individuel, abordé dans la perspective d'une rationalité appliquée. Mais la psychanalyse est trop proche du vécu signifiant : elle conçoit l'individuation comme « structure temporelle, dont les nœuds sont les événements », tandis la caractérologie en fait une « structure synchronique, dont les nœuds sont les interférences de fonctions »[5]. En outre, celle-ci parvient à donner un traitement cybernétique de la personnalité, là où la psychanalyse, restant dans l'ambiguïté, « continue de décrire le psychisme individuel comme système de forces » ; d'où l'apparence « animiste » de ses schémas aux yeux de l'épistémologue.

En fait, cette priorité, voire ce prestige de la technique, en tout cas sa supériorité sur la clinique immédiate est le fruit d'une évolution historique du savoir scientifique. De l'ostracisme aristotélicien à l'apparition de l'objet technique, la « nostalgie de l'individuel »[6] joue en effet le rôle d'une sorte de *ressort dialectique*. Toute la théorie traditionnelle du savoir rejette l'individuel comme échappant à la science, censée porter exclusivement sur l'universel. Et la notion d'individuel semble bien disparaître complètement des sciences de la nature avec le dépassement de

1. *Ibid.*

2. *Ibid.*, p. 196.

3. La clinique est le moment pratique de la science, « considéré non pas comme un prolongement distinct du savoir théorique, mais comme la réalisation du mouvement même de la connaissance scientifique » (G.-G. Granger, « Pensée formelle et sciences de l'homme », *La Scuola in azione*, San Donato Milanese, p. 29-30).

4. Cf. *supra*, p. 82 note. La réduction formelle cybernétique. Granger critique en fait la caractérologie traditionnelle, qui veut traiter les composantes de la personnalité comme des forces, tout en décrivant des structures (la psychanalyse commet pour Granger une erreur symétrique : elle prétend traiter des signes, mais retombe dans le jeu de forces). Cf. *PFSH*, p. 197.

5. *Ibid.*, p. 196.

6. *Ibid.*, p. 188 ; *cf.* la citation en exergue de ce livre, p. 6.

l'aristotélisme, et la mathématisation de la nature[1]. Mais l'œil averti de l'épistémologue parvient à suivre son inévitable réapparition, sous des formes il est vrai modifiées, et dans un paysage scientifique complètement renouvelé. C'est pour commencer la présence négative (fantomatique) de l'individuel dans certaines parties des sciences de la nature : la théorie des probabilités[2], ou encore la mécanique statistique[3]. Mais c'est à la science appliquée que l'on doit la prise en considération effective, positive de l'individuel[4] – il est vrai, « sous des formes discrètes et à des niveaux variés » – et la modification radicale du rapport entre science et pratique. Cette « figure nouvelle », est celle de l'objet technique, défini non pas seulement comme artifice entièrement construit, mais comme « complexe homme-machine »[5].

S'inspirant de Simondon Granger souligne que l'objet technique remet en effet profondément en question la partition traditionnellement rigide entre la nature et l'artifice, et modifie ainsi de façon décisive « la position du problème de l'individuel »[6]. De fait, même si sa constitution n'a été rendue possible qu'à la faveur de la scission de la nature et de l'art, l'objet technique « dépasse cette opposition » qui restait dans l'horizon du vécu, dans la mesure où s'y dessine un type nouveau et *conceptualisable* de

1. *Ibid.*, p. 189 : « La science moderne naissante, qui voudra déchiffrer la nature comme un livre dont les caractères sont des symboles mathématiques, devra radicalement renoncer à la saisie de l'individuel; plus aristotélicienne en un sens qu'Aristote lui-même, elle sera science de l'universel et de l'universel seulement ».

2. « La théorie des probabilités réintroduit d'une certaine manière le déviant, mais en tant que représentatif d'une classe seulement, et non pas comme individuel. Du moins permet-elle de faire figurer dans les schématisations de la science le symbole de l'individu », fût-ce « à titre de variable et de place vide » (*ibid*, p. 189).

3. La mécanique statistique « introduit pour ainsi dire une instance négative de l'individuel. L'individualité du corpuscule, c'est la *forme vide* de l'individuel, et la construction du modèle statistique repose sur un refus de donner sens à l'individuation à ce niveau. La conclusion "méta-scientifique" qu'il faudrait tirer de cette microphysique, c'est donc que l'individu ne peut avoir de signification conceptuelle qu'au niveau des macro-structures, comme nœud de relations; d'un autre point de vue, c'est dire aussi qu'il n'y a d'*événements* que dans un canevas macroscopique (...) Ni l'espace, ni le temps structuré selon notre conduite ne conviennent comme cadres aux transformations des configurations de corpuscules. La notion d'individualité ne s'y introduit qu'en contrebande et ne saurait s'y constituer comme concept » (*PFSH*, p. 200-201). Granger annonçait par là sa détermination pragmatique du temps, cf. *supra*, p. 121-122.

4. Elle réinstalle en effet « le problème des réalités individuelles (...) à l'intérieur même du territoire scientifique » (*ibid.*, p. 200).

5. *Ibid.*, p. 199-201.

6. G. Simondon, *Du mode d'existence des objets techniques,* Paris, Aubier, 2001.

l'individuel[1]. En effet, alors que le simple outil est conceptuel, et ne devient individuel qu'en tant qu'il se rattache à l'expérience vécue de l'utilisateur, la machine est déjà individuelle, « dans la mesure où elle est autonome et composée d'éléments coordonnés, dont les variantes peuvent avoir un sens fonctionnel »[2]. Plus étroitement que le simple outil, elle est liée à l'ensemble des conditions d'existence des hommes[3].

Cette construction conceptuelle progressive de l'individuel technique a pour conséquence de le rendre *relatif*, en ne le définissant que par rapport à une structuration et à ses degrés de liberté (redondance)[4]. Pour définir le mouvement de la pratique scientifique dans son effort pour rejoindre l'individuel, Granger parle en effet d'une « distillation fractionnée du concept réalisée par la construction de modèles successifs »[5]. Et, dans certains domaines, comme la science et la technique de la matière brute, la fragmentation est si poussée que la pratique semble « entièrement conceptualisée », au point de donner l'impression d'une « réduction radicale de l'individuel »[6]. Toutefois, même si la technique, comme science appliquée de façon parfaitement normée, semble combler le fossé apparemment infranchissable séparant la science (formelle) de l'art (clinique), elle laisse un « résidu » qui est l'objet d'un « art »[7]. De sorte que, si celui-ci semble se

1. Dans la nature considérée matériellement comme objet d'une expérience vécue, et non formellement selon le système de lois abstraites, tout est individuel, au point que « l'objet naturel devient le symbole de l'inépuisable, de l'indescriptible ». Dans la sphère artificielle, on ne semble pas trouver trace de l'individuel, car la détermination conceptuelle paraît exhaustive : « l'objet artificiel, en tant qu'opposé au naturel, est au contraire visé comme interchangeable : il participe directement de la nature du concept, il est schéma, raison et outil ». Dans ce domaine, l'individuel ne disparaît toutefois pas complètement, puisqu'il se modifie et prend la forme de l'œuvre d'art. Cf. *PFSH*, p. 201-202.

2. Ainsi, « *le* couteau n'est pas un individu, mais *mon* couteau en est un, évocateur de mes souvenirs » (*ibid.*, p. 202).

3. C'est d'ailleurs la raison pour laquelle, alors que l'outil n'a pas d'histoire (sa détermination conceptuelle étant aisée), la machine en a une, même si elle n'y participe que de manière *extrinsèque* – l'individu humain y participant *intrinsèquement* (d'où sa détermination conceptuelle difficile et limitée ; Granger passe toutefois outre cette différence, en arguant que « c'est la même ligne de pensée qui conduit, dans le domaine humain, à donner forme et contenu à l'idée de l'individuel ») – *ibid.*

4. *Ibid.*, p. 203.

5. Sur la notion de *modèle*, notamment dans son opposition à celle de système, cf. *infra*, p. 171, note 1.

6. Dans la production technique en série, le mouvement de « normalisation » tend en effet « à effacer totalement tout élément déviant, à réaliser des produits parfaitement interchangeables, à supprimer absolument dans l'objet technique isolé toute trace de l'individuel » (*PFSH*, p. 200).

7. Granger parle plus précisément d'une « pratique comme art ».

volatiliser dans certaines sciences de la nature, ce n'est que de façon illusoire. En fait, son anéantissement demeure « dialectique », car il réapparaît alors au niveau du complexe technique homme-machine. Or c'est précisément sous cette forme que les sciences de l'homme peuvent prétendre l'approcher.

L'importance de la clinique pour une science de l'homme est donc *triple* : elle est à la fois *l'origine* du problème rationnel de l'individuel[1], la possibilité de sa *formulation* la plus précise (comme connaissance d'un contenu concret)[2], et enfin la promesse d'une *méthode*, dont l'ambiguïté suscite l'attention critique de la philosophie[3]. Et l'enjeu est tel que Granger constitue la clinique en *pôle* de la connaissance, face au pôle formel, et identifie son problème philosophique comme étant celui des « rapports du point de vue « clinique » et de la structure »[4]. Pour le résoudre, Granger se propose, dans le cadre d'une anthropologie symbolique, de saisir l'individuel, de façon pratique et médiate, comme *sens* d'une œuvre. Cet effort de technicisation de la clinique se heurte toutefois à un certain nombre de difficultés, qui sont autant d'indice de sa prégnance, d'une résistance à son objectivation sans reste.

1. La clinique médicale est à l'origine du projet d'une *connaissance de l'homme*, qui joue le rôle fondamental de révélateur de l'individuel comme *problème* pour une philosophie rationnelle. *Cf.* G.-G. Granger, « Pensée formelle et sciences de l'homme », art. cit., p. 105 : « Le problème d'une connaissance scientifique de l'individuel ne se pose effectivement que dans le domaine du fait humain ».

2. C'est « la transposition de la situation clinique aux diverses disciplines traitant de l'homme » qui donne au problème sa formulation décisive : celui « d'une connaissance des *contenus* individuel », et pas seulement de leur forme (comme dans la théorie des probabilités par exemple). Cf. *PFSH*, p. 189.

3. « Pensée formelle et sciences de l'homme », art. cit., p. 105 : « Aux yeux de l'épistémologue, la nature et la portée d'une méthode clinique demeurent encore extrêmement ambiguës ».

4. *PFSH*, p. 186.

CHAPITRE V

L'OBJECTIVATION DE LA CLINIQUE

Au défi que pose l'individuel à la raison, Granger riposte, par un rationalisme poïématique, conçu comme saisie à la fois pratique et indirecte. L'individuel est pensé *dans* l'œuvre, au sens où il est, pour ainsi dire, déchiffré *sur* elle. Reste à préciser la nature *sémantique* de l'individuel ainsi conçu, autrement dit sa dimension significative, qui n'a été traitée jusqu'à présent que de façon allusive. Il s'agit notamment de comprendre les raisons profondes pour lesquelles la notion d'individu n'est pas scientifique mais philosophique. Outre qu'elle est le « signe de notre condition aliénée », la notion d'*individuel* revêt de fait une importance gnoséologique (et ontologique) : c'est en effet le « thème de la *praxis*, plutôt que celui d'une connaissance isolée » [1]. Elle ne peut donc « servir de catégorie constitutive pour l'objet d'une *science* de l'homme », et demeure soit le motif d'une recherche esthétique, soit le matériau d'une interprétation philosophique (qu'on ne peut substituer à la science) [2]. Et si la science doit se combiner à la philosophie et à l'histoire pour penser les œuvres humaines, c'est afin de les appréhender de façon à la fois rigoureuse et *significative*. C'est en effet pour des raisons symboliques précises que la question de l'individuel se pose tout particulièrement au niveau humain. Par ailleurs, les conditions de possibilité très spécifiques d'une pensée de l'individuel expliquent en grande partie les modalités que prend cet effort de saisie, qui associe une réduction formelle, qu'elle soit énergétique ou cybernétique, et une réduction sémiotique, jouant le rôle d'un véritable

1. *PFSH*, p. 205.
2. *Ibid.*, p. 212.

schématisme – le modèle sémiotique dégagé ne pouvant d'ailleurs être convenablement approché que par une pluralité de modèles formels qui soumettent la signification à un criblage.

LA SURDÉTERMINATION DU FAIT HUMAIN

En tant qu'il est synonyme de « difficulté », le « problème » de l'individuel tend à disparaître dans les sciences empirico-formelles (les « sciences de la nature »), la visée de l'objet perçu et vécu comme individuel y étant écartée. Aussi bien est-il essentiel au savoir scientifique de « considérer toute individuation comme non-pertinente, et d'inventer des grilles de codage dont la première vertu est justement de l'annuler »[1]. En fait, la question de l'individuel ne prend sa véritable importance que dans les sciences humaines, où elle devient proprement incontournable, et constitue un véritable « préalable épistémologique » : l'objet humain est en effet « constamment visé comme individu, comme système relativement clos et unique, et non pas comme système anonyme et universel, indépendant de toutes conditions aux limites »[2]. C'est que la différence entre l'objet empirique et l'objet humain est celle de la *complexité* : celle-ci reste faible et presque « anodine » dans les sciences de la nature, de sorte qu'il y a « saut », « rupture » entre l'objet empirique et l'objet humain[3].

En fait, si l'individuation indépassable fait obstacle à la connaissance de l'homme, c'est parce qu'elle est synonyme d'une *richesse symbolique* fondamentale. Certes, la « polysémie des choses » est une caractéristique générale, une « modalité de l'existence concrète », une « propriété du monde, ou plus exactement de notre rapport objectif avec le monde »[4]. Mais la particularité des phénomènes humains est de comporter une charge de *significations* qui fait obstacle à leur transformation simple en *objets*, par une schématisation abstraite censée les rendre logiquement et mathématiquement manipulables. De fait, « un sentiment, une réaction collective, un fait de langue semblent difficilement pouvoir se réduire à de tels schémas abstraits »[5]. Aussi bien les phénomènes non-humains peuvent-ils aisément

1. G.-G. Granger, « Sur l'unité de la science », *Fundamenta Scientiae*, vol. 1, 1982; repris dans *PLS*, p. 223.

2. *Ibid.*, p. 224.

3. *PFSH*, p. 186.

4. G.-G. Granger, « Information et connaissance de l'individuel », in *Actes du colloque sur l'information dans la science contemporaine*, Paris, Minuit-Gauthier-Villars, 1965, p. 394.

5. *S et S*, p. 86.

être perçus et conçus comme dépouillés de tout renvoi symbolique[1] (la préhistoire des sciences de la nature est le récit de cette ascèse conquise), alors que le fait humain, au contraire, est immédiatement saisi comme signe d'autre chose[2]. Qui plus est, cette saisie significative du fait humain postule l'intégration de son renvoi dans une *totalité virtuelle* qui ne se confond pas avec un système de causes et d'effets. Ainsi le geste perçu sera conçu comme « expression » d'une « personne », et une institution comme « expression » d'une « société ». Or, pour confuses qu'elles soient, ces totalités signifiantes ont un caractère *indépassable*.

> Qu'on ne dise pas qu'il suffit alors de reconnaître le caractère confus et flou de telles totalités pour que s'en évanouisse le spectre. Si une explication résolument réductrice, expulsant radicalement les significations du fait humain était possible, elle devrait satisfaire alors aux mêmes exigences auxquelles se soumettent avec succès les explications des sciences de la nature. Nous n'en connaissons aucune cependant qui ne soit ou désespérément triviale, ou totalement inaccessible à tout essai de réfutation, et par conséquent sans contenu[3].

Cette polysémie du fait humain peut aussi être approfondie à la lumière de la distinction conceptuelle de l'actuel et du non-actuel, au sein de la réalité[4]. Pour Granger, en effet, c'est parce que la science se déploie d'abord fondamentalement dans le royaume du non actuel qu'elle vise le réel[5]. Au contraire, l'actuel, comme réalité individuée, singulière et vécue comme présente, est indéfinissable; et sa saisie semble requérir la médiation du non-actuel[6]. Reste que le passage du non actuel à l'actuel ne s'effectue jamais qu'imparfaitement, « en ce sens que la conceptualisation virtualisante des phénomènes en *objets* n'atteint jamais proprement

1. Au sens d'une « signification », liée au vécu, et que Granger considère comme une véritable « notion primitive » (*Faits*, p. 260). L'objet scientifique, par opposition, a un « sens » rigoureux.

2. *Ibid.*, p. 260-261.

3. *Ibid.*, p. 261. *Cf.* aussi *S et S*, p. 86 : « Aussi bien la question n'est-elle pas de (…) *réduire* [les phénomènes humains], mais bien de les *représenter*, fût-ce partiellement dans des systèmes de concepts ».

4. Cette distinction, que Granger élabore progressivement dans les années 90 (*VERIF*, *S et S*, *PPV*, *S et R*), est directement liée à l'asymétrie pragmatique des systèmes formel et naturel, mise en valeur par sa critique de la raison symbolique (cf. *supra*, p. 123).

5. Granger y voit un « paradoxe » décisif. Cf. *PPV*, p. 231.

6. La technique, en tant qu'elle vise la construction de modèles abstraits conduisant à produire des effets, constitue une actualisation du virtuel – cette efficacité fournit d'ailleurs une preuve de sa « réalité ».

l'*individuel*»[1]. Cet inachèvement n'est pas d'une importance décisive pour les phénomènes physiques, mais il est au contraire central pour les phénomènes humains, «pour lesquels les traits d'individuation sont essentiels». C'est que le réel visé par les sciences de l'homme contient, outre les virtualités formelles standards, des virtualités «internes» qui appartiennent à l'actualité même: c'est le «virtuel vécu par les acteurs, donc intérieur à l'objet même, mais vécu justement comme actualisation possible et éventuelle»[2]. Cette duplicité du virtuel dans l'objet des sciences humaines est «la source profonde» de la difficulté de ces disciplines: «l'objet humain comporte des *significations* qui sont, si l'on me pardonne cet oxymoron, des virtualités actuelles»[3].

C'est donc la richesse symbolique, la polysémie du fait humain qui constitue le principal obstacle à une description scientifique des phénomènes. Cette caractéristique fondamentale a pourtant tendance à être oubliée, effacée par l'interprétation sémantique naïve, en quelque sorte univoque parce que naturelle. Ainsi, l'observateur ingénu, à qui «le fait social se donne immédiatement comme *pourvu d'un sens*», soit qu'il saisisse déjà ce sens dans le vécu, soit qu'il en ressente le manque et se prépare à le rechercher parmi des expériences vécues analogues, «bien loin d'être aisément convaincu de l'opacité des phénomènes»[4] (hausse des prix, campagne politique, observance d'un rite ou encore mouvement révolutionnaire), les reçoit au contraire comme spontanément dotés d'une explication. Celle-ci est en réalité une simple interprétation, mais qui se donne comme une signification «naturelle» parce qu'elle est spontanément véhiculée par le langage usuel: dans le domaine des faits humains[5]. Face à ce risque de *sens naturel et unique*, la première démarche philosophique, préliminaire mais malaisée (puisqu'on «est rarement assuré de l'avoir menée à son terme»), consiste à disqualifier la validité de ces prétendues explications, «n'opérant le plus souvent qu'avec des pseudo-

1. *PPV*, p. 232.

2. *S et R*, p. 191: «L'objet «comportement humain», individuel ou collectif, présente ainsi évidemment dans sa réalisation, outre une actualité matérielle directement observable, des pensées, des affects, des intentions, qui font certes partie, à leur manière, et même immédiatement pour les sujets acteurs, de leur comportement actuel, tout en n'étant pas directement accessibles à l'observateur de la réalité».

3. *Ibid.*, p. 192.

4. G.-G. Granger, «L'explication dans les sciences sociales», *Social Science Information*, n°10 (2), p. 31-44; repris dans *FOO*, chap. 13, p. 243-248. Citation extraite de la p. 251.

5. *Ibid.*, p. 244: «le jeu vécu des sentiments, des passions et des «calculs» est souvent décrit et donné comme explications scientifique».

concepts et ne faisant au mieux que traduire un fonds commun de civilisation dans le langage plus ou moins original d'une expérience individuelle » – et à reconduire le fait observé à sa polysémie foncière[1].

CONDITIONS D'UNE PENSÉE DE L'INDIVIDUEL

A première vue, il pourrait sembler que l'individuel soit ce à quoi on accède directement : « nos contacts les plus intimes avec le monde des êtres et des choses, ceux qui ont lieu dans le silence, nous sommes assurément enclins à leur attribuer la vertu de nous faire accéder à l'individuel »[2]. Mais ce n'est là qu'une apparence trompeuse parce qu'« il s'en faut de beaucoup que toute expérience non verbalisée soit éprouvée comme atteinte de l'individuel ». Au contraire, la reconnaissance de celui-ci s'effectue toujours par opposition au pôle du « générique », comme résultat d'un certain travail qui ne s'exerce que par la manipulation de symboles ». La critique d'inspiration hégélienne de la prétendue certitude du « ceci » ineffable et sensible repose sur un fait transcendantal : « il n'y a pas d'*expérience* antéprédicative de l'individuel » ; l'individu « en soi » n'existe pas, et la pensée (science ou philosophie) ne peut appréhender que l'individu « légomène ». Penser saisir l'individuel nu, brut, parler de l'individuation comme « opération de langage traduisant une réalité extérieure au langage », c'est être victime d'une « illusion transcendantale », et prendre une simple « idée » pour un véritable « concept »[3].

Les conditions sous lesquelles est possible la désignation d'individus dans un système symbolique sont de deux sortes : pragmatiques et ontologiques. Les conditions pragmatiques sont doubles[4]. D'une part, pour qu'il soit question, dans un langage, d'individus au sens strict, il faut « que ce langage comporte des symboles d'ancrage à un acte d'énonciation », « faute de quoi ne seront introduits que des fixations de variables, des choix d'éléments dans un ensemble, à la manière de ce que font les mathématiciens »[5]. D'autre part, il faut que les protagonistes de la communication aient d'une manière ou d'une autres « les moyens de se référer à leurs

1. *Ibid.*, p. 251.
2. *Indiv*, p. 109.
3. On retrouve de tels arguments chez Jean-Claude Pariente, dans *Le langage et l'individuel*, *op. cit.*, et Bachelard (*cf.* J.-J. Wunenburger, « Force et résistance, le rythme de la vie », art. cit., p. 28).
4. Ces conditions pragmatiques sont celles que la « pragmatique pure » dégage comme caractéristique du symbolisme naturel. Cf. *supra*, p. 104-109.
5. *Indiv*, p. 114.

expériences et d'en « baptiser » des fragments »[1]. Les conditions ontologiques, quant à elles, consistent en un réquisit « d'engagement ontologique » très fort, qui revient à postuler un caractère de nécessité absolue pour certaines propriétés[2]. Cette nécessité absolue permet de redonner tout son sens à la distinction aristotélicienne entre le « propre » et le prédicat essentiel : « Un propre n'est attribuable, dans un monde donné, qu'à un individu et à lui seul (par exemple, à l'individu qu'est le nombre 9, la propriété d'être le nombre des planètes); mais un propre n'est pas forcément définitoire, et peut ne pas appartenir au noyau absolument nécessaire qui identifie un individu dans tous les mondes possibles » (par exemple pour l'individu 9 la propriété d'être impair) ».

À quoi il faut encore ajouter que le concept d'individu est nécessairement multiforme, car il se constitue et opère à différents niveaux dans le fonctionnement d'un système symbolique. On ne saurait parler dès lors d'individuation en général, puisque la notion est essentiellement *relative* « à tel système de symboles »[3].

MODALITÉS D'UNE PENSÉE DE L'INDIVIDUEL

L'individuel, c'est « le vécu » immédiat, aussi riche qu'il est confus, privé du caractère de délimitation qui caractérise la pensée scientifique. Comment penser ce qui semble « apparemment incommunicable comme tel »[4] ? La difficulté tient à ce que le vécu individuel « résiste au langage », qui ne semble pouvoir que le *désigner*, et non le saisir[5]. Autrement dit, l'individuel se présente avant tout comme un aspect de l'expérience qui se

1. Granger ajoute aussitôt : « Mais l'examen de ce moyens concerne à vrai dire le psychologue de la connaissance; il suffit au linguiste ou au philosophe du langage d'en postuler la possibilité » (*ibid.*).

2. Cette condition d'engagement ontologique est « considérablement plus forte que celle dont les philosophes de la logique s'efforcent de se libérer » avec leur construction de modèles formels approchés de la langue naturelle, et leur étude des « mondes possibles » (*ibid*, p. 113-114).

3. *Ibid.*, p. 109. Notons que cette définition symbolique est toutefois plus large que celle, langagière, de l'individu légomène. Il n'est pas ici très facile de savoir si, pour Granger, l'antéprédicatif correspond à l'antésymbolique.

4. G.-G. Granger, « Information et connaissance de l'individuel », art. cit., p. 390.

5. Utilisant la distinction husserlienne de la première *Recherche Logique* entre « indice » (*Index*, *Anzeichen*) et « expression » (*Ausdruck*), Granger dit que les signes qui se réfèrent à l'individu « ne fonctionnent que comme *indices* révélant une existence, non comme expressions proprement dites, renvoyant à une réseau de relations » (*ibid.*, p. 390). C'est une différence similaire (« dire »/« connaître ») qui est au cœur du livre que Jean-Claude Pariente a consacré à la notion (*Le langage et l'individuel*, *op. cit.*).

refuse à l'analyse. Ou, plus exactement, il semble qu'il ne se prête d'abord qu'à une connaissance par description interminable.

La connaissance descriptive *de l'individuel*

Puisque l'individuel n'est tel que relativement à un langage, il convient d'élucider les procédés linguistiques par lesquels il est effectivement appréhendé. Ce problème est dit *sémantique*, au sens où, d'une manière générale, il traite du rapport d'un monde à un système symbolique (langue naturelle et système formel). Granger en distingue trois modes ou degrés, du contact le plus direct au renvoi le plus abstrait : montrer, décrire, définir[1].

Le *montrer* est la fonction de référence la plus primitive, la plus proche de comportements pré-symboliques qui ne mettent en jeu que des associations du genre des réflexes conditionnels, qu'on trouve souvent, pour cette raison, chez l'enfant. C'est une fonction de renvoi importante parce qu'elle différencie fortement le symbolisme des langues naturelles et celui des systèmes formels, où rien ne vient jouer le rôle de déictique. En mathématiques, ou dans les sciences de l'empirie, on n'étudie en effet que des objets génériques, virtuels, dont l'actualisation relativement à l'acte de l'énonciation n'est pas pertinente. Au contraire, dans les langues naturelles, la fonction d'« ancrage » dans le monde, de situation de ce dont on parle par rapport à une énonciation factuelle, est capitale[2]. Cette fonction de référence la plus immédiate est un renvoi au monde *présent*, le plus directement éprouvé et construit à partir de l'expérience sensible, par opposition aux mondes imaginaires (où le montrer n'est pas absent, mais revêt des formes et une fonction particulières).

Décrire, c'est rendre présent en signalant des propriétés, (caractères propres), attachés par un lien étroit, sinon exclusif, à ce qui est décrit[3]. Peu importe que l'objet ou l'événement décrit s'insère dans le monde effectivement présent ou dans un monde imaginaire (d'où l'importance des descriptions comme moyen de création esthétique). Dans les systèmes formels, la description ne suscite pas une présence, mais constitue une sorte de début d'insertion de l'objet décrit dans un système opératoire qui en prépare la manipulation formelle : c'est une détermination préliminaire qui devient vraiment efficace avec la définition.

1. *Déf.*
2. Sur ce point, cf. *supra*, p. 105.
3. De tels caractères ne sont pas pour autant définitoires.

La définition marque le degré le plus abstrait du rapport d'un système de symboles à ses renvois à un monde. *Définir*, c'est donner un signe distinctif, mais interne, qui associe au défini une structure conceptuelle. Le produit d'une définition est un concept. L'usage ordinaire des langues naturelles n'accorde pas aux définitions une place essentielle : elles n'y ont qu'une fonction primitive, classificatoire (« le lion est un mammifère carnassier ») : en situant un objet du monde dans une grille préparée, on rend la pensée manipulable, mais de l'extérieur, et sans que soit explicitement formulée une structuration interne de l'objet. Quant aux systèmes formels, ils ne contiennent pas d'individu parce qu'ils sont virtuels et non actuels.

L'individuel n'est donc pas saisi par définition, mais connu par description, ou pointé par désignation (nom propre). Les langues naturelles (non formelles) renvoient à des mondes où les objets et les événements ne sont que rarement définissables, parce qu'individuels : du coup, elles décrivent ce qu'elles ne peuvent saisir. L'individuel, c'est en effet le non définissable, ce qui ne peut être ramené à l'observance de quelques énoncés et à l'utilisation de quelques règles. De sorte que, irréductible à une détermination par une structure abstraite, l'individuel est *le royaume par excellence* de la description : le symbolisme sélectionne des propriétés dans un ensemble virtuellement inépuisable, et suscite une *image* présente de l'objet, même si le monde auquel celui-ci appartient n'est pas celui de l'expérience sensible immédiate du locuteur ou du récepteur du message. La description exprime ce qui apparaît, le phénomène, et représente les contenus de ce à quoi elle renvoie (lorsque la définition vise des formes).

Même si les deux modalités se rapportent bien à l'individuel, on ne saurait pour autant confondre *description* et *désignation*. La première procède par concaténation de noms communs, et représente un contenu, modulo une certaine surdétermination des énoncés, qui produit un certain style. Ce n'est qu'accidentellement qu'elle description peut se faire référentielle (non sans rendre la désignation ambiguë). En revanche, la désignation pointe un individu, et pas une entité connaissable par schémas conceptuels (un objet). Elle procède donc par pur « nom propre », c'est-à-dire par utilisation d'un désignateur rigide[1], qui peut être n'importe quel signe du système symbolique (« Jacques », « Lubéron »...). Or la nature du nom propre est fondamentalement *pragmatique* : aucun trait sémantique ou syntaxique constant ne pouvant désigner sa fonction, il remplit une

1. Au sens de Kripke, *Naming and Necessity*, *op. cit.*

fonction d'interpellation virtuelle. De sorte que, si le nom propre peut avoir une fonction descriptive (iconique – si le mot ressemble à la chose : ainsi le peintre Giogio Barbarelli da Castelfranco était surnommé « Giorgione » à cause de sa corpulence), c'est là un trait secondaire par rapport à sa fonction première de désignation. En outre, le nom propre n'intervient que dans les langues naturelles, et jamais dans les systèmes formels qui, du coup, sont incapables de « pointer » les choses factuelles. Par ailleurs, c'est de la nature essentiellement pragmatique du nom propre que découle la possibilité toujours ouverte de connoter des significations : c'est parce qu'il n'a pas originairement de portée sémantique qu'il peut d'autant plus librement s'entourer d'un halo de connotations dont le jeu, presque totalement libéré de toute entrave, confère au nom propre une puissance poétique exceptionnelle, comme dans le cas célèbre de « Guermantes ».

La connaissance scientifique *de l'individuel*

Pour sortir des difficultés de la description interminable, Granger propose « de dissocier la notion selon deux plans irréductibles » : d'une part, celui du vécu, où l'individu est « catégorie affective et esthétique », d'autre part celui de la connaissance scientifique où le terme d'individu renvoie au « problème de la relation entre connaissance structurale et pratique rationnelle concrète » [1].

En quel sens peut-on se donner une connaissance scientifique de l'individuel [2] ? Il n'y a en fait de science que du *structurable*, dont le mesurable n'est qu'un caractère dérivé [3]. Aussi bien convient-il de distinguer la mesure du dénombrement, au sein du quantitatif ; réciproquement, le qualitatif ne se réduit pas à la différence, car il inclut l'aspect de la forme, comme contraste (fond/forme) et continuité. On peut donc formaliser des qualités par le repérage dans un réseau de référence, l'établissement d'un groupe de transformations, voire la détermination de singularités [4]. Non pas

1. G.-G. Granger, « Information et connaissance de l'individuel », art. cit., p. 400.

2. Rappelons que la dimension « affective et esthétique » de l'individuel n'est pas abandonnée. Elle prend au contraire toute sa valeur et son importance dans l'art.

3. *PCP*, p. 95 *sq.*, qui approfondit *PFSH* (chap. 5) ; *cf.* également l'article : « Modèles qualitatifs, modèles quantitatifs dans la connaissance scientifique », *Sociologie et société*, vol. 14, n° 1, p. 5-12.

4. *PCP*, p. 109 : le premier vise à décrire (mise en évidence d'un tout et découpage en parties), le second à comprendre (établissement des relations et contraintes associant les parties décrites), le dernier à expliquer (déterminer la genèse des formes ; Granger refuse toutefois de donner à la « théorie des catastrophes » de R. Thom un sens ontologique, et se

qu'on puisse se passer de la quantification, comme le rappelle la relativité d'échelle d'une description de la forme, ou le problème de l'identification empirique des variables d'un modèle, dans les sciences humaines; mais l'opposition de ces deux dimensions révèle, sous un mode superficiel, la corrélation profonde de l'opératoire et de l'objectal[1].

Qu'une combinaison adéquate du quantitatif et du qualitatif soit requise pour une objectivation adéquate, on peut le montrer sur le cas privilégié de la formalisation par description d'un tout et identification de ses parties. Le phénomène individuel est alors défini comme un « message », susceptible d'une double approche : informationnelle et stylistique. Dans le traitement informationnel, on constitue un canevas, une « grille » qui code le phénomène d'une certaine manière. L'information devient ainsi une grandeur quantifiable, correspondant à l'inverse de la probabilité d'apparition d'une séquence – ou phrase – déterminée, au sein d'un lexique (ensemble des signes d'un système symbolique)[2]. L'individuel apparaît, dès lors, comme « *redondance* du message phénoménal dans le cadre du message adopté », comme ce qui se surajoute au strict contenu informationnel. La redondance désigne donc une perte par rapport à l'information maximale autorisée, imputable aux contraintes qui régissent l'apparition isolée ou la combinaison des éléments d'un système symbolique[3].

Par rapport au canevas informationnel, l'individuation (redondance) traduit le fait « qu'aucun système de codage ne permet de tout interpréter dans le message empirique », puisque « des éléments apparaissent toujours qui semblent, dans la structure choisie, ne rien apporter de significatif »[4]. Penser un phénomène comme un message susceptible d'un traitement informationnel, c'est donc déterminer l'individu qui, dans l'expérience concrète, est une totalité ouverte, en cherchant à l'intégrer par réduction dans les totalités closes des systèmes informationnels, où il figure à titre de « bruit »[5]. Or la redondance d'un message est toujours relative à un niveau

contente de lui reconnaître un rôle transcendantal). *Cf.* H. Sinaceur, « Formes et concepts », art. cit., p. 99-100.

1. *PCP*, p. 111 ; Sur la catégorie primitive de dualité, cf. *supra*, p. 109-111.

2. G.-G. Granger, « Pensée formelle et sciences de l'homme », art. cit., p. 22.

3. G.-G. Granger, « Information et connaissance de l'individuel », art. cit., p. 393 ; *STYL*, p. 123. Dans un système symbolique purement informationnel, la probabilité d'apparition d'un signe est constante. Mais dans une langue naturelle, les contraintes syntaxiques (par exemple le fait qu'un article doive être suivi par un substantif) impliquent « un certain chevauchement de l'information d'un signe sur le suivant » (« une répétition ») (« Pensée formelle et sciences de l'homme », art. cit., p. 22.)

4. « Pensée formelle et sciences de l'homme », art. cit., p. 29.

5. G.-G. Granger, « Information et connaissance de l'individuel », art. cit., p. 395.

de structuration, et une modification de la grille déplace les redondances ou les réduit, ou en fait apparaître de nouvelles. On ne saurait mieux dire que, dans cette conception informationnelle, l'individuel devient une notion « relative et constamment modifiée » [1]. L'important, toutefois, est qu'elle prend ainsi un sens *opératoire* dans le processus de connaissance d'une science prolongée en pratique. Par quoi l'individuel quitte le domaine confus et immédiat du vécu et devient susceptible d'une approche conceptuelle (au moins partiellement) [2].

Dans cette approche informationnelle, le code n'est pas arbitraire par rapport à ce qu'il est censé coder, contrairement à ce que croit une philosophie nominaliste, comme celle de Carnap par exemple, ni fixe et statique, comme dans le *Tractatus*, où il est censé refléter la structure *a priori* des faits, donnant une fois pour toutes et intemporellement la figure de tout univers. En réalité, le code est « à la fois descriptif, explicatif et stratégique, déterminé et déterminant par rapport à une expérience vécue ». Le rôle de la philosophie de la connaissance est précisément d'expliciter ce rapport. Autrement dit, « le code n'est pas tout préparé dans la chose transcendante que nous expérimentons, ni dans le sujet à l'égard du monde, il est lui-même produit, ayant une histoire, un passé, un avenir. Mais il n'est efficace pour la connaissance active que parce qu'il se donne provisoirement comme *a priori*, comme définissant transcendentalement un objet, rendant non équivoque et souveraine la distinction du vrai et du faux, à un niveau déterminé de la pratique humaine » [3].

L'individuation comme processus

Reste que les « surdéterminations » que le code néglige comme redondantes, sont pourtant « vécues comme significatives dans l'expérience » [4]. Elles doivent en conséquence être prises en considération, et leur *sens* même est le « moteur d'une dialectique de connaissance de l'individuel ». Aussi bien est-ce parce que l'individuel est toujours relatif à une structure qu'il prend une apparence fuyante : la multiplication des structures, aussi complexe soit-elles, ne parvient pas à le faire disparaître.

1. « Pensée formelle et sciences de l'homme », art. cit., p. 29.

2. Cette figure opératoire et conceptuelle de l'individuel est celle de l'objet technique : cf. *infra*, p. 152-153. La théorie de l'information est à la base des techniques de reproduction musicales, par exemple (*PCP*, p. 110).

3. « Information et connaissance de l'individuel », art. cit., p. 393.

4. *Ibid.*

On pourrait croire tout d'abord qu'on peut l'appréhender simplement par un « raffinement toujours plus poussé » (des grilles de plus en plus précises). Mais il serait en réalité illusoire de penser qu'un terme extrême, « une nature individuelle simple », peut être atteint. Car cette individualité pure, incomparable et incomposée, est « une fiction métaphysique qui semble se détruire elle-même, dans la mesure où, plus que tout autre chose, elle évoque l'anonymat et la répétition »[1]. Peut-on alors prétendre saisir l'individuel en postulant que ce raffinement du réseau peut être indéfiniment poursuivi ? Le problème est en ce cas que cette conception de l'individuel ne rend pas compte des processus réels de la pratique scientifique. En effet, la plus grande précision des grilles de codage du phénomène, qui se traduit par des changements d'échelle de l'objet scientifique, s'interrompt toujours, lorsqu'il est très poussé, par un « éclatement décisif ». Un tel processus de raffinement n'est pas en général un processus « convergent, puisqu'il conduit, plus ou moins rapidement, à une transformation radicale de la grille elle-même ». Autrement dit, l'« inexhaustibilité » symbolique du phénomène n'est pas « unidimensionnelle », c'est-à-dire telle qu'un prolongement indéfini des grilles puisse, à la limite, le saisir : « On peut toujours trouver, il est vrai, un réseau plus fin, ou autrement construit, de telle sorte que ce qui était redondant dans le premier système devienne alors porteur d'informations nouvelles ; mais le processus ne comporte aucune convergence vers un système permettant de structurer à la fois *tous* les éléments qu'il est possible de découper dans le message empirique »[2]. L'individuel resurgit encore, et paraît devoir toujours s'échapper.

On comprend pourquoi la notion d'individuel, précisément en raison de sa nature relative, prend une valeur *dialectique* pour la connaissance. Relatif à une grille, mais résiduel par rapport à son code, l'individuel oblige toujours la connaissance qui le désire à inventer un autre canevas d'analyse, destiné à l'approcher de manière plus fine, ou sous un autre angle. Dès lors, ce n'est pas par l'approfondissement d'un point de vue que Granger propose de saisir l'individualité, mais plutôt, et sans prétendre l'épuiser, par « la multiplication de grilles irréductibles ». C'est en effet « l'entrecroisement » des systèmes informationnels et « leur superposition à des niveaux distincts » qui en fournit la seule voie d'approche rationnelle[3].

Par là même apparaît plus clairement la raison pour laquelle l'individu ne doit finalement sa détermination purement *négative*, comme écart

1. *Ibid.*, p. 394.
2. G.-G. Granger, « Pensée formelle et sciences de l'homme », art. cit., p. 29.
3. G.-G. Granger, « Information et connaissance de l'individuel », art. cit., p. 394-395.

d'avec une structure, qu'à une conception contemplative ou imitative de la connaissance. Si, en effet, la connaissance est conçue comme « le moment abstrait d'une pratique qui l'enveloppe et la prolonge », le processus de multiplication des grilles révèle toute sa fécondité : c'est une « démarche progressive, préparant le moment proprement pratique où la connaissance se mue en intervention » [1]. Il faut donc préférer, à la conception illusoire de « l'individuel » comme entité fixe, l'idée d'une « individuation » comme processus, qui restitue à la notion sa dimension *positive*. Alors que, conçue comme effet ou donnée, l'individuation « échappe à tout modèle abstrait représentatif des phénomènes », elle peut, pensée comme *processus*, permettre à la pensée scientifique de s'approcher de l'individuel (qui, cependant, « en tant que vécu, ne peut que lui échapper toujours » [2]).

La connaissance de l'individuel est donc approchée et progressive. La constitution de « modèles complexes de *régulation* » (cybernétiques) saisit d'abord cet aspect de l'individuation qu'est la « permanence d'une identité à travers des évolutions et sous des chocs exogènes » [3]. Ensuite, la construction de « modèles convergents, représentatifs à différents niveaux et sous différents angles du même phénomène » doit permettre de faire droit à « la concomitance des apparences multiples, indissociables, et souvent non hiérarchisables, qui caractérisent aussi l'individuel » [4]. Reste que, à ce stade, cette étude du travail d'individuation, considéré comme déterminant un objet, ne peut être complète sans une autre analyse, qui privilégie les modalités de ce travail en tant qu'activité d'un sujet [5]. C'est la réflexion stylistique qui s'en charge, qui apporte une perspective complémentaire au problème des rapports de l'événement aux structures. De fait, en recueillant

1. Granger ajoute : « L'articulation des deux moments, le passage de l'attitude de réduction structurale à l'attitude tactique, nous l'avons nommé ailleurs, non sans paradoxe, il est vrai, « histoire, comme analyse des situations ». Cf. *supra*, p.85.

2. G.-G. Granger, « Sur l'unité de la science », art. cit., p. 224. Pour Granger, l'opération d'individuation est gnoséologique (et critique), et non ontologique (ou ontogénétique), comme chez Simondon – *cf.* G. Simondon, *L'individuation à la lumière des notions de formes et d'information*, *op. cit.* ; M. Combes, *Simondon, individu et collectivités. Pour une philosophie du transindividuel*, *op. cit.* ; J.-H. Barthélémy, « D'une rencontre fertile de Bergson et Bachelard : l'ontologie génétique de Simondon », art. cit., p. 223 *sq.*). C'est ce qui distingue philosophie du style et allagmatique, comme théorie des opérations, et peut-être ce qui oppose, comme méthode, la réflexion sur les œuvres à l'ontogénéalogie.

3. Cf. *infra*, p. 175-179. Une approche plus grossière (« énergétique ») est aussi possible (cf. *infra*, p. 171-175).

4. Sur cette pluralité de modèles formels, cf. *infra*, p. 182-185.

5. Utilisant une métaphore phénoménologique, Granger parle respectivement d'un « pôle noématique » et d'un « pôle noétique » : Granger, « Information et connaissance de l'individuel », art. cit., p. 400.

ce que la connaissance structurale abandonne comme « non-pertinent » et en le structurant à un autre niveau, « *a parte post* », l'analyse stylistique donne une interprétation « partielle, mais intelligible du variable, du virtuel et du créatif »[1]. Par quoi l'individuel, conçu dynamiquement comme processus (individuation), et abordé de façon conjointe par la science (*conceptuellement* par des structures formelles) et la philosophie (par une réflexion sur les modalités d'intégration de l'individuel dans un processus concret pratique) n'est pas, au sens strict, une catégorie de la connaissance, sans pour autant qu'une science de l'individuel n'ait aucun sens, puisqu'une connaissance effective, quoique limitée, de l'individuel est possible[2].

Avant d'examiner dans le détail chacune des étapes impliquées dans la saisie conceptuelle de l'individuel, en l'appliquant à chaque fois au domaine particulier d'une science humaine, il convient d'insister sur le phénomène de la polysémie humaine, en tant qu'elle constitue un obstacle dirimant à ce projet de connaissance progressive du singulier.

Le dilemme des sciences humaines et le problème du schématisme

Il semble que le problème fondamental du projet d'une connaissance de l'individuel humain, d'une science de l'homme, soit de concilier rigueur formelle et richesse sémantique. C'est en effet l'épaisseur signifiante du fait humain qui empêche la « mise en correspondance univoque des phénomènes perçus, et par conséquent vécus par une conscience privée, avec leur schématisation [modélisation formelle] publiquement intelligible »[3] : les critères font défaut, au contraire des sciences de l'empirie. A contrario, l'un des traits caractéristiques du fait empirique, non humain, est que la réduction des concepts flous (du type Sorite) peut s'y opérer sans difficultés particulières, et « conduit à des systèmes cohérents d'abstractions »[4]. La distinction « radicale » entre le vécu et la science rend illusoire l'introduction pure et simple des significations comme aspects de l'objet de connaissance[5]. Il semble donc que les significations, « rebelles à

1. G.-G. Granger, « Sur l'unité de la science », art. cit., p. 224.

2. Sur cette dimension stylistique de la philosophie, cf. *supra*, p. 75-83, et *infra*, p. 210-216. Rappelons que l'enquête commence et se termine avec *l'histoire* – cf. *supra*, p. 216-225 et *infra*, p. 83-88.

3. *Faits*, p. 260.

4. *Ibid.*, p. 265 : « le caractère flou des notions directement tirées de l'expérience n'apparaît pas ici comme essentiel ».

5. *STYL*, p. 250.

l'assimilation directe», ne puissent être intégrées par la science des faits humains qu'à la faveur d'un processus d'objectivation scientifique. Mais celui-ci ne risque-t-il pas précisément d'altérer la nature des significations : « faut-il dire que les significations, qui appartiennent de nécessité d'expérience au vécu humain, sont ainsi réduites et transposées dans l'objet, ou qu'au contraire, rebelles à toute objectivation elles ne laissent sur cet objet aucune trace ? »[1]. Autrement dit, le sens (conceptuel) épuise-t-il la signification (vécue) ? Le problème posé est celui de la médiation entre modèle formel et vécu signifiant, donc en quelque sorte celui du *schématisme*.

Elaborer une réduction formelle des significations humaines, c'est nécessairement modéliser des fragments limités de l'expérience, en donner une traduction conceptuelle partielle mais opératoire, et perdre la richesse d'une signification globale. Réciproquement, en rester aux *significations* non réduites, c'est soit tomber dans « la production caricaturale de récits mythiques »[2], soit traduire conceptuellement mais non formellement les significations confuses éprouvées dans l'expérience, c'est-à-dire opérer une interprétation philosophique de la totalité de l'expérience, mais sans prétention de connaissance. Les significations peuvent-elles laisser des traces dans les modèles « sans que la science se mue en philosophie honteuse[3] » ? Rigueur formelle et richesse sémantique paraissent devoir s'exclure, et le projet d'une connaissance de l'homme s'enfermer dans un dilemme :

> ou réduire totalement les significations à des sens strictement mis en forme, au risque de voir s'évanouir la spécificité de leur objet, et dégénérer en exercices logico-mathématiques. Ou introduire massivement et naïvement les significations comme telles, et, perdant toute possibilité de construire vraiment des modèles abstraits, se muer, dans le meilleur des cas en herméneutique philosophique, en vaticinations mythiques dans le pire [4].

Pour tenter de sortir de ce cercle, Granger porte son effort sur la recherche et l'explicitation d'un *schème* intermédiaire. Pour rapprocher le formel, critère de la connaissance rigoureuse « publiquement contrôlable et applicable », « frontière de notre entendement »[5], et la polysémie des

1. *Ibid.*, p. 249.
2. *Ibid.*, p. 283.
3. *Ibid.*, p. 262.
4. *Ibid.*, p. 272.
5. *Ibid.*, p. 276.

significations vécues, il s'efforce de réaliser une sorte de double réduction affinée. D'un côté, la réduction formelle ne saurait être trop radicale, plate et brutale : un modèle à un seul niveau éradique purement et simplement les significations, tandis que l'étagement de plusieurs niveaux peut permettre d'intégrer certains aspects symboliques du comportement humain. De l'autre, Granger imagine l'élaboration d'une réduction « sémiotique », qui constitue une première structuration sémantiquement normée d'un vécu polysémique incontrôlable. Reste à savoir si ce double mouvement peut suffire à mettre en relation les significations vécues et la modélisation formelle, si une traduction conceptuelle partielle et opératoire des significations peut être en même temps intuitivement acceptable. En fait, la recherche obstinée de cette charnière met Granger à la peine. D'où l'importance persistante et centrale, à côté de la connaissance scientifique de l'individuel humain, du complément philosophique qui interprète les différentes modalités du schématisme, et en rend raison par une analyse *stylistique*[1].

Chaque effort consenti par Granger sur ce double front, formel et sémiotique, vise à faire converger les deux domaines du sens et des significations, au moyen d'un schème ayant un rôle médiateur – l'approche cybernétique supposant et dépassant l'approche énergétique. Méthodologiquement, Granger choisit par ailleurs d'aborder la question de l'objectivation des significations par le biais d'un concept directeur : « il nous a semblé qu'un point de vue fondamental sur le travail d'objectivation du fait humain pouvait être celui de la constitution d'un concept de l'action humaine »[2]. On comprend donc l'importance de cette tentative pour une philosophie pratique. Suivre l'élaboration grangérienne d'un *concept* d'action, c'est en effet étudier rien moins que la constitution d'une *science* de la praxis, d'une *théorie formelle* de l'agir. De sorte que ses percées et ses hésitations engagent l'unité même de la raison : conclure à un succès, c'est renforcer le pôle théorique de la raison ; diagnostiquer un échec, c'est au contraire maintenir l'idée d'une spécificité de la rationalité pratique.

1. Cf. *supra*, p. 80-81, sur le « rôle frappant » de la stylistique dans les sciences humaines.
2. *STYL*, p. 220.

RÉDUCTION ÉNERGÉTIQUE : LE RÉSULTAT

Le premier type de réduction formelle du phénomène humain polysémique conduit à la constitution d'un modèle énergétique [1]. Sans être purement et simplement ignoré, le problème des significations est alors « assez illusoirement résolu par l'assimilation directe de celles-ci à des "forces" » [2] – le modèle (mécanique) est celui de la dynamique et de la statique des physiciens. Cette objectivation est corrélative d'une neutralisation pure et simple du vécu de l'action. Pour brutale qu'elle soit, cette opération de réduction de l'individuel n'en présente pas moins de nombreux avantages, par rapport à la « notion intuitive de l'action », inséparable de notre « expérience naïve du fait humain », et que la plupart des philosophes ont érigé sans précaution en catégorie fondamentale du monde humain, voire de l'ensemble de la nature [3]. Si c'est comme « élément historique singulier » qu'apparaît la détermination primitive de l'action, celle-ci n'est pas, en effet, condamnée à n'être « qu'une modification fugace et illusoire de l'expérience d'un Ego ». On peut en réalité éviter l'arbitraire subjectif dans la conceptualisation de l'expérience si on intègre cette saisie première à une connaissance scientifique, « un *savoir* historique, concret mais rationnel ». Mais pour cela, une phase de renoncement provisoire est nécessaire, qui ne peut être ressentie comme une désacralisation que si l'on oublie sa nature d'*étape* et non de *fin* en soi [4].

1. La notion de *modèle* s'oppose à celle de *système* : le système est un « schéma visant une description universelle et homogène » ; le modèle est un « schéma d'un complexe relativement autonome, où sont distingués des facteurs stratégiques » (*PFSH*, p. 199-200). Par ce choix de traits stratégiques, le modèle touche à la catégorie de causalité – cf. *infra*, p. 203-210. Non sans ambiguïté, Jean-Claude Pariente étaye sa critique de Granger sur la distinction modèle-système, que Granger a pourtant lui-même soulignée (J.-C. Pariente, *Le langage et l'individuel, op. cit.*).

2. *STYL*, p. 262.

3. *Ibid.*, p. 220-221 (Granger cite Aristote, Hegel, Spinoza, Descartes). En ce cas, en effet, « la raison veut embrasser l'action humaine dans sa plénitude vécue – ou plus exactement dans sa plénitude *virtuelle* que laissent seulement pressentir les horizons de l'expérience ». Mais le problème est que « l'action conserve alors l'ambiguïté d'une catégorie signifiante, prise en même temps comme concept discursif destiné à fonder une science naturelle », et que la pensée risque de quitter la rigueur conceptuelle pour les formes flatteuses et trompeuses du mythe et de l'idéologie.

4. *STYL* : « On pourrait croire qu'une politique aussi brutale et simpliste entraîne immédiatement le processus d'objectivation scientifique bien au-delà du but qu'il poursuit, et qu'une science de l'homme ainsi orientée laisse échapper la proie pour n'atteindre jamais que l'ombre. Certains continuent de le penser. Il nous semble au contraire que la figure de l'objet ainsi dégagée se présente comme un moment absolument nécessaire de la conquête scientifique du fait humain ».

En « réduisant l'action aux *effets* », l'objectivation prépare la modélisation proprement conceptuelle[1]. C'est une telle opération qui caractérise certains courants des sciences humaines, comme la psychologie behavioriste, la plupart des essais économiques marginalistes du XIXe siècle (Jevons, Walras, Menger), ou enfin la théorie des jeux (von Neumann-Morgenstern, Nash). Les psychologues behavioristes, tout d'abord, parce qu'ils se méfient du non-contrôlable, considèrent l'objet de la psychologie comme l'ensemble des réponses que donne un organisme au milieu qui l'entoure. Certes, le *behavior* est défini comme adaptation ; mais la doctrine, dans ses conséquences extrêmes, neutralise complètement le vécu intuitif de l'action, puisque le schéma du comportement est réduit à une co-détermination mécanique des stimuli internes et externes, et que les notions d'hérédité et d'apprentissage sont complètement rejetées[2].

Le cas de l'économie marginaliste est encore plus éclairant. Stanley Jevons part ainsi d'une « arithmétique des plaisirs », mais au lieu de relier les satisfactions et insatisfactions à l'activité qui les engendre, comme dans l'éthique aristotélicienne, il commence au contraire par les en isoler[3]. Du coup, l'économie politique n'est pas « la théorie de certains types d'actions humaines, mais une théorie de leurs *traces* dans la sensibilité »[4]. De l'acte, Jevons ne conserve que le calcul, qu'il résout en un automatisme, en le comparant à la régulation des phénomènes mécaniques exprimée par les théorèmes de la statique. Par quoi le « contenu de l'activité économique intuitive » est évacué. Cette réduction est liée chez Jevons à la conviction que l'objet de l'économique est quantitatif ; c'est pourquoi il part d'une théorie de la *dimension* des grandeurs économiques fondamentales : « durée » et « intensité » des plaisirs. Ces catégories pourraient laisser croire qu'il élabore « une sorte de psychologie quantitative des actions humaines en tant qu'elles donnent du plaisir », mais, puisque le problème économique est de « maximiser le plaisir », l'attention du chercheur se porte sur les objets ou actions physiques qui constituent les *sources*. La science économique se construit donc « non comme théorie des actes, mais comme théorie des *biens* et de leurs *utilités* »[5]. Même les actions physiques sont

1. *STYL*, p. 220.
2. *Ibid.*, p. 232.
3. Rappelons que l'un des enjeux de l'étude de *La théorie aristotélicienne de la science* consiste à découvrir les modalités de ce qui tient lieu de science humaine chez Aristote (*TAS*, p. 353).
4. *STYL.*, p. 221.
5. *Ibid.*, p. 222.

« complètement objectivées, et considérées non dans leur processus ni dans leur organisation, mais bien dans leur résultat ».

Jevons va plus loin dans l'objectivation, puisqu'il décompose les effets quantitatifs selon deux dimensions : *qualité* de bien mise en jeu et *intensité* de l'effet produit sur le consommateur par la dernière ration de bien dont il dispose. Cette fois, la « durée » a disparu, et si le « degré d'utilité finale », qui correspond à une intensité de satisfaction marginale, n'est pas immédiatement objectivable, la théorie des échanges, « reposant sur l'hypothèse d'une maximisation des satisfactions et d'une décroissance du degré d'utilité », permet de lui « donner corps » : le rapport d'échange de deux biens sur un marché parfait est démontré égal à l'inverse des degrés d'utilité finale que possèdent respectivement, pour chaque participant à l'échange, les quantités restantes de ces biens. De la sorte, l'objectivation par les résultats est achevée, et « l'économiste n'a plus désormais à traiter que des quantités de biens et de leurs prix »[1]. Ainsi pourrait être conjuré « le danger d'une définition originairement subjective de la catégorie essentielle de l'économique (et non pas seulement subjective en ce sens qu'elle pourrait varier de sujet à sujet, mais encore, plus profondément, en ce qu'elle envelopperait en droit la totalité d'une expérience, qu'elle serait une « valeur » au sens des philosophes, relevant par conséquent de ce que nous avons appelé des significations) ». Ce succès dans l'objectivation n'est atteint qu'au prix d'une réduction drastique du thème de l'action humaine, puisque, à la limite, « il n'y a plus, pour la science marginaliste, d'actes économiques, mais seulement un système de contraintes quantitativement exprimables auxquelles les sujets se bornent à obéir »[2].

Enfin, les différentes *théories des jeux*, par delà une approche apparemment plus fine et enrichie de l'action, procèdent elles aussi à une objectivation qui réduit l'action à son résultat et neutralise son vécu intuitif. L'action concernée en ce cas est l'action stratégique, qui intègre les décisions de différents acteurs, et dont la conceptualisation se traduit en économie par l'introduction de la notion d'*équilibre*. L'idée sous-jacente est la même que celle qui prévaut en physique (statique) : les lois de l'équilibre jouent le rôle d'une *norme* pour le mouvement. Le projet d'objectiver le comportement agissant d'un acteur en prenant en considération les *interactions* marque à première vue un enrichissement considérable dans la conceptualisation de l'action. Mais, dans sa forme normale, une

1. *STYL*, p. 222.

2. On trouve un diagnostic similaire concernant les travaux de Walras et Menger (*ibid.*, p. 233-234).

telle approche néglige complètement le *processus* du jeu : elle insiste surtout sur ses *résultats*[1]. En effet, étant données les règles du jeu, chaque joueur peut établir la liste exhaustive des tactiques par lesquelles il compte répondre à chacun des coups possibles des adversaires. La « stratégie » désigne l'ensemble des choix de coups pour toutes les suites d'ensembles d'information d'un joueur, et on peut dire que toute partie correspond à une combinaison de stratégies (une par joueur)[2]. De la sorte, le jeu est complètement défini, eu égard à ses résultats, « par les ensembles des stratégies pures de chacun des joueurs, et par la fonction définie sur le produit de ces ensembles et donnant le résultat du jeu pour chacune des combinaisons de stratégies, et pour chaque joueur ». Finalement, dans une telle théorie des interactions, il ne subsiste, du comportements des sujets, que « la norme de maximisation des gains », et de la représentation du milieu, que « la loi de valorisation du résultat des rencontres de stratégie »[3].

L'objectivation de l'action par réduction à son résultat a certes pu donner lieu à certains succès (notamment ceux de l'économie marginaliste). Mais elle aboutit à un concept relativement ambigu du fait humain, qui se traduit par des limites rencontrées lors des procédures de modélisation. D'où les difficultés de Cournot[4], par exemple. Mais, pour Granger, celles de Freud, Marx et Chomsky peuvent aussi être largement assignées à la radicalité brutale de la réduction des significations vécues (pensées conscientes, superstructures idéologiques, structures de surface de la langue) à un schéma énergétique censé en rendre raison (rapport de

1. La forme *extensive* traduit une approche plus fine, parce que comportementale, des interactions.

2. À côté de cette conception « pure » de la stratégie, qui relève du niveau de la description de l'action neutralisée, il existe une variante théorique qui introduit des stratégies « mixtes », qui consistent « en la combinaison, pour chaque joueur, de plusieurs stratégies pures, affectées chacune d'un coefficient de probabilité » (*STYL*, p. 236). La notion mixte appartient à un niveau de description supérieur à celui de la stratégie pure (dans le processus effectif, il n'y a qu'une stratégie pure), qui est celui du comportement. La notion de « stratégie de conduite » est encore plus comportementale, parce que plus proche de la description *extensive* du jeu.

3. *STYL*, p. 237. Granger étudie aussi la forme du jeu par « fonctions caractéristiques », la théorie de l'équilibre de Von Neumann et Morgenstern, le cas du duel coopératif et de l'équilibre de Nash (*ibid.*, p. 238-244).

4. *STYL*, p. 225-228. Granger montre que les problèmes que rencontre Cournot dans sa théorie de l'oligopole tiennent à « l'intégration maladroite d'un schème mécanique de comportement, comme objectivation de l'action, pour des situations où sa neutralisation totale est impossible » (p. 228). Cournot avait certes pressenti une autre voie, mais sa pensée est restée en deçà d'une mathématique des ententes, qui intègre dans la formalisation les conjectures des acteurs.

forces inconscient, rapport de forces de production, structure profonde de la langue)[1]. Les limites du modèle énergétique sont donc le revers de sa simplicité, qui tient trop peu compte de la complexité des significations. Son image l'indique d'ailleurs assez, qui est celle de la « boîte noire », pourvue d'une entrée et d'une sortie, et opérant une sorte de transformation d'énergie, selon le rapport des forces en présence. Le flux considéré est homogène, ainsi que le circuit qu'il parcourt, et on peut lui attacher un paramètre (qui a les propriétés d'une grandeur)[2].

RÉDUCTION CYBERNÉTIQUE : LE COMPORTEMENT

L'approche cybernétique de l'action est plus riche et subtile, et nous rapproche de façon décisive de la complexité des significations effectivement vécues. Elle considère le fait signifiant comme « message » plutôt que comme résultante d'un jeu de forces. Elle le soumet donc à un traitement *à la fois* énergétique *et* informationnel (par superposition), plus pertinent que le seul traitement énergétique[3]. Les deux systèmes sont hétérogènes et, bien que l'un serve de substrat à l'autre, le fonctionnement couplé des deux systèmes « dépend absolument » du circuit informationnel[4]. Les explications de Granger sont techniques mais claires :

> Dans un tel schéma, dont le prototype bien connu est celui de la boucle de régulation, un « flux d'énergie » secondaire, et négligeable par rapport au principal, va de l'effet de sortie de ce dernier vers l'entrée. Mais il ne saurait être considéré fonctionnellement comme une simple branche de ce flux, bien qu'il puisse en être une dérivation effective ; il lui est hétérogène en ceci que l'effet de sortie résultant n'est pas fonction de son paramètre de grandeur. Son action s'exerce par le moyen d'un transducteur de « palpage » à la sortie principale, et un transducteur de commande à l'entrée. Il joue, en tant que flux d'énergie, le rôle de simple support pour ce que l'on est convenu de nommer *information*.
>
> Considérée dans son fonctionnement global, une telle machine, rendue suffisamment complexe, est susceptible d'imiter non seulement des

1. Sur ces auteurs, cf. *infra*, p. 194.

2. *STYL*, p. 263. Ainsi, dans la théorie walrassienne de l'équilibre de l'échange, « on peut considérer comme flux d'entrée les quantités de bien demandées, et comme flux de sortie les prix qui s'établissent ».

3. *Ibid.*, p. 268 : « nous appelons modèle cybernétique toute schématisation abstraite de certains phénomènes qui superpose au diagramme énergétique (...) un circuit dit d'information ».

4. *STYL*, p. 255.

> phénomènes de régulation simple, par « pilotage » du flux d'énergie, mais encore des phénomènes d'adaptation et d'homéostasie. C'est-à-dire que certains traits structuraux de la machine elle-même se trouvent alors modifiés par son propre fonctionnement. On voit dès lors que l'introduction d'un circuit informationnel revient à inscrire dans un même schéma deux niveaux d'organisation, dont l'un peut être désigné comme *méta-structure*, dans la mesure où *il produit en quelque sorte de la première une image autre* qui sert de guide pour la modifier [1].

Traiter l'action humaine de façon cybernétique, c'est d'une manière plus générale, considérer le fait humain comme comportement, et par là même constituer une catégorie *psychologique* objective. L'action est alors modélisée selon un schéma à *plusieurs niveaux*: ainsi, le système de conjectures des duopoleurs se superpose au système de courbes de demandes et le système du champ comportemental en psychologie se superpose au schéma stimulus-réponse. Par ailleurs, l'action n'est pas conçue de façon catégorique, mais d'une manière *problématique*, puisqu'on cherche à prendre en considération les phénomènes vécus de tâtonnements et de recherche, en les intégrant de façon objective dans le concept de comportement (prenant en considération les conjectures des acteurs) [2].

La notion de *comportement* est née, au début du siècle, d'une critique de la psychologie de la conscience (Ladd, James, Binet) et de la psychologie du stimulus et de la réaction (Wundt), qui apparaissent insuffisamment fidèles au contenu intuitif de l'action [3]. Une seconde génération de psychologues, gestaltiste, rompt avec ce mode de neutralisation des états de conscience ou des réactions parcellaires, en cherchant à réintégrer l'action dans le fait psychique – peut-être de façon excessive, chez Koffka [4]. L'exigence de traiter le comportement, objet du psychologue, non comme une somme de réactions parcellaires, mais comme une totalité, garde toutefois toute sa pertinence. Et cet effort se fait sentir chez les psychologues gestaltistes, mais aussi chez les représentants d'autres courants. Ainsi Goldstein considère le réflexe non comme « une forme spontanée élémentaire de

1. *STYL*, p. 268-269.

2. Ce point est expliqué sur l'exemple économique classique de la conduite des duopoleurs, qui complexifie considérablement la détermination du prix de libre concurrence au moyen des courbes d'offre et de demande.

3. Ladd définit la psychologie comme « description des états de conscience en tant qu'états de conscience », et James lui reprend cette définition dans son *Précis de psychologie* de 1908. Cf. *STYL*, p. 230.

4. K. Koffka, *Principles of gestalt psychology*, London, Routledge, 2001.

l'action», mais comme «l'expression de la réaction de l'organisme à un isolement quelconque de certaines de ses parties»[1]. La notion de comportement est étayée par les deux concepts fondamentaux, symétriques et réciproques, de *totalité* et de *milieu*[2]. La présence de cette dernière dans la psychologie behavioriste est toutefois trompeuse puisque le vécu intuitif de l'action y est complètement éradiqué[3]. Constituer le comportement en catégorie psychologique objective, comme totalité véritablement corrélative d'un milieu, implique au contraire d'élaborer « une détermination du fait humain qui cherche à donner, au sein d'une activité, un statut objectif à la conscience, à la saisie des situations par le sujet et à ses conjectures »[4]. Tel est le mouvement de la psychologie lorsqu'elle cherche à objectiver le milieu en tant que partie intégrante de l'action même. Lewin cherche à intégrer l'environnement dans l'acte (par compréhension progressive des « situations »), alors qu'il ne joue qu'un rôle perturbateur par rapport à l'action des essences chez Aristote[5]. Koffka va plus loin, en distinguant l'environnement géographique, objectif pour un observateur hors d'action, et l'environnement comportemental, saisi par l'acteur même. Pour la psychologie du comportement, décrire l'organisation d'un champ d'action, c'est donc donner une description de l'action elle-même.

D'autres approches dans le domaine de la psychologie retiennent l'attention – la psychanalyse, confuse, sert de repoussoir[6], mais Granger étudie avec passion cette « cybernétique de la personnalité » que serait une caractérologie informationnelle[7]. Dans le domaine économique, c'est

1. K. Goldstein, *La structure de l'organisme*, Paris, Gallimard, 1983 (cité dans *STYL*, p. 231). On connaît l'usage dialectique que Merleau-Ponty fait de Goldstein dans *La structure du comportement*, Paris, P.U.F., 2006. Sur la notion de réflexe, *cf.* G. Canguilhem, « Histoire du concept de réflexe », dans *Études d'histoire et de philosophie des sciences*, Paris, Vrin, 1994.

2. *STYL*, p. 231-232.

3. L'objet de la psychologie – le *behavior* comme adaptation – est défini comme l'ensemble des réponses que donne un organisme au milieu qui l'entoure. Cf. *supra*, p. 171 *sq*.

4. *STYL*, p. 232.

5. « The Conflict between Aristotelian and Galilean modes of thought in contemporary psychology », Lewin, New York-Londres, McGraw-Hill, 1935; cité par Granger, *ibid.*, p. 231.

6. Cf. *infra*, p. 224.

7. G.-G. Granger, « Le caractère comme structure d'information », art. cit; « Information et connaissance de l'individuel », art. cit.; « Psychanalyse et caractérologie. Disciplines concurrentes dans la connaissance de l'individuel. Problématique de leurs relations », *La caractérologie*, n° 6, p. 15-24. Granger critique la dimension non-informationnelle de la caractérologie, de son époque, qui a été définitivement abandonnée par la psychologie expérimentale dans les années 70. La psychologie cybernétique s'est en revanche épanouie

l'œuvre de Pareto qui illustre le modèle d'une approche *complexifiée*, articulant une norme explicite d'action et une représentation de la situation par les acteurs. La partition du logique et du non-logique rend d'emblée le monde décrit par ce concept ramifié d'action plus *concret* que celui de Walras, puisqu'il est enrichi par un postulat anthropologique fondamental (et explicite) : les hommes agissent souvent poussés par des forces inconscientes et attribuent à leurs actions des causes imaginaires. À l'intérieur même des actions logiques, Pareto distingue, par ailleurs, entre les phénomènes du premier genre, où les acteurs économiques acceptent les conditions du marché et cherchent directement à rendre maximum « l'ophélimité » des biens qu'ils peuvent acquérir ; et ceux du second genre, où les protagonistes tentent d'abord de modifier à leur profit les conditions mêmes du marché. Par quoi il dissipe radicalement « l'ambiguïté qui planait sur la théorie marginaliste des monopoles et des oligopoles, mis en vain sur le même pied que la libre concurrence » – les modèles qui les représentent sont désormais à un niveau différent de l'objectivation de l'action[1]. Par ailleurs l'objectivation n'est pas absolue mais relative : l'action n'est plus réduite aux seuls résultats, mais aux résultats en tant qu'il sont issus d'un certain comportement des acteurs[2].

La réduction des phénomènes dans les signes du circuit informationnel du modèle cybernétique ne peut jamais prétendre être une *copie* complètement fidèle. Ce qui est avéré pour les phénomènes physiques l'est *a fortiori* pour les phénomènes humains, où le vécu est « déjà (...) symbolique et chargé de signification »[3]. Pour capturer la richesse

dans l'école de Palo Alto, et jusque dans le cognitivisme contemporain. Même s'il n'a plus écrit, après 1965, sur la caractérologie, Granger n'en a pas abandonné la perspective, puisqu'il l'a intégrée à titre de composante de l'analyse stylistique – cf. *supra*, p. 82.

1. Jean-Claude Passeron crédite également Pareto de cette distinction capitale entre rationalité de l'action et rationalité dans l'action (*Le raisonnement sociologique*, *op. cit.*, p. 235), ou, comme dit Herbert Simon (*Models of discovery and other topics in the methods of science*, Dordrecht, Reidl, 1977 ; « From substantive to procedural rationality », *in* S. Latsis (éd.), *Method and Appraisal in Economics*, Cambridge, Cambridge University Press, 1979 ; *Models of Bounded Rationality*, Cambridge, the MIT Press, 1982), entre rationalité procédurale et rationalité substantielle. Granger, qui a très tôt l'intuition de cette différence (« Epistémologie économique », *in* Piaget (dir.), *Logique et connaissance scientifique*, Paris, Gallimard, 1967, p. 1019-1055), l'approfondit peu à peu (« Épistémologie économique », *Encyclopédie Economique*, Economica, 1990, p. 3-23 ; « Les trois aspects de la rationalité économique », *Cahiers d'Épistémologie*, n°9008, Montréal, 1990, p. 1-17).

2. *Faits*, p. 229 : « Sans aucunement abandonner le dessein d'une formulation mathématique, Pareto reconnaît donc implicitement la nécessité de dépasser l'écriture des résultats de l'action, et de donner forme aux comportements eux-mêmes ».

3. *Ibid.*, p. 270.

symbolique de ces derniers, il faut adjoindre au modèle cybernétique, programme articulé selon un double circuit, un intermédiaire, « sorte de sous-programme formulant le codage du vécu dans un système formel ». C'est le rôle dévolu au « modèle sémiotique ».

LE MODÈLE « SÉMIOTIQUE » ET SON USAGE

C'est le modèle sémiotique qui joue le rôle *schématique* crucial censé assurer « le passage régulier de l'expérience vécue au concept »[1]. La difficulté épistémologique de sa constitution est double. Comme instrument de médiation, le modèle sémiotique doit affronter le problème (traditionnel) d'une mise en relation effective et cohérente des deux termes en rapport. En même temps, l'intermédiaire doit être une véritable charnière, irréductible à l'un ou l'autre des termes du rapport qu'elle arrime. Le modèle doit donc être différent des significations vécues, mais en restant sémiotique, et préparer la formalisation, sans être encore formel.

Passer « d'un vécu essentiellement chargé de *significations* à un système relationnel de signes pourvus de *sens* »[2] requiert l'élaboration d'un *alphabet* et d'une *grammaire*. D'où une double interrogation : « comment découper, dans le tissu épais des significations, des unités de sens ? » ; comment « décrire de façon acceptable » la grammaire de l'information qui opère dans le modèle ? Ce sont là les tâches d'une « sémiologie », qui travaille à « une objectivation du fait humain comme système signifiant », en cherchant à identifier et à « expliciter une quasi-structure latente conçue comme système d'expression et de communication »[3].

Granger croit trouver une illustration de ces modèles sémiotiques intermédiaires dans les *Mythologiques*, où Lévi-Strauss précise ainsi la nature relativement abstraite de son objet d'étude : « Il s'agit de dégager non pas tellement ce qu'il y a *dans* les mythes (sans être d'ailleurs dans la conscience des hommes), que le système des axiomes et des postulats définissant le meilleur code possible capable de donner une signification commune à des élaborations inconscientes, qui sont le fait d'esprits, de sociétés et de cultures, choisis parmi ceux qui offrent, les uns par rapport

1. *PCP*, p. 130 : Granger préfère la notion de « modèle sémiotique » à celle de modèle « sémantique », qu'il avait auparavant adoptée (*Explic*, p. 252), par souci de ne pas restreindre la réflexion symbolique au seul domaine des signes de la langue, et aussi du fait de la relativisation de la notion d'information (qui n'est qu'une des formalisations possibles des qualités). Cf. *supra*, p. 163.

2. *Faits*, p. 271.

3. *STYL*, p. 133-143.

aux autres, le plus grand éloignement »[1]. L'interprétation « sémantique » qu'il propose équivaut à un geste de *médiation* en ceci que le rapport qu'elle institue à son matériau signifiant premier n'est pas de *lien direct* (de copie, voire d'expression) mais de *transformation* (de morphisme)[2]. Les significations présentes *dans* les mythes sont abandonnées à l'herméneutique naïve de la « vision du monde », et la méthode d'analyse, médiate et structurale fait apparaître un « système de corrélations internes »[3], entre les éléments sémantiques (le jaguar, la sarigue, etc.).

Pour importante qu'elle soit, la description sémiotique d'un système signifiant n'est qu'une une tâche préliminaire, une condition nécessaire à l'établissement de modèles de *fonctionnement* (cybernétiques surtout). En tant qu'elle a pour but la conceptualisation des contenus et des formes de signification, et leur représentation dans des modèles cybernétiques comme *information* abstraitement traitable, la description sémiotique a en effet surtout pour but « d'assigner dans un système de relations abstraites logiquement ou mathématiquement manipulables *un rôle causal défini aux significations* »[4]. Autrement dit, décrire une structure sémiotique ne suffit pas ; il faut encore étudier pragmatiquement l'*usage* du modèle, la manière dont il s'applique ponctuellement à tel cas précis[5]. L'étude de Bourdieu sur le mariage et la représentation de parenté dans la société kabyle en offre une bonne illustration[6]. Celui-ci part en effet des situations concrètes, et

1. C. Lévi-Strauss, *Le Cru et le Cuit*, Paris, Plon, 1964. Les éléments choisis par Lévi-Strauss sont cependant tous issus du continent américain. Sur la dimension « américaniste » des *Mythologiques* et l'infléchissement comparatiste (généraliste, plus ou moins assumé) d'une pensée qui, dans *Les structures élémentaires de la parenté*, s'affichait comme universaliste, *cf.* E. Désveaux, *Spectres de l'anthropologie : suite nord américaine*, Montreuil, Aux lieux d'être, 2007.

2. *Ibid.*, p. 137 : elle ne consiste pas à « établir le rapport du symbolisme mythique à une expérience culturelle dont il serait l'expression, sinon le reflet ». Rappelons que ce que Granger appelle la « sémantique » caractérise le cas sémiotique particulier de la langue.

3. *STYL*, p. 138. Granger parle aussi d'une « grille dont les nœuds sont les éléments des différents mythes, identifiés, sous des représentations variées, à la classe d'équivalence de leurs relations à tous les autres.

4. *Faits*, p. 282. La *causalité* est en effet l'autre nom du schématisme. Cf. *infra*, p. 203-210.

5. *Cf.* chap. VI, p. 197-199.

6. P. Bourdieu, *Esquisse d'une théorie de la pratique*, Paris, Seuil, 2000 (Granger juge plus sévèrement les essais sur « le sens de l'honneur » et « la maison kabyle »). C'est pour les mêmes raisons que Granger vante la *Sociologie de l'action* d'Alain Touraine (Paris, Seuil, 1965), qu'il considère comme une sorte de troisième voie entre l'*Anthropologie structurale* de Lévi-Strauss (Paris, Plon, 1990-1996) et de la *Critique de la raison dialectique* de Sartre (Paris, Gallimard, 1985), et où il entrevoit la constitution de modèles sémiotiques pour

critique le formalisme inadéquat du système de parenté. Il s'efforce au contraire de rattacher ce dernier à la pratique *effective* des mariages, en montrant « comment les mariages sont produits en fait par des stratégies sociales, où interviennent comme moteurs des "intérêts" de divers ordres, et dans lesquelles la détermination généalogique donnée par le système abstrait de parenté ne sert qu'à délimiter partiellement » les "coups permis". A rebours du fétichisme des structures, qui néglige les préoccupations pragmatiques, le modèle sémantique descriptif est alors intégré dans un *fonctionnement* cybernétique qui rend raison de son application effective : « la réduction de la parenté à son schéma algébrique est traitée ici comme contenu possible d'une des espèces d'information circulant dans une boucle de régulation du modèle, pour lequel les « intérêts » divers jouent un rôle énergétique » [1]. C'est ainsi avec l'intégration d'un modèle sémantique dans un modèle formel cybernétique que le fait humain singulier qui se voit doté d'une véritable explication, à la fois rigoureuse *et* pragmatique [2].

C'est donc avec un tel (sous-)modèle sémiotique que l'existentialisme grangérien trouve sa cohérence, en prétendant saisir de façon *objective* et *médiate* l'individuel comme *sens* d'une œuvre. La « conscience », la liberté individuelle à l'œuvre dans un projet, ne peut être abordée directement (phénoménologiquement), et son objectivation raisonnable nécessite un long détour. Or cette trace de la subjectivité *dans* l'œuvre n'est pas encore lisible dans le modèle énergétique. Mais elle ne l'est pas non plus, au sens strict, dans le modèle cybernétique. Car le raffinement du modèle, la « pluralité des niveaux », n'est que la condition nécessaire de l'introduction dans un modèle d'une « trace objective de la conscience vécue ». Aussi bien la condition véritablement *suffisante* de la saisie de l'individuel est-elle fournie par la constitution d'un modèle sémiotique [3].

la sociologie. *Cf.* Granger, « Une sociologie pour notre temps », *Critique* n°228, 1966, p. 467-474.

1. *Faits*, p. 283.

2. De nombreux auteurs ont opposé à la sémantique structurale de Lévi-Strauss un sens pragmatique des usages, par exemple Clifford Geertz, dans « The Interpretation of Cultures », « The Cerebral Savage » (*The Interpretation of Cultures*, New York, Basic Books, 1973) et « The World in a Text : How to Read "Tristes Tropiques" » (*Les lieux du savoir*, Paris, P.U.F., 1987) ; ou de façon plus radicale A. Bensa, dans *La fin de l'exotisme* (Toulouse, Anacharsis, 2006).

3. *STYL*, p. 233.

LE CRIBLAGE FORMEL DES CONNOTATIONS SÉMANTIQUES

Outre que l'opération d'emboîtement d'un système signifiant dans un modèle cybernétique demeure difficile à opérer, et nullement automatique[1], la polysémie humaine continue de faire obstacle à une traduction dans un symbolisme scientifique : on ne saurait réduire de façon uniforme un système signifiant à *un seul* système formel, aussi élaboré soit-il. C'est que le fait humain, comme signe, prend sens par référence à la totalité signifiante de l'expérience. Une telle réalité a de multiples facettes et l'expérience est une source inépuisable de systèmes symboliques diversifiés : langue naturelle, mode vestimentaire, opinions politiques, pratiques juridiques, comportements de consommation. Ceux-ci sont largement imbriqués les uns dans les autres, au sein du vécu, et l'opération visant leur délimitation ne peut être que difficile. En effet, quelle que soit l'ensemble signifiant considéré, son contenu est déjà lui-même signifiant, c'est-à-dire associé « d'une manière plus ou moins diffuse à des vécus complexes totalisants, qui peuvent appartenir à un ordre apparemment tout différent de celui dont on veut distinguer la forme »[2]. S'il est malaisé d'identifier de façon précise les contours du système symbolique étudié, il n'est pas moins délicat de définir clairement la pertinence des « éléments » retenus comme en faisant partie car leur différenciation mutuelle peut s'accompagner de chevauchements, et surtout parce que les renvois majeurs qui les caractérisent comme éléments pourvus de sens s'entourent d'un « halo de renvois *connotatifs* »[3].

L'importance des phénomènes de connotation est telle, pour les systèmes signifiants, que la notion de *code* semble ne pas pouvoir prétendre s'y appliquer. Normalement, en effet, une connotation se prête à une analyse stylistique, qui dégage, *a parte post*, dans la production même du message, une certaine organisation et un certain codage. Mais si, dans une langue, la frontière est généralement assez bien dessinée entre le halo stylistique exploitable et le sens des messages, la situation est différente

1. La détermination du modèle sémiotique permettant une jonction des significations et du concept est réalisé au cas par cas, et nullement selon des règles pré-déterminées. Un tel passage non « régulier » d'un domaine à l'autre peut-il encore prétendre au nom de schématisme ? Cf. *infra*, p. 199-210.

2. *Faits*, p. 275.

3. En entendant par là au sens large « l'ensemble des renvois plus ou moins inorganiques produits par les contenus ou les formes de la substance d'un signe, non pertinents dans le système principal auquel il appartient ». Ce sont les difficultés liées à ces connotations qui expliquent la place centrale du style dans les sciences humaines : cf. *supra*, p. 80-81.

pour les systèmes symboliques signifiants, « où les messages, à la limite, peuvent n'avoir aucun sens qui leur soit propre. Parler à leur propos d'un code est par conséquent le plus souvent abusif, si ce mot désigne, comme il est usuel, des règles constitutives de sens *a parte ante* ». On peut en conclure que, pour de tels systèmes, sémantique et syntaxe sont « à peu près complètement inséparables », alors que dans les systèmes formels la syntaxe est à peu près dominante et autonome et que, dans les langues naturelles, la séparation, encore que relative, est fonctionnelle et assez bien déterminée[1].

Cette polysémie n'est pas locale et résorbable, mais générale, multidimensionnelle, donc structurelle et indépassable[2]. C'est cette idée d'une saturation symbolique qu'exprime intuitivement l'idée de « surdétermination » du vécu. On comprend dès lors que toute entreprise de réduction formelle de ce foisonnement originaire ne puisse raisonnablement que se vouloir *partielle*. De sorte que, même au niveau déjà structuré d'un système signifiant, la réduction « *ne saurait conduire à un système formel unique* »[3] : une telle entreprise aboutit nécessairement à « superposer et entrecroiser des systèmes formels »[4]. Ce criblage formel est ainsi la solution préconisée par Granger au « dilemme » des sciences de l'homme. Un tel feuilletage doit permettre précisément de « concilier » ces « exigences contradictoires » que sont, d'une part, le fait qu'il n'y a de connaissance scientifique que par réduction au formel, « frontière de notre entendement », et, d'autre part, le fait que tout système formel est « débordé » par le fait humain vécu, en vertu de sa polysémie (surdétermination symbolique) foncière[5].

Pour sortir du dilemme, la seule solution semble donc être la multiplication, la superposition et l'imbrication de systèmes formels, visant tous un même « système signifiant ». De là que, si la résolution

1. *Faits*, p. 275. Au sens strict, on pourrait en déduire que le style n'est peut-être pas la catégorie adéquate pour penser les sciences humaines. Mais Granger ne va pas jusque là, et conclut seulement à la *centralité* du style.

2. *Ibid.*, p. 276 : « La polysémie qui caractérise le système signifiant n'est pas une polysémie ponctuelle, elle intéresse l'ensemble du système, qui signifie sur plusieurs plans ».

3. *Cf.* aussi : *ibid.* p. 270-271 : « le seul caractère propre au modèle sémantique est de ne pouvoir être établi que par extraction d'une pluralité de systèmes formels. Le fait que cette pluralité soit essentielle nous paraît cependant suffire à justifier qu'on le mette à part ».

4. *Ibid.*, p. 276.

5. *Faits*, p. 276. A cet égard, si on peut presque considérer un système formel comme un *géométral* parmi d'autres d'un système signifiant, il faut immédiatement souligner les limites de la métaphore mathématique, en précisant que, dans le cas humain, « la détermination complète du projeté n'est pas réalisable au moyen d'un nombre fini de projections ».

rationnelle du problème de l'individuel doit se faire au moyen de la connaissance, celle-ci ne saurait jamais être qu'*approchée*, parce que *perspectiviste*. Aux yeux de Granger, cette orientation a d'ailleurs le mérite de la crédibilité scientifique, puisqu'elle permet de rendre compte, au sein des sciences de l'homme, du « caractère progressif, historique et indéfiniment provisoire reconnu aux autres parties de la science ». Cette polysémie indépassable, l'épaisseur difficilement réductible du concret humain, traduisent tous les traits « scientifiquement négatifs » des faits humains, et en particulier leur « élément de liberté et d'imprévisibilité, ainsi que l'étroite association qu'ils présentent du positif et du normatif, du réalisé et du désirable »[1]. Pour que la connaissance soit valide, le modèle doit tout d'abord être testé de façon « projective » : on formule « au moyen de règles de construction chaque structure formelle mise en évidence, et on se donne ainsi le moyen de produire artificiellement des « messages » que l'on comparera aux faits observés »[2]. La limite intrinsèque de ce type de vérification, c'est qu'il n'est significatif que dans la mesure où le système formel ainsi contrôlé est fonctionnellement « assez prégnant pour que les « messages » simulés qu'il permet d'engendrer ne soient pas complètement « brouillés » par l'interférence d'autres systèmes »[3]. C'est la raison pour laquelle le contrôle du savoir doit *in fine* s'effectuer par l'*histoire*, « par l'application du faisceau des modèles formels en lesquels on a dissocié un système signifiant, à la description d'un *événement* aussi circonstancié que possible »[4].

En ce point semble parvenu à son terme l'effort de jonction du vécu et du concept, des significations et du sens, exercice de convergence que Granger tente au moyen de sa double réduction affinée, formelle et sémiotique. La description analytique des systèmes signifiants, qui constitue un préliminaire indispensable à une explication scientifique des faits humains, doit donc éviter tant la construction d'un modèle abstrait *unique*, « nécessairement *plat*, où de longues chaînes déductives peuvent

1. *Faits*, p. 298.

2. *Ibid.*, p. 280. Ainsi, une structure algébrique de parenté « permet d'engendrer des équivalences non encore observées entre relations complexes dans un système donné, dont on pourra éprouver la validité sur des informateurs compétents ; ou encore, les principes généraux d'une telle structure pourront suggérer la construction de structures particulières dont on recherchera les réalisations concrètes ».

3. *Ibid.*, p. 281.

4. *Cf.* aussi *supra*, p. 85, sur l'histoire comme « analyse des situations ». La *jonction* avec l'histoire est *opérée* philosophiquement par une réflexion stylistique. *Cf.* aussi *infra*, p. 210-216.

conduire à des énoncés remarquables en eux-mêmes, et logiquement corrects, mais le plus souvent incontrôlables parce que impossibles à rattacher à une observation concrète », que les récits interprétatifs, « apparemment fidèles à la complexité du vécu, mais dont les protagonistes demeurent des abstractions mal *définies et personnifiées* »[1]. Si la formalisation des faits humains s'opère sur les *deux* registres « radicalement distincts » de l'énergétique-cybernétique et du sémiotique, la réduction sémiotique propre au fait humain conduit donc toujours à « multiplier les plans du formel, de sorte que l'insertion de ses résultats dans les structures cybernétiques héritées des sciences de la nature en détruit l'univocité »[2].

La solution du dilemme des sciences de l'homme ne saurait donc exister qu'*au futur* : elle « n'aura lieu que le jour où commencera d'être résolu le problème d'établir en termes conceptuels les systèmes signifiants, sans leur substituer ni des modèles formels uniques, ni des reconstitutions volontaristes du vécu. Le fait humain ne peut certes être scientifiquement connu qu'à travers une pluralité de géométrals, mais à la condition toutefois que soit découverte l'opération contrôlable qui le restitue à partir d'eux stéréoscopiquement »[3]. Cette vérification est sujette à caution, et Granger est particulièrement sceptique sur la constitution de modèles cybernétiques complets qui expliqueraient « ce qui a lieu dans le temps, l'espace et les individualités réellement saisissables par l'expérience »[4]. Son pessimisme n'entame toutefois pas totalement sa confiance : pas tout à fait admises au « paradis » formel ouvert par Cantor, ni complètement condamnées à l'enfer de la non-science, les sciences humaines représentent le « purgatoire » de l'esprit scientifique, et, en dépit de la minceur de leur résultat, tout espoir à leur sujet n'est pas perdu[5].

1. *Faits*, p. 281-282.
2. *Ibid.*, p. 283.
3. *Ibid.*, p. 282.
4. *Ibid.*, p. 271 : « de cet idéal nous sommes encore, hélas, extraordinairement éloignés ».
5. « Le purgatoire des sciences de l'homme », *in* « Sur l'unité de la science », art. cit., p. 220. *Cf.* aussi Granger, *Faits*, p. 283 : « Le mal est certain, le bien douteux encore, comme dit un théologien de nos amis – fort pessimiste, il est vrai, à son ordinaire – et qui conclut : d'où la nécessité de la foi. Ce n'est peut-être pas de foi qu'il faut ici parler, mais en tout cas d'espérance. Nous aurions aimé montrer comment et pourquoi il n'était pas déraisonnable d'espérer ». On trouve le même espoir obstiné dans un entretien récent : « La spécificité des actes humains », article suivi d'un entretien de Gilles-Gaston Granger avec David Desbons et Christian Ruby, *in* EspacesTemps *Les Cahiers*, « L'opération épistémologique. Réfléchir les sciences sociales », n° 84-86, juin 2004.

CHAPITRE VI

LA PRÉGNANCE CLINIQUE

L'analyse des obstacles rencontrés par Granger dans l'élaboration d'un schématisme sémiotique adéquat permet d'expliciter les difficultés d'une modélisation sans reste de l'individuel[1]. Une telle hésitation de la pensée formelle invite en effet à préciser les rapports entre technique et clinique, à estimer la portée de l'orientation choisie, en évaluant sa capacité à rendre pleinement compte de la richesse de l'individuel humain. La pertinence de l'objectivation exhaustive de la clinique est limitée, car l'opération se heurte à une triple difficulté : la persistance de la description dans la constitution du schématisme sémiotique, le commentaire stylistique du raccord des structures à l'individuel, et enfin le complément historique de la saisie du sens de l'œuvre. A chaque fois, la clinique techniquement normée doit recourir à un rapport plus immédiat et interprétatif, dont il s'agissait précisément de prendre congé. Et puisque la clinique constitue pour Granger l'un des pôles de la connaissance rationnelle, l'orientation retenue traduit en fait une aimantation par le pôle formel du mouvement de raccord entre la structure et le vécu, et explique la nature paradoxale dévolue à la connaissance historique.

1. Au demeurant, ce projet n'est jamais celui de Granger, qui prend toujours en considération la question du raccord et du résidu.

Réflexions sur le schématisme

Charnière décisive, le schématisme doit permettre l'articulation du vécu au concept, des significations aux sens. Un examen attentif de son fonctionnement permet d'établir un tableau des erreurs les plus fréquentes dans l'effort de saisie de l'individuel humain, et de constituer par là même une sorte de nosographie ontologique[1]. Granger conçoit idéalement le schème comme une structure sémiotique dont les conditions pragmatiques d'usage doivent être explicitées. Mais, bien que nécessairement requis, cet intermédiaire est très souvent oublié. Il peut aussi parfois être hypostasié, au détriment de la considération de son usage. Une autre erreur consiste à concevoir le schème linguistique comme unique, polyvalent et exhaustif. En fait, comprendre la fonction effective d'articulation du schématisme implique de souligner sa nature causale.

La nécessité

C'est surtout l'*immédiation* que Granger reproche aux tenants d'une herméneutique directe, qui méconnaît l'intérêt d'un détour par l'objectivation des faits humains, et tend même à s'y substituer. Fustigeant en particulier l'indistinction de la signification et du sens (comme signification vécue *objectivée*), il dénonce « l'équivoque scientifique d'une herméneutique des significations qui croirait pouvoir se donner comme analyse sémiologique objective »[2]. Une telle interprétation des significations vécues ne vise pas vraiment une réalité comme objet, au moyen de la construction de modèles structuraux, mais se veut « réflexion interprétative et valorisante du vécu ». Au contraire, la seule herméneutique légitime aux yeux de Granger est une interprétation de second niveau, qui vient *après* le moment scientifique d'objectivation des faits, et met en rapport les systèmes signifiants ou formels avec la pratique (les significations vécues) : la médiation formelle est la garantie de la pensée critique[3]. Cette tâche peut

1. Quelques uns de ces paralogismes ont déjà été relevés (cf. *supra*, p. 155-185).

2. *STYL*, p. 135. Il faut par exemple « se garder de confondre l'analyse sémiologique d'un système signifiant – comme les affiches publicitaires, les programmes électoraux, les habitudes culinaires ou la mode – avec une interprétation de leurs *significations* dans l'ensemble de la pratique sociale, c'est-à-dire avec une *philosophie* de la publicité, de la propagande politique, de la cuisine ou des habits » (*ibid.*, p. 133).

3. *Ibid.*, p. 144 : « Si le but dernier de l'analyse philosophique est bien d'opérer au niveau du rapport entre l'expression et l'expérience vécue, il nous semble que son entreprise est mal fondée et toujours incertaine si elle ne se fait précéder d'un essai critique, à vrai dire

paraître ingrate, parce que trop peu « profonde », mais elle ne saurait être négligée. Granger va même jusqu'à qualifier de « naïve » toute conception de l'acte philosophique (ou scientifique) qui ne perçoit pas la distinction, dans le traitement des significations, entre réduction structurale et interprétation « herméneutique », car elle empêche « toute espèce d'accès non trivial à la connaissance de l'humain ». C'est de cette naïveté que se voit créditée l'objection adressée par Ricœur à Lévi-Strauss[1] touchant la méthode d'analyse structurale du fait humain. D'autres auteurs se voient également reprocher de négliger l'approche objectivante des significations, faute d'une séparation convenable du vécu et des structures. Ainsi Gurvitch succombe-t-il à l'obstacle épistémologique « essentiel » qu'est le refus de renoncer aux « idées confuses nées immédiatement de l'expérience vécue, tout en prétendant bénéficier de la clarté, de la distinction, de l'efficacité du concept »[2]. Goldmann[3] est plus proche de la conception grangérienne. Encore son expression de « structures significatives » prête-t-elle à confusion, dans la mesure où, sans pour autant se montrer insensible à la différence des deux notions, il ne précise pas assez la différence entre de tels ensembles, qui correspondent en fait à ce que Granger nomme systèmes signifiants, et les structures formelles proprement dites[4].

indéfiniment remis en cause, pour déterminer le contour et le mécanisme de l'activité structurante ».

1. P. Ricœur, « structure et herméneutique », *Esprit*, nov. 1963, incipit : « Je caractérise d'un mot la méthode : c'est un choix pour la syntaxe contre la sémantique » ; cité dans *STYL* p. 144. Pour Granger, l'objectivation étudie précisément les modes d'articulation du sémantique et du syntaxique ; d'où le caractère illusoire d'une séparation d'emblée radicale. Ce débat célèbre a été rouvert récemment, à l'occasion d'un numéro spécial de la revue *Esprit* (janvier 2004) consacré à Claude Lévi-Strauss – sans toutefois que la contribution décisive de Granger n'y soit traitée.

2. *PFSH*, p. 202-203 (Granger se réfère à G. Gurvitch, « Le concept de structure sociale », *Cahiers internationaux de sociologie*, vol. 19, 1955). Les notions de « fait social total » et de « société globale » de sa sociologie attestent de la conservation « à l'intérieur d'une pensée conceptuelle » des « images reflétant l'expérience, vécue d'une manière purement spéculative ». D'où le rôle néfaste de la métaphore (située par Granger entre « définir » et « décrire » dans le traitement de l'individuel – cf. *Ratio*, p. 200), dans l'explication, le « volcanisme » du fait social se voyant introduit dans la description scientifique, et la société étant comparée à une « matière ignée en ébullition permanente » (cité dans *PFSH*, p. 107).

3. Lucien Goldmann dans R. Bastide (éd.), *Sens et usages du terme structure dans les sciences humaines*, Mouton, La Haye, 1962.

4. Pour Granger, Goldmann introduit ce concept de système signifiant à partir de caractères (la « finalité interne », la « vision du monde ») relevant plutôt de l'herméneutique philosophique immédiate. Or, « si tout fait social (…) est susceptible d'une objectivation scientifique, on ne saurait dire en revanche qu'une herméneutique philosophique puisse indifféremment partir de n'importe quel fait » (*STYL*, p. 136).

Si Granger ne cesse en effet de distinguer structures formelles et significations, ce n'est pas pour les séparer radicalement, mais au contraire pour mieux les articuler: là où une clinique confuse les mêle indistinctement, la pensée rationnelle distingue les catégories, afin de mieux comprendre leurs rapports, et d'en expliciter clairement les conditions et attendus. C'est à l'aune du schématisme le plus rigoureux, cybernético-sémiotique, et dont le texte de Bourdieu sur la société kabyle fournit une bonne illustration, que sera jugée l'opération d'articulation du concept aux significations, présente dans toute tentative d'objectivation du fait humain.

L'oubli

La nécessité de ce schématisme est de nature transcendantale. Aussi l'absence de schème explicite n'est-elle qu'une apparence. Le rôle de la critique philosophique consiste dès lors à repérer, sous la neutralité illusoire d'une réduction, un schématisme subreptice, et à ramener sa forme, qui semble aller de soi, à un *choix* de mise en forme, qu'il convient d'élucider. En ce sens, Granger ne cesse de rappeler que le problème fondamental des sciences humaines est précisément celui d'un *rapport* entre formalisation et significations, et qu'il est illusoire de nier cette question du *lien* du modèle aux significations qu'il modélise, en faisant comme si le modèle se suffisait à lui-même et constituait une réalité signifiante autonome. C'est pourquoi il tente de restituer, sous l'apparence d'une donnée brute, la réalité d'une transformation symbolique, de caractériser la formalisation comme une *opération* d'abstraction, comme un mouvement de pensée réalisé sur le matériau premier des significations vécues. Or toute la difficulté semble bien être d'assumer explicitement cet acte de transformation, sans passer sous silence «clandestinement» la modification symbolique qu'il induit[1]. De fait, le principal défaut philosophique des sciences humaines, selon Granger, consiste à valoriser exclusivement le modèle au détriment du *geste de modélisation*, en oubliant ainsi la nature véritable, symbolique, de son origine. Un modèle ne saurait tomber dans le déni des significations sans perdre sa raison d'être – son « bon usage » ne s'en verrait « nullement garanti ». Granger propose au contraire d'assumer cette origine significative et d'élucider clairement l'opération de modélisation: puisque la réduction formelle intervient de façon secondaire sur le fond d'une première *découpe* du matériau signifiant, elle doit être

1. *Faits*, p. 264.

« reconnue comme telle, et non pas tacitement proposée comme seule objectivation neutre ou naturelle ».

Le déni du mouvement de connaissance, de l'opération d'abstraction comme *construction* d'un modèle, ne peut que conduire à de faux problèmes touchant le bien-fondé de la conception du modèle en question, autrement dit de sa « réalité »[1]. Ainsi, Kaldor[2] s'oppose à la théorie walrassienne au nom de la compréhension fondamentale du fonctionnement de l'économie *réelle*. L'économie de l'équilibre ne serait pas pertinente parce la théorie de la valeur porterait l'attention sur les fonctions allocatives du marché, à l'exclusion de ses fonctions créatrices. Mais une telle considération touchant la pertinence du modèle, ainsi envisagé de façon *absolue*, est oiseuse. Car elle oublie que les modèles, toujours relatifs à un ensemble signifiant qu'il modélisent[3], ne sont pas commensurables, puisqu'ils mettent l'accent sur des sens différents du phénomène étudié : aussi bien ce type de critique consiste-t-il à « opposer deux déterminations de l'état d'un système dit économique, subordonnées respectivement à deux saisies significatives différemment accentuées »[4]. Pour éviter de tels débats futiles, Granger propose donc une relativisation « explicite » des modèles[5]. En particulier, un modèle énergétique peut toujours être enrichi par l'introduction de facteurs extraits de l'expérience du comportement social en général[6]. Ce n'est pas que l'opération de modélisation soit

1. On rapprochera ce faux problème de la critique déplacée que Granger détecte dans l'*Anti-économique* (Guillaume et Attali 1975), et semblant mettre en question la légitimité même de l'opération de modélisation. Attali reproche à l'économie classique (et néo-classique) son excès de formalisme et parle de « boîte vide » pour désigner les systèmes d'équations des économistes. En réalité, souligne Granger, sa critique « ne porte pas sur l'excès de technicité en lui-même, mais sur le défaut de conceptualisation de l'objet » : « les concepts qu'il faut créer au contact du phénomène lui-même n'ont pas été suffisamment élaborés ». *Cf.* Granger, « Science de la pratique et pratique de la science dans le domaine de faits humains », art. cit., p. 68-69. Ce type de difficulté est définitivement résolu par la distinction, au sein de la réalité, de l'actuel et du non-actuel (*VERIF* et surtout *PPV*, *S et R*), ainsi que par l'idée d'un degré de réalité (*S et R*, p. 43), toutes deux indexées sur un critère pragmatique.

2. *Cf.* J. Kaldor, « The Irrelevance of Equilibrium Economics », *Economic Journal*, 1972. L'auteur reprend ces critiques dans *Economics without Equilibrium*, Sharpe, Armonk, NY, 1985.

3. Ce relativisme est toutefois dit « modéré » – *cf.* Granger, *VERIF*, p. 10.

4. *Faits*, p. 264-265.

5. *Ibid.*, p. 265. Cette exhumation et explicitation des modèles relève d'un exercice philosophique qui aboutit à la qualification d'un *style*, comme type de rapport entre le modèle et les significations.

6. *Ibid.*, p. 272.

vaine, mais elle est nécessairement limitée, parce qu'indexée sur des significations dont elle s'abstrait[1].

On pourrait donner de nombreux exemples de cette présence tacite, implicite, mais insistante et décisive du schématisme. Aussi bien est-ce cette exhumation du subrepticement efficace qui donne tout son intérêt à la réflexion philosophique sur les sciences humaines. Ainsi la procédure de définition du concept d'*état d'un système*, sous-jacent à l'établissement du modèle énergétique, parfaitement connue et normée pour les phénomènes physiques, est-elle ignorée pour les phénomènes humains. Or, pour donner une portée « précise et contrôlable » à un modèle, il importe de constituer pour le phénomène envisagé un « cadre de référence », jouant le rôle dévolu à l'espace de phases du physicien, qui permet de repérer les différents états attribuables au système dont le modèle sera le schéma »[2]. Et cette détermination des variables d'état, déterminations suffisantes du phénomène réduit, dépend étroitement, en sciences humaines, de la saisie des phénomènes comme significations : ce choix relie donc tacitement les processus d'objectivation à l'appréhension du monde humain comme totalité non conceptualisée et incontrôlable. C'est que le matériau premier des significations « oriente le découpage du phénomène lui-même, et *a fortiori* la dissociation des variables ».

En outre, dans la réduction énergétique, la critique stylistique repère le travail souterrain d'une *norme*, sous la forme d'un concept directeur participant à la fois au modèle formel et au domaine des significations. Cette double nature, formelle et significative, est la raison pour laquelle, l'objectivation de l'action économique, pour radicale qu'elle soit chez Jevons, par exemple, demeure toutefois empreinte de confusion. L'ambiguïté est en effet contenue *in nuce* dans le concept fondamental d'*utilité* qui, définie comme la qualité abstraite par quoi un objet sert nos desseins et a droit au titre de bien, désigne de façon paradoxale une qualité « des choses » qui ne leur est pas pour autant « inhérente » : c'est une « circonstance », naissant du rapport des choses aux desiderata humains. Comme le souligne à bon droit Granger, « l'utilité marginaliste participe donc à la fois de la nature des significations – puisqu'elle n'apparaît qu'au sein d'une expérience totalisante, si limitée soit-elle – et de la nature de

1. *Faits*, p. 265 : « l'attention du philosophe, dont c'est là assurément l'une des tâches, doit être constamment attirée par les difficultés et les anomalies qu'entraîne inéluctablement la transposition des concepts *essentiellement flous* de notre saisie des faits significatifs en concepts *exacts* que requiert la science ».

2. *Ibid.*, p. 264.

l'objet – puisqu'elle est néanmoins traitée comme isolable, et en particulier réductible à des effets quantitatifs »[1].

Par ailleurs, la réflexion philosophique ne se borne pas à repérer la présence de la norme et son importance dans le style énergétique, mais elle souligne aussi l'importance décisive de *l'interprétation ouverte de son sens*. La tentative pour conceptualiser l'action stratégique, qui intègre les décisions de différents acteurs, se traduit ainsi, en économie, par l'introduction de la notion d'*équilibre*, qui joue le rôle d'une norme pour le mouvement. Mais si, en physique, un système variationnel d'équations vaut quelle que soit la nature des grandeurs, il n'en est plus de même quand il s'agit de l'homme. Si, en passant de la physique à l'économie, on interprète les *mouvement* comme des *actions*, le caractère normatif de l'équilibre voit à la fois son rôle se renforcer (puisqu'il devient le pivot de l'objectivation) et son sens s'obscurcir (la signification de cet équilibre du point de vue de l'acteur est ambiguë). C'est en ce point que l'explicitation du *sens* de la norme de l'équilibre devient à la fois nécessaire et périlleuse. La théorie des jeux précise ainsi que la situation terminale constitue un « équilibre » en cela que « la satisfaction de la norme les définit comme des figures de repos de l'action, du point de vue considéré par la règle du jeu »[2]. Mais une telle définition ne permet pas de lever l'ambiguïté touchant le sens de la norme. Tout l'intérêt[3] de cette imprécision tient précisément au fait qu'elle oblige celui qui la lève à exprimer clairement son opération *d'interprétation sémantique* : « les tentatives pour donner un sens précis à l'équilibre font apparaître les modalités mêmes de la structuration, les parti pris sur la constitution de l'objet qu'on veut coordonner à l'expérience »[4]. On peut donc bien commencer par définir un concept fondamental, indépendant des sens donnés aux variantes de l'idée de l'équilibre, mais à condition d'avoir pleinement conscience de son insuffisance. Von Neumann et Morgenstern ont ainsi interprété cette notion comme « standard of behavior », comme « canon conventionnel de comportement admis dans une société donnée »[5]. Mais l'important tient moins à la nature de cette détermination, qu'au fait qu'une interprétation du sens de la norme soit nécessaire, qui invite à l'examen de ce qu'elle rend *opératoirement* possible.

1. *Faits*, p. 222.
2. *Ibid.*, p. 238.
3. Granger parle d'un intérêt « stylistique ».
4. *Faits*, p. 238.
5. *Ibid.*, p. 240. Cf. *supra*, p. 173 et *infra*, p. 211.

L'oubli du schématisme est aussi patent chez des auteurs comme Marx, Freud ou Chomsky, chez qui Granger décèle pourtant un mouvement de réduction de la surface à la profondeur. Celui-ci est le signe d'une opération de transformation des significations, effective, quoique trop extrême (puisque la réduction énergétique est radicale, sans médiation d'un modèle cybernétique ni sémiotique). Mais c'est précisément parce que la réduction est *directe* qu'elle peut passer *inaperçue*. En fait, il existe différents niveaux d'abstraction du phénomène, qui autorisent à leur tour différentes opérations de mise en relation. Partant de l'analyse cartésienne du morceau de cire, qui vise à expliquer les qualités sensibles par les seules propriétés intelligibles du substrat étendu, Granger étudie les modes de « dénivellation épistémologique » opérée sur le matériau signifiant du fait humain. Il peut dès lors identifier chez ces différents auteurs une stratégie de connaissance commune, qui consiste à « rechercher, par-delà une organisation plus ou moins immédiate des significations constituant la donnée vécue, une organisation d'un autre ordre, et qui rende compte de la première »[1]. A chaque fois, le signifiant évident est ramené à sa raison cachée, et cette opération même confirme le lien entre réduction énergétique et significations. Ainsi en est-il chez Marx de l'opposition entre infrastructure et superstructure. La première, conçue comme l'organisation cachée déterminante des forces de production, est pensée comme modèle énergétique. Mais les notions ambiguës comme celles de valeur et de classe sociale déjouent la rigueur du modèle. De sorte qu'on ne saurait prétendre avoir reconduit les significations du fait humain à un fondement matériel exhaustif. Au contraire, le « mérite » que Granger attribue paradoxalement à Marx est d'avoir « montré par l'exemple combien une réduction énergétique demeure tributaire des significations elles-mêmes ». Autrement dit, on ne peut pas passer *directement* et *exhaustivement* d'un système de forces à un système de significations, et les hésitations du marxisme sur la question révèlent, sous les apparences trompeuses d'une théorie figée, la vérité profonde de l'opération de connaissance avertie qui consiste à réduire des significations en modèle, et à chercher à articuler ce modèle aux significations qu'il laisse en reste.

On pourrait faire la même analyse de l'opposition freudienne du manifeste et du latent, qui consiste à donner un schéma énergétique de l'organisation interne des significations portées par un comportement

1. *Faits*, p. 266.

humain[1]. Là encore, l'illusion est celle d'une réduction à ce point exhaustive qu'elle finit par passer inaperçue, parce qu'évidente et naturelle, en se faisant oublier comme opération. Mais « les difficultés qui font obstacle à la mise en œuvre de cette conception comme théorie et pratique scientifiques viennent (...) du passage direct opéré par Freud d'un système de significations à un système de force »[2]. Autrement dit, toute réduction des significations est possible, à condition qu'elle s'assume comme un mouvement de constitution d'un modèle, s'originant dans un matériau significatif, en relation avec lui, et dont ce modèle ne rend compte que de façon partielle. Si l'erreur de Freud (réduire les significations aux forces) est symétrique de celle de Marx (passer des forces aux significations), c'est parce que toutes les deux tentent un passage direct, sans transition, entre les deux pôles, alors qu'une médiation serait précisément requise : celle du modèle cybernétique et de son intermédiaire « sémiotique ».

Comme Freud et Marx, Chomsky oublie la médiation sémiotique. Il se méprend en effet sur la pertinence de la réduction qu'il opère. Son idée est d'expliquer les structures de surface d'une langue naturelle par ses structures profondes : « toute suite de signes bien formée – ou suffisamment bien formée – dans une langue, serait ainsi dérivable d'une ou plusieurs formules fondamentales, dont la constitution est conforme à un modèle engendré par les règles d'une « grammaire profonde », commune à toutes les langues et au pouvoir de tout esprit humain »[3]. Mais le modèle abstrait universel de toute langue auquel Chomsky souhaite parvenir est de nature formelle, et l'opération de réduction semble une fois de plus se faire aux dépens des significations[4]. Non sans ambiguïté toutefois, puisque les règles de la linguistique transformationnelle jouent un rôle étrange. Si l'on suit Chomsky en effet, « toutes les propriétés spécifiques des langues naturelles, qui les rendent inassimilables à des systèmes formels, devraient alors être introduites par les seules règles de transformation qui font passer des

1. *Faits*, p. 266. Dans son *Essai sur Freud* (Paris, Seuil, 1965), Ricœur relève également une composante énergétique fondamentale, mais y voit moins le signe d'une réduction que celui d'une opposition à la dimension « herméneutique » (comprise à l'époque de façon trop restrictive comme interprétation du double sens), contradiction constitutive du « problème épistémologique du freudisme » (Analytique).

2. *Ibid.*, p. 267.

3. *Ibid.*

4. D'où ce jugement assez radical de Granger, dans un propos plus tardif : « Chomsky construit des systèmes formels : il n'a jamais expliqué quoi que ce soit relativement à ce qu'est une langue » (« Science de la pratique et pratique de la science dans le domaine des faits humains », art. cit., p. 93). Aussi bien la question des universaux du langage relève-t-elle en fait du protologique, et non du grammatical – cf. *supra*, p. 106-107.

schémas profonds aux expressions terminales concrètes »[1]. Mais Granger, critique averti du paralogisme formaliste[2], et observateur attentif des multiples reformulations de la théorie chomskyenne, peut à bon droit y déceler le retour subreptice des significations évacuées[3]. Ce n'est pas que la prégnance du sémantique disqualifie la constitution de modèles formels, mais elle oblige en revanche à concevoir la réduction des structures de surfaces à des structures profondes comme ce qu'elle est en réalité : une opération de transformation intra-sémantique, aboutissant à « un modèle profond irréductible à la logique » parce que restant encore significatif : « de tels modèles, bien qu'abstraits par rapport à la langue réelle, n'étant pas purement logiques, auraient un certain contenu : les relations primitives et les classes de symboles originaires renverraient forcément ainsi à une expérience déjà différenciée ». C'est en cela que Granger se sent plus proche de Hjelmslev, soucieux de déterminer « l'état abstrait de la langue », sorte de grammaire générale de l'expression naturelle, que de Chomsky : « les modèles linguistiques profonds, n'étant pas de simples schémas vides, de simples cadres informationnels, seraient alors les prototypes les plus simples, mais aussi les plus complets, de ce que nous appelons systèmes signifiants »[4].

Si l'oubli du schématisme est particulièrement frappant dans le cas de la réduction énergétique, il n'en concerne pas moins la réduction *cybernétique*, dont la nature conventionnelle trahit là encore la présence d'une opération de médiation. L'originalité du modèle cybernétique tient à son apport informationnel, qui lui permet de comporter « une *image* du monde extérieur et éventuellement de lui-même »[5]. Mais le caractère métaphorique du terme image ne doit pas induire en erreur : il désigne « un morphisme de l'ensemble des données » de l'expérience, ou du vécu « dans un ensemble d'éléments appelés signes », traduction qui peut d'ailleurs s'opérer de multiples façons[6]. Cette loi de correspondance et les relations

1. *Faits*., p. 268.

2. Cf. *supra*, p. 111-113.

3. *Faits*, p. 268 : « il est permis, dans l'état actuel de la linguistique transformationnelle, de se demander si l'établissement laborieux et indéfiniment raffiné de ces « règles » n'est pas finalement un artifice arbitraire pour réintroduire ce qui avait été aussi arbitrairement évacué ».

4. L. Hjelmslev, *Principes de grammaire générale*, Copenhague, Bianco Lundo, 1928, p. 257-267.

5. *Faits*, p. 269.

6. *Ibid.* : « L'ensemble des signes est réalisable de différentes manières, mais il doit évidemment avoir une structure propre compatible (...) avec l'organisation « naturelle » du donné, c'est-à-dire qu'aux éléments et éventuellement aux relations concrètes vécues, il soit

entre signes définissent le *sens* de chaque signe. Une fois posé le cadre général de la transformations symbolique, Granger peut inviter à l'explicitation des mouvements qui s'y inscrivent. C'est qu'un schéma d'information est prédéfini, mais que sa constitution demeure libre, et que toute l'attention doit être portée sur les *opérations* qu'il permet[1]. C'est cette double caractéristique (liberté de création d'une convention) qui explique que Granger parle de morphisme et non d'isomorphisme : « la multiplicité des éléments du vécu est le plus souvent réduite par une relation d'équivalence qui annule celles des différences que l'image ne distinguera pas », et qui seront susceptibles d'être « traduites » dans un autre modèle.

L'hypostase

Si le modèle sémiotique est nécessaire comme *intermédiaire*, il n'est pas pour autant auto-suffisant. On ne saurait donc interpréter la structure issue de l'analyse sémiologique dans le sens d'un chosisme (ou d'un « platonisme »). En effet, l'objectivité de la sémiologie mythique, par exemple, n'est située ni au niveau d'une pure nature (dont les mythes expliqueraient à leur façon les phénomènes), ni au niveau d'une condition humaine (dont les mythes exposeraient l'éthique), mais au niveau d'une *pratique*, qui enveloppe l'un et l'autre aspect[2]. Ce serait donc un contresens de faire de cette objectivité de la structure celle d'une entité fixe, alors qu'elle ne correspond qu'à une phase de la pratique, et que sa transcendance, comme le dit Granger en une formule lumineuse, n'est « qu'une illusion de la réflexion »[3]. Réintégrer les structures mythiques dans une *pratique*, c'est aussi comprendre qu'elles puissent être sujettes à transformations[4]. C'est d'ailleurs pour résister à cette tentation d'une interprétation essentialiste des structures sémantiques, à laquelle Lévi-Strauss n'échappe pas toujours, que Granger insiste sur la multi-dimensionnalité que le mythe doit à sa structure feuilletée[5].

possible de faire correspondre sans contradiction, des signes et des relations abstraites entre signes ».

1. *Ibid.* : « tout schéma d'information est assurément conventionnel, mais la liberté de la convention est effectivement limitée par les conditions d'utilisation du morphisme ».

2. C'est d'ailleurs la raison pour laquelle c'est, selon lui, sans contradiction que Lévi-Strauss peut se dire matérialiste, malgré l'idéalisme apparent de sa théorie de la structure.

3. *STYL*, p. 139.

4. *Ibid.*, p. 140.

5. Pour Lévi-Strauss, « la structure feuilletée du mythe (...) permet de voir en lui une matrice de significations rangées en lignes et en colonnes, mais où, de quelque façon qu'on lise, chaque plan renvoie toujours à un autre plan » (*Le Cru et le Cuit*, *op. cit.*, p. 346).

En fait, l'erreur de Lévi-Strauss est double, selon Granger, et découle à chaque fois de ce que le modèle sémantique n'est pas perçu comme intermédiaire d'une pratique rationnelle, de ce qu'il n'est pas compris dans sa vérité de *médiation*. D'une part, la structure sémiotique, prélevée sur matériau symbolique du monde, n'est pas encore une structure formelle, même si elle constitue l'antichambre de la formalisation. En effectuant des coupes dans le vécu symbolique, la structuration sémiotique établit en effet « plusieurs traces formelles, c'est-à-dire des images ayant les propriétés de systèmes informationnels parfaits »[1]. Elle assure ainsi la « coordination d'un corps d'expérience – ou d'un corps de concepts encore proches de l'expérience – au corps des objets abstraits définis dans le modèle mathématique »[2]. Il arrive que ce découpage soit parfaitement réussi, et se prête avec une « grâce admirable » à la formalisation. Ainsi en est-il du modèle sémiotique des systèmes de parentés, non plus vécus comme ensemble de relations interpersonnelles, mais considérés abstraitement comme relation entre *classes* de parenté[3] et qui peut aisément faire l'objet d'une formalisation de type algébrique. Dans ce cas, la réalisation d'un modèle sémiotique correspond à un travail de délimitation des éléments représentatifs de l'expérience susceptibles de formalisation, de mise en forme des données observées, et de calcul (non de justification) de règles apparemment arbitraires[4]. D'autres fois, cependant, comme dans l'analyse des mythes, la structuration sémantique manque de rigueur, dans la mesure où « l'exceptionnelle virtuosité » de l'ethnologue accomplit souvent « d'inquiétantes prouesses » interprétatives qui ne sont pas toujours pleinement convaincantes[5].

D'autre part, les essais d'élaboration de structures mythiques ne constituent pas des fragments de connaissance achevée, mais seulement des sous-programmes servant d'appoint, à l'élaboration des sciences proprement dites, expliquant « par des modèles cybernétiques complets ce qui a lieu dans le temps, l'espace et les individualités réellement saisissables par l'expérience »[6]. En survalorisant les structures, Lévi-Strauss à tendance à fétichiser le résultat d'une opération, à oublier que le système sémiotique est dégagé par un mouvement de structuration, qui doit être

1. *STYL*, p. 277.
2. *Ibid.*, p. 254.
3. *Les Structures élémentaires de la parenté*, Paris, La Haye, Mouton et co., 1981.
4. *STYL*, p. 266.
5. *Ibid.*, p. 138.
6. *Faits*, p. 271. Sur cette dimension pragmatique de la cybernétique, cf. *supra*, p. 175-179 et p. 182-185.

replacé dans un contexte *pratique* plus large. Ainsi, l'analyse algébrique définit le modèle, et détermine « l'*objet* que la pensée scientifique substitue au phénomène directement observé », mais elle ne nous dit rien sur « le *fonctionnement* du modèle »[1]. En particulier, ce serait une erreur de considérer que les règles exprimées abstraitement dans une structure correspondent à des constantes empiriques (les « lois » d'un positivisme sommaire), puisque, dans la réalisation d'un modèle de parenté particulier, les règles peuvent être mises en échec et transgressées. C'est même au contraire parce que les structures sont séparées par abstraction du vécu que se pose quelque chose comme le problème de leur *application* ou de leur *fonctionnement.* Analyser l'*usage* d'un système signifiant n'est pas en repérer la structuration formelle. La méthode diffère, qui correspond à une investigation *pragmatique* du système signifiant en question. Pour autant, les deux démarches ne sont pas rivales mais complémentaires, car aucune n'est auto-suffisante : la « schématisation formelle, détachée du commentaire pragmatique, demeure aveugle, et la plupart du temps assez vaine »[2]. La systématisation quasi-formelle des mythes ne suffit donc pas à fournir la connaissance scientifique d'une réalité humaine, « si elle n'est assortie d'une théorie empirique de leurs connotations » : coupée de tout commentaire pragmatique, elle paraît « essentiellement incomplète et ne peut justifier les conclusions pour ainsi dire métaphysiques qu'en tire son auteur ». Tout le problème de l'analyse pragmatique d'un système signifiant tient à la nature *plus que linguistique* des connotations qui s'attachent à ses signes[3].

Le panglottisme

La multiplicité et la diversité des systèmes symboliques signifiants qu'on peut découper dans le vécu de l'expérience, à titre de schème en vue d'une modélisation formelle effective du fait humain, est indépassable. Ce serait dès lors une erreur que de donner à la langue une importance excessive, en la constituant en une sorte de modèle *général* des systèmes signifiants non formels – le « panglottisme » est une maladie de jeunesse de

1. *Faits*, p. 267.

2. *Ibid.*, p. 277.

3. « Plus que linguistique » parce que nous réservons le terme « méta-linguistique » à la réflexivité (cf. *supra*, p. 126 et 139) et que ces connotations ne sont pas pour autant « non-linguistique », comme on va l'expliquer.

la pensée structuraliste[1]. Cette idée d'un *paradigme* linguistique est un « mirage », car la langue naturelle n'est qu'un cas particulier (encore que remarquable) de système d'articulation de l'expérience[2]. Elle contient bien une articulation support qui est un système formel (niveau phonologique), mais s'y superposent ensuite d'autres niveaux hiérarchisées où la pertinence des éléments demeure floue.

Trois conséquences découlent de cette particularité symbolique, qui permettent de rendre compte de *l'importance relative* du langage. Celui-ci, s'il constitue bien le *cœur* de l'univers symbolique, n'en épuise pas à lui seul la richesse. D'abord, le concept de langue ne constitue pas « un individu complet et autonome », mais au contraire une simple « facette d'un fait humain plus complexe »[3]. Ensuite, « la langue interfère constamment avec les autres systèmes symboliques constituant d'autres facettes du fait humain, en particulier dans la mesure où elle sert à tous de métalangage universel »[4]. La centralité de la langue dans l'univers sémiotique lui confère un rôle d'échangeur symbolique universel, qui explique que, sans être exhaustive, on trouve sa trace dans tous les autres systèmes symboliques qu'elle met en rapport (réalité sociale, for intérieur), « à tel point qu'il est souvent impossible de reconstituer de tels systèmes sans y importer les traits appartenant à la langue des sociétés dont il sont le produit »[5]. Enfin, et ce n'est pas le moindre facteur de confusion, « la langue se marie aux autres systèmes symboliques, en tant qu'elle fournit très souvent leur *substance* ». Cette intrication explique que la sémantique (sémiotique de la langue) déteigne, en quelque sorte, sur la sémiotique des systèmes adjacents auxquelles elle se trouve imbriquée : les éléments signifiants plus ou moins bien définis de tels systèmes – comme celui des

1. G.-G. Granger, « Au lecteur, sur les structuralismes », préface à la réédition de *PFSH*, p. 4.

2. *Faits*, p. 274. Cf. *supra*, p. 101-104.

3. *Ibid.*, p. 273. Granger critique au passage la « proclamation saussurienne d'indépendance », comme étant « un artifice polémique et méthodologique » justifié par l'époque et le contexte. Il conviendrait évidemment aujourd'hui de nuancer la sévérité de ce jugement, à la lumière de la réévaluation récente du projet sémiologique *général* de Saussure, qui relativise notamment la rigidité de la partition langue-parole – *cf.* Simon Bouquet, *Introduction à la lecture de Saussure*, Paris, Payot, 1997. Eugenio Coseriu avait très tôt opté pour cette orientation « post-structuraliste » (E. Coseriu, *L'homme et son langage*, Leuven, Peeters, 2000).

4. *Ibid.*, p. 274.

5. *Ibid.* Non sans prudence, Granger accrédite ainsi une intuition de Humboldt : « C'est en ce sens surtout qu'on pourrait comprendre et réduire à sa juste proportion l'idée métaphysique humboldtienne d'un façonnement par la langue de toute vision du monde et de toute culture ».

mythes, par exemple – « sont eux-mêmes des fragments de messages linguistiques » déjà pourvus, comme tels, de renvois à l'expérience. De sorte que l'organisation du langage « interfère de façon complexe et largement indéfinie avec celle-là même du système symbolique qui lui est surimposé »[1].

La langue est donc présente partout et s'immisce, à des degrés divers, dans tous les autres systèmes symboliques. D'où « la puissance de l'attrait exercé par la linguistique, et la *subreptio* mal consciente par laquelle on identifie indûment à des structures de langue toute structuration d'une réalité symbolique ». Le travail philosophique *critique* consiste alors autant à comprendre la tentation, à dégager le sens de son caractère rationnellement inévitable, qu'à la refuser de façon argumentée en exhumant le caractère erroné de ses présupposés théoriques implicites. Toute la difficulté consiste à admettre que, si l'on trouve du linguistique partout dans l'univers symbolique, tout symbolisme n'est pas pour autant linguistique. On ne peut donc considérer la langue comme « objet par excellence des sciences de l'homme », au point de réduire aux procédures linguistiques toute méthode pour l'analyse du fait humain. Il faut au contraire en souligner la spécificité et « les limites que rencontre, par conséquent, l'extension des méthodes du linguiste »[2]. Aussi convient-il toujours de resituer la sémantique au sein d'un ensemble sémiotique plus vaste qui le dépasse et en est la source, et de reconduire la réflexion à cette donnée première de la polysémie, du plurisymbolisme humain.

L'analyse pragmatique des systèmes signifiants impose donc de difficiles et délicates interprétations, du fait de cette prégnance symbolique de la langue dans un système qui ne s'y réduit pas, mais la déborde au contraire de toute part[3]. D'où certaines équivoques de l'analyse. Ainsi, il n'est pas déraisonnable de supposer que, même si les relations de parenté ou les récits mythiques ont en tant que tels une structure propre, « leurs modes autochtones d'expression linguistique peuvent occasionnellement la déterminer, la renforcer ou la masquer ». Or la démarche de Lévi-Strauss

1. La logique constitue un cas particulier de cette intrication puisque, dès ses commencements, elle est un système formel construit avec des éléments qui sont eux-mêmes des messages linguistiques, et qui cherche à « neutraliser tous les caractères naturels de ces messages », et à faire apparaître leurs combinaisons comme « réduites à un petit nombre de propriétés soumises à des critères univoques » : « C'est ainsi qu'est amorcée par Aristote et les Stoïciens l'entreprise de superposer au langage un schéma formel, interprété alors, il est vrai, comme reflet et modèle d'une ontologie » (*Faits*, p. 274).

2. *Faits*, p. 273.

3. *Ibid.*, p. 278.

évacue purement et simplement le problème: «l'ethnologue semble être assuré que, d'être traduites dans sa langue, ces expressions [linguistiques autochtones] se trouvent neutralisées et livrent alors un donné purifié de toute organisation linguistique». Au contraire, reconnaître la difficulté, c'est tenir compte du fait que la structuration linguistique tout à la fois «contribue à donner forme à la substance du système et à en masquer l'organisation propre»; et affronter le problème ne peut être que difficile[1]. Car la seule solution consiste à avoir une connaissance suffisante de la langue-ingrédient pour pouvoir tenter de la *décoller*, pour ainsi dire, des autres signes auxquels elle adhère: «une connaissance scientifique et pratique de la langue amalgamée [est] indispensable à qui veut entreprendre de segmenter un tel système signifiant»[2].

En quoi cette opération délicate de *partage des sens* (linguistique et autre) au sein d'un système signifiant ne saurait-elle être qu'*interprétative*, et n'admet-elle pas de solution toute faite? Certes, la connaissance d'un fait humain passe par l'objectivation: il ne s'agit pas de se fier à la seule perception des fais humains, simple glose du vécu, courant toujours le risque de platitude et de confusion, mais d'élaborer des modèles formels de l'ensemble significatif envisagé. Reste qu'un système signifiant complexe, où la langue s'amalgame, comme celui des mythes par exemple, ne peut être passible d'une analyse seulement phonologique. Il y a là une illusion dont Granger a établi la nature transcendantale. En effet, si la segmentation saussurienne fonctionne si bien à ce niveau de la langue, c'est qu'il coïncide naturellement avec un système formel qui constitue l'articulation fondamentale d'une langue. Aux autres niveaux, en revanche, la segmentation en unités saussuriennes ne va pas sans difficultés, «surtout lorsque l'on essaie d'atteindre l'organisation sémantique»[3]. Cela est *a fortiori* le cas concernant les systèmes signifiants non-linguistiques, où l'isolement de systèmes formels est «infiniment plus mutilant», et n'a, du coup, rien d'absolu: «il ne faut cesser alors de souligner le caractère relatif, et peut-être arbitraire, de la segmentation proposée, en replacer en tout cas le système dans le réseau beaucoup plus flou et compliqué de ce que nous appelons les renvois connotatifs»[4].

1. *Faits* : « on voit que la tâche du sémiologue est ardue ».

2. Emmanuel Désveaux a récemment défendu cette hypothèse, en prolongeant en quelque sorte l'entreprise amérindienne des *Mythologiques* contre Lévi-Strauss lui-même. Cf. *Quadratura Americana. Essai d'anthropologie lévi-straussienne*, Paris, Georg, 2001.

3. *Faits*, p. 279.

4. La langue se prête aussi à une formalisation artificielle («par en haut»), comme les autres systèmes symboliques. Cf. *supra*, p. 112.

Expliciter les connotations métalinguistiques d'un systèmes signifiant, c'est donc essayer de saisir, sous la langue qui les informe, les significations du symbolisme : il faudra pour cela multiplier les modèles formels sans se contenter d'un découpage unique (phonologique). Or cette explicitation des connotations métalinguistiques ne peut elle-même être que de nature linguistique, les commentaires accompagnant la structuration sémantique et formelle ne pouvant être mathématiquement formulé[1]. L'acribie souhaitée ne peut être atteinte que de façon restreinte : « les déductions tirées de ces multimodèles doivent perdre en général de leur rigueur ». La connaissance de l'individuel ne peut donc prétendre à une précision absolue, du fait de la « surdétermination indéfinie » de l'univers humain : elle ne peut s'achever qu'en *histoire*[2].

La gageure consiste finalement à penser *linguistiquement* des significations déjà mises en forme dans une langue. Pour ne pas en rester à une analyse du matériau *linguistique* inclus dans le système signifiant considéré, il faut construire des systèmes formels multiples et commenter de façon, pour ainsi dire, *trans-linguistique* les significations *cis-linguistiques* que ces modèles permettent de conférer à l'ensemble signifiant étudié. Autrement dit, c'est encore le langage qui décolle la langue-ingrédient des autres significations et parvient *in fine* à les penser. Mais si les autres significations sont toujours déjà formulées dans une langue-ingrédient, c'est une *autre* langue qui s'efforce des les *reformuler* réflexivement dans le cadre d'une connaissance conceptuelle, qui n'est elle-même possible que parce que le langage est la métalangue universelle[3].

Le schématisme sémiotique comme causalité

Le schématisme sémiotique est l'autre nom de la *causalité*. D'un côté, en effet, les modèles cybernétiques purement formels de faits humains, loin d'en épuiser la polysémie, laissent un résidu de signification; de l'autre, les sous-modèles sémiotiques (comme les systèmes de parenté de Lévi-

1. *Faits*, p. 280 : on ne peut compter, pour « assembler les systèmes locaux légitimement établis par la pensée formelle, que sur les langages naturels ».

2. *Ibid.*, « Et c'est par cette surdétermination indéfinie que nous avons ailleurs caractérisé épistémologiquement l'historicité. Il faut donc dire que le contrôle du savoir s'effectue ici par l'histoire, c'est-à-dire par l'application du faisceau des modèles formels en lesquels on a dissocié un système signifiant, à la description d'un *événement* aussi circonstancié que possible ». Sur la spécificité paradoxale de la discipline historique, *cf.* p. 216-223.

3. Granger, « La philosophie du langage dans les sciences exactes », *La philosophie du langage*, de Gruyter, vol. 2; repris dans *Philosophie, langage, science*, Paris, EDP Sciences, 2003, chap. 20, p. 295-326; citation : p. 298.

Strauss) ne sont pas autonomes, car ils ne font que dessiner « le schéma (...) de l'expression efficace des significations diffuses »[1]. De sorte que c'est seulement par l'*articulation* conjointe d'un modèle cybernétique formel et d'un sous-programme sémiotique qu'on peut constituer un modèle effectif de connaissance du fait humain. Or cette opération d'articulation, ou, plus exactement, d'intégration, opération proprement *pragmatique* d'incarnation de la structure, correspond à un jugement de détermination *causale* : la description sémiotique a surtout pour but « d'assigner dans un système de relations abstraites logiquement ou mathématiquement manipulables *un rôle causal défini aux significations* »[2].

Aussi bien le sens véritable de la notion de causalité est-il *pragmatique*. D'où l'ambiguïté « théorique », et le statut « paradoxal » de cette catégorie : son fonctionnement n'est en effet éclairci que par l'adjonction aux considérations logiques de précisions indexicales. L'approche *logique* conçoit en effet la causalité de façon minimaliste, comme un lien entre énoncés, et non de façon traditionnelle (comme Kant et Hume notamment) comme lien entre événements. Une telle logique de la causalité explicite les règles purement syntaxiques et sémantiques d'usage des mots « cause » et « effet » – le type de langue (formelle, vernaculaire) dans laquelle cette formulation est opérée revêt alors une importance capitale. Or les tentatives logiques de « réduction de la pensée causale à un *calcul* »[3], se heurtent à des difficultés insurmontables. Plus encore que celles de H. A. Simon[4] (d'inspiration carnapienne), et de Suppes[5] (probabiliste), l'approche de Mackie[6] retient tout particulièrement l'attention de Granger parce qu'elle constitue le meilleur résultat obtenu par une analyse empiriste de la notion de cause.

Mackie la définit en effet au moyen de la notion d'*inus* : « une partie insuffisante, mais nécessaire, d'une condition elle-même non nécessaire mais suffisante », qui présuppose la possibilité de découper le « champ

1. G.-G. Granger, « A quoi servent les noms propres ? », art. cit., p. 139.

2. *Faits*, p. 282. Cf. *supra*, p. 179-181.

3. *Causal*. Ce texte (écrit en 1974) est contemporain des deux autres textes importants consacrés aux sciences humaines, et déjà cités (*Explic* et *Faits*). Les conclusions en sont reprises dans *VERIF*, p. 285-287.

4. H. A. Simon, « On the Definition of the Causal Relation », Journal of Philosophy, 49 (16), 1952, p. 517-528.

5. P. Suppes, *A probabilistic Theory of Causality*, Amsterdam, North Holland, Publishing Company, 1970.

6. J. L. Mackie, « Causes and Conditions », *American Philosophical Quarterly*, vol. 2, n°4 ; Granger souligne ce que Mackie doit à K. Marc-Wogau, « On historical Explanation », *Theoria*, vol. 28, 1962 ; *The Cement of the Universe. A Study in Causation*, Oxford, Clarendon Press, 1974.

causal » en ensembles de conditions suffisants et minimaux, dont la disjonction constitue la condition suffisante et nécessaire de l'événement considéré. Outre l'ambiguïté *logique* des expressions de « condition nécessaire / suffisante », et de « champ causal », Granger formule une objection décisive touchant la catégorie d'*événement*[1], particulièrement instructive touchant son projet ontologique. Mackie pose en effet explicitement la présence de jugements de causalité « généraux » à côté des jugements portant sur des événements propres, c'est-à-dire apparemment singuliers. Mais Granger établit un gradient d'abstraction destiné à distinguer l'événement *propre*, subjectivement vécu, qui relève du sentiment mais non de la science (sauf dans le cas-limite et paradoxal de la connaissance historique), l'événement *référencié*, l'événement *générique*, et enfin la *loi* empirique[2]. Cette analyse lui permet de s'opposer à la conception *unitaire* de Mackie, et au postulat d'une continuité entre causalité familière et causalité scientifique. Du point de vue du rapport d'un événement à sa description, la causalité est en effet une notion épistémologique troublante qui semble *disparaître* avec l'abstraction. D'une part, conçue comme liaison entre événements, elle concerne avant tout les événements propres, et trouve son usage le plus naturel dans la pratique courante de la vie, et son expression la plus spontanée dans la langue vernaculaire. D'autre part, transposée dans la connaissance scientifique, véhiculée par les expressions surveillées d'un symbolisme adéquat aux sciences, sa réduction en termes logiques « exige une abstraction très poussée de la notion d'événement, abstraction au terme de laquelle l'intuition causale disparaît au profit de la saisie de connexions propositionnelles : la cause n'est plus alors qu'une architecture quelque peu alambiquée de conditionnement, au sens d'un calcul des énoncés »[3]. Finalement, dans un système d'explication scientifique suffisamment élaboré, désigner une cause c'est « prendre un point de vue particulier sur la structure d'ensemble des phénomènes ». Or, la particularité de ce choix ne peut être reconnue comme telle que si le système est construit dans sa totalité. C'est pourquoi, dans les sciences les moins avancées, les explications causales jouent un rôle prépondérant, qu'elles

1. *Causal*, p. 134-137.

2. L'événement propre est symboliquement saturé. Et l'événement humain est surdéterminé. De ce point de vue, il semble que la notion d'événement « quelconque », dont Ruwen Ogien (« Plaidoyer pour l'événement quelconque », *Raison pratique n° 2. L'événement en perspective* (J.-L. Petit dir.), Paris, EHESS, 1991) s'est fait l'avocat, ne vaille pour Granger que pour les événements abstraits, mais jamais pour les événements « propres » (actuels).

3. *Causal*, p. 137.

cessent progressivement d'exercer à mesure que la structuration de leur champ se perfectionne[1].

Aux yeux de Granger, la causalité est donc une notion indépassable de la science, contrairement à la thèse de Russell[2], mais sous une forme renouvelée. On ne saurait en effet la définir de façon purement *logique*, et la réduire la notion à un lien entre des énoncés (un calcul), car elle ne peut être pleinement formalisée, au point de ne comporter qu'une syntaxe et une sémantique sans pragmatique. Seule l'analyse nuancée de la notion d'*événement* lui permet précisément de donner un sens déterminé à cette dimension de la causalité, entendue comme les « conditions d'usage d'une logique de la cause dans son application à la connaissance des objets »[3]. De sorte que, si la catégorie de causalité est un transcendantal au statut « paradoxal », c'est finalement parce qu'elle n'acquiert la clarté conceptuelle d'une liaison logiquement construite (entre des abstractions d'événements) qu'en perdant sa vraie raison d'être *pragmatique*, consistant à être un lien effectif entre deux événements propres[4].

Aussi bien la véritable valeur de la notion de causalité est-elle *stratégique*, au sens où sa vocation profonde est d'articuler le théorique au

1. C'est pourquoi, dit Granger, il peut y avoir une résurgence de la causalité en physique contemporaine, dans la mesure où, dans ses parties les plus nouvelles, comme en physique quantique, la physique cherche encore ses structures explicatives. Par cette remarque, peut-être Granger répond-il (par avance) à l'objection que pourrait constituer la thèse de Max Kistler, qui s'appuie fortement sur une interprétation de la théorie quantique et considère la causalité d'abord comme un concept *théorique*, comme le singulariste Tooley, et contre Mackie (Ducasse et Anscombe), qui insiste sur la dimension *observable*. La notion de « responsabilité causale » (à laquelle il veut donner, comme au concept de loi, un sens a-juridique) lui sert à passer du micro au macrophysique. La relation causale aurait lieu entre des événements, et la responsabilité causale aurait pour termes les faits que ces événements ont certaines *propriétés*. Cette définition de la notion de causalité liant un niveau abstrait et le niveau des événements concrets, semble s'opposer à la gradation grangérienne allant de l'événement abstrait à l'événement propre, en passant par l'événement générique. Aussi bien Kistler intègre-t-il à son schéma les lois *ceteris paribus*, en refusant la partition traditionnelle entre celles-ci et lois strictes, qui paraît toutefois conserver un sens à la lumière de la différence entre l'actuel et le non-actuel. *Cf.* M. Kistler, *Causalité et lois de la nature*, Paris, Vrin, 2000.

2. *Cf.* B. Russell, « On the Notion of Cause », *Proceedings of the Aristotelian Society*, 13, p. 1-26.

3. *Causal*, p. 135.

4. Même si Granger ne semble pas avoir directement abordé la question, on peut souligner que la dimension pragmatique qu'il confère à la causalité, et la définition qu'il en donne en terme de lien entre événements propres, de même que le terme de *décision* (élection stratégique d'un facteur causal) l'orientent vers une conception *singulariste*. Pour Granger, la causalité semble bien viser le *ceci*, avant la répétition. La régularité n'a de sens qu'à des niveaux plus abstraits, et la singularité perd le sien au niveau structural.

pratique. De fait, dans une explication scientifique, la causalité intervient aussitôt que la connaissance objective sert de point d'appui à une technique de production ou d'action, alors que la théorie scientifique déploie des structures, l'art d'exécution, à quelque niveau qu'il se produise, désigne des causes et des effets. Le mécanicien expérimenté qui remet d'un simple mouvement un moteur en marche ne connaît rien à la théorie thermodynamique, mais il sait que, dans certaines circonstances, tel réglage des soupapes est cause d'une bonne carburation. Et dans la mesure où « une connaissance se situe, par nécessité ou par choix, au plus près d'une pratique, elle usera de la causalité, dont la vraie valeur est stratégique »[1]. Cela est vrai pour toutes les sciences, mais avec une importance différente selon leur objet. Ainsi, dans les sciences physiques, la causalité disparaît aux niveaux abstraits de la structuration de l'empirie et mais réapparaît *inévitablement* « aux points d'articulation d'une connaissance théorique même développée, avec la pratique »[2].

La situation des sciences humaines est plus ambiguë. La surdétermination symbolique du fait humain fait obstacle à son objectivation formelle exhaustive, de sorte que, contrairement aux autres disciplines qui se prêtent à une explication structurale, la formalisation cohérente n'y vaut pas encore explication[3] : « le recours au raisonnement causal dans les sciences de l'homme exprime justement l'impossibilité de s'en tenir jusqu'au bout au paradigme d'une connaissance par modèles et structures »[4]. Pour aller plus loin dans l'explication, il faut reconnaître en bloc le pouvoir déterminant des aspects non réduits de l'événement signifiant en le désignant comme *cause*. Assigner une cause, c'est donc prendre une « *décision* dans laquelle se condense la surdétermination du vécu ». Ainsi, le modèle de Keynes est d'une insuffisance assumée précisément parce qu'il est « ordonné à l'application immédiate d'un raisonnement causal : il vise à mettre en relief un facteur stratégique qui puisse être considéré comme la *cause* du plein emploi et manipulé comme tel »[5]. Toute la difficulté est de

1. *Causal*, p. 137.

2. *Ibid.*, p. 131.

3. *Ibid.*, p. 137-138 : « Les autres sciences associent aux phénomènes qu'elles veulent décrire et expliquer des signes qui les représentent, et, plus radicalement même, auxquels on les réduit : ce sont les relations abstraites établies entre ces signes qui constituent un modèle des phénomènes, objet des déductions et des combinaisons de la pensée logique. Expliquer, c'est alors montrer la cohérence d'un modèle et prouver, dans le modèle, une propriété qui soit le signe de la propriété du phénomène ».

4. *Ibid.*, p. 140.

5. *Causal*, p. 142.

savoir jusqu'où peut aller l'analyse structurale, afin d'éviter de faire passer pour science « ce qui n'est que la constatation ou la promulgation d'un moment ultime de décision »[1]. Si Granger est certain de la *nécessité* de ce saut périlleux du structural au causal (c'est un « risque inéluctable » que les sciences humaines doivent courir), il ne précise pas comment ce problème d'appréciation peut être résolu. Il se contente d'inviter à penser cette décision sans hâte, et de la façon la moins intuitive possible, « comme un choix entre plusieurs possibles, un système de probabilités, bref quelque chose qui présente des caractères d'objectivité »[2].

Prise dans une oscillation (un « va-et-vient ») entre structure et cause, l'explication en science humaine quitte donc l'explication structurale en vertu d'une *décision*. Par quoi Granger entend ici le moment du jugement d'imputation causale de l'observateur, celui où, quittant la certitude du modèle, qui ne concerne que les formes abstraites des événements, le chercheur prend le risque d'élire, pour un événement particulier pris dans sa complexité symbolique, un facteur particulier qu'il considère comme responsable (dans une mesure variable, et qu'il lui revient d'apprécier) de l'état d'un autre événement particulier, lui aussi pris dans sa complexité symbolique. L'identification du facteur constitue la reconnaissance de la décision, et la manipulation de ce facteur sa mise en œuvre effective. La position de Granger paraît ambivalente, tant il semble regretter une confusion théorico-pratique qui, dans le moment de la décision, est pourtant inévitable. D'un côté, en effet, il ne se considère pas « de ceux qui dénoncent avec éclat toute espèce de « neutralisme » dans les sciences de l'homme comme un leurre, et prétendent substituer de gaieté de cœur une vision volontariste de l'homme et de la société à la science »[3] ; de l'autre, il reconnaît « bon gré, mal gré » les limites de l'objectivation du fait humain à cause de sa saturation symbolique. Et s'il ne veut pas rendre hommage aux détracteurs de la science, il se défend de cautionner « le parti des croyants inconditionnels au progrès univoque de l'esprit humain »[4]. On le voit, par delà cette double précaution, la décision est laissée à une indétermination (sinon à un arbitraire) tacite, que le terme de « stratégie » cherche à neutraliser sur le mode technique de l'application instrumentale.

1. *Ibid.*, p. 141.

2. *Ibid.*, p. 142, et « Science de la pratique et pratique de la science dans le domaine des faits humains », art. cit., p. 74.

3. *Ibidl.*, p. 139.

4. *Ibid.*, p. 143.

En psychanalyse, cette décision semble correspondre pour lui à l'acte thérapeutique : l'analyste réinjecterait dans le circuit l'information fragmentairement interprétée, afin de restaurer un nouvel équilibre du système. Autrement dit, l'analyste opérerait une décision stratégique dans la mesure où il n'expliquerait pas, mais révélerait des causes[1] : en reconnaissant que certains événements de la vie du patient ont déterminé le fonctionnement actuel de son organisme, et il les lui redonnerait à vivre pour modifier son état[2]. Dans le cas freudien, il y aurait ainsi à la fois reconnaissance et mise en œuvre d'une décision, au sens il faudrait d'abord identifier les éléments symboliques des événements passés responsable d'un trouble du comportement, puis tenter stratégiquement de les faire revivre pour altérer le comportement pathologique[3]. L'histoire est, quant à elle, qualifiée de « règne de la causalité » parce qu'elle conjugue causes et effets en intrigues, en présentant chaque événement dans sa dimension surdéterminée. Selon Granger, « chaque événement est présenté dans son caractère de décision, justement selon ce par quoi il échappe à chacune des structures multiples dans les mailles de laquelle une tentative d'explication scientifique s'efforce de le contenir »[4]. Toute la difficulté de l'histoire consiste dès lors à établir ce qui relève de la science et « ce qui n'est plus que la constatation ou la promulgation d'un moment ultime de décision ».

Parce que le sous-modèle sémiotique, qui correspond à l'attribution d'un rôle causal aux significations résiduelles surdéterminant le fait humain, est nécessairement *requis* à titre de schème pour la connaissance de l'individuel, la causalité est une catégorie indépassable des sciences humaines – l'explication y oscillant entre explication structurale et explication causale, comme l'atteste la fécondité de la modélisation. Dans les autres sciences, en effet, la causalité est exclue de l'explication proprement scientifique; elle ne constitue que le moment final et clairement séparé d'une modélisation de l'empirie, qui se prolonge en pratique techniquement normée à l'issue d'une décision stratégique, attestant de la dissociation ordonnée, et de la domination théorique de la *praxis*. Au

1. On notera qu'après avoir opposé explication structurale et explication causale, Granger oppose ici l'assignation d'une cause à l'explication tout court. D'où une certaine ambiguïté.

2. Granger est le premier à admettre le caractère « sommaire » d'une telle présentation du freudisme.

3. Une telle reconstruction du travail de la cure prête évidemment le flanc à tous les reproches d'influence et de manipulation, rémanents dans les critiques adressées à la psychanalyse.

4. *Causal*, p. 141.

contraire, si la causalité représente un moment *central* et nullement subsidiaire de l'explication en sciences humaines, c'est parce que le « rapport privilégié de la connaissance et de la pratique » y est « irréductible »[1]. Faiblesse indépassable de la théorie, tare structurelle de l'explication de l'humain, la causalité est le symptôme du mélange inextricable de théorie et de pratique en sciences humaines, mixte d'autant plus indémêlable que le *mode* d'assignation de la causalité y procède au cas par cas. Tel pourrait bien être le sens de la remarque de Granger touchant la nature finalement *interprétative* de la « sémiologie », définie comme activité de constitution du schématisme sémiotique, dont les règles techniques ne sont pas explicitement formulables : il serait « illusoire » de prétendre les énoncer et elles « ne peuvent guère s'éprouver que dans le traitement concret des phénomènes »[2]. On ne saurait donc en établir un canon a priori, de sorte que la sémiologie semble ne pas pouvoir pleinement s'émanciper de l'horizon interprétatif de la lecture indiciaire, dont la thématisation explicite relève d'un commentaire stylistique[3].

Le complément de l'analyse stylistique

La constitution d'un modèle formel des phénomènes est certes une étape importante (surtout s'il est complexe), mais, on ne saurait dire que l'individuel est alors atteint. On objectera à bon droit que, par définition, celui-ci est surdéterminé et déborde toute analyse. Reste que la surdétermination qui le caractérise peut encore, à ce stade, être réduite. En effet, le résidu signifiant connoté peut faire l'objet d'une structuration *a parte post*, afin d'éclairer certains aspects de l'insertion dans le vécu signifiant des systèmes formels établis par l'analyse : c'est la « stylistique » du système signifiant[4].

1. *Causal*, p. 139.
2. *STYL*, p. 278.
3. On peut tout au plus « souligner et commenter les obstacles majeurs » que cette sémiologie doit rencontrer (cf. *supra*, p. 199-203) sur le « planglottisme »). Granger (« Le caractère comme structure d'information », art. cit., p. 110) opposait à la « conception séméiologique primitive des débuts de la médecine », fondée selon lui sur une recherche des « signes isolés », la caractérologie basée sur des « systèmes symboliques » (informationnels). Mais, dans la lecture des signes, la clinique n'échappe pas complètement au « paradigme indiciaire » souligné par Ginzburg (« Traces. Racines d'un paradigme indiciaire », in *Mythes, Emblèmes, Traces. Morphologie et histoire*, Paris, Flammarion, 1989). Cf. *infra*, p. 233.
4. *Faits*, p. 278.

Au-delà des questions d'économie interne de la philosophie pratique grangérienne, déjà mentionnées, ce sont les aspects techniques touchant la définition même du style, ses modalités et ses limites, qui retiendront ici notre attention. L'œuvre, phénomène humain, est appréhendée comme message, et les significations sont de ce fait susceptible d'une formalisation (notamment qualitative). Or le style cherche à rendre raison du résidu de l'analyse informationnelle de l'individuel. D'une manière générale, le fait de style correspond à la présence de règles ; et l'enquête stylistique équivaut à une régulation : « Dans la mesure où cette redondance n'apparaît pas comme distribuée de façon totalement aléatoire, où dans son traitement s'ébauchent certaines constances, il y a *style* » [1]. On peut donc considérer que le fait de style consiste en une organisation latente des éléments non-pertinents du message. Mais cette structuration admet une double originalité : d'abord, si le style est régi par certaines règles, celles-ci sont toujours dégagées après coup (*a parte post*), et ne sauraient être considérées comme des descriptions préalables à la construction des énoncés. Par ailleurs les règles de style ne forment pas un système rigoureux et fermé (comme celui de la grammaire, par exemple), mais au contraire souple et ouvert, dans la mesure précisément où le non pertinent qu'elle exploite a des frontières indéterminées (ce qui ne va pas sans poser des problèmes de repérage).

Catégorie de la pratique, articulant les structures aux situations historiques, le style est un produit de la réflexion philosophique. C'est en effet celle-ci, elle-même rendue techniquement possible par la réflexivité linguistique, qui, faisant retour sur certains modes d'approche de l'objet dans les sciences humaines, est capable de les *qualifier* comme relevant d'un certain *type* de style : style « énergétique » pour l'économie marginaliste (Jevons, Walras, Menger) et Cournot, la psychologie behavioriste, la psychanalyse freudienne, la linguistique chomskyenne ; style « cybernétique » pour certains économistes (Keynes, Pareto), les psychologues de la forme (Koffka, Lewin), la caractérologie informationnelle, certains travaux de Bourdieu et de Touraine ; style « de l'équilibre » (à tendance énergétique) pour la théorie des jeux (von Neumann et Morgenstern) et l'épistémologie génétique de Piaget. Reste que la qualification du mode de réduction formel comme style particulier, *via* l'analyse des obstacles rencontrés par le travail de structuration du phénomène, n'est qu'un des aspects du travail philosophique. La réflexion se penche en effet alors sur le mouvement *aller*, pour ainsi dire, qui mène des significations à la forme.

1. *STYL*, p. 8.

Mais les modalités du mouvement *retour*, c'est-à-dire les manières, plus ou moins heureuses, dont un modèle formel s'applique à un vécu signifiant, appellent légitimement un examen corrélatif : les questions stylistiques concernent en effet « le passage du vécu aux structures qui l'objectivent, et éventuellement le passage inverse – mais nullement symétrique – de l'objet scientifique à la ressaisie active du vécu »[1]. S'interroger sur le mode d'utilisation des structures, ce n'est pas examiner l'état des mathématiques sociales pour « recenser les formes et en décrire les instruments », mais pour « découvrir quelques modalités typiques de l'*usage* des structures mathématiques »[2].

Dans cet examen stylistique de *l'application* des structures, différents types de problèmes sont à considérer qui, d'une manière générale, doivent permettre de mieux saisir la signification du savoir scientifique et « l'articulation de l'abstraction à l'expérience ». Le premier est une question de *topique*, qui revient à se demander si et à quelles conditions telle structuration mathématique peut s'appliquer à un domaine phénoménal précis. Le second concerne la *stratification* de la structure, qui est nécessairement requise par la « dialectique des modèles » proposés successivement pour rendre compte des aspects résiduels et non intégrés du phénomène dans cette structure. Enfin se pose une question d'*interprétation*, touchant « le rattachement du modèle au vécu, ou du moins aux concepts d'ordre supérieur (dans une échelle d'abstraction décroissante) », autrement dit « la coordination d'un corps d'expérience – ou d'un corps de concepts encore proches de l'expérience – au corps des objets abstraits définis dans le modèle mathématique »[3].

1) Les problèmes *topiques* concernent « le rôle de la structure abstraite dans la détermination de l'objet des sciences humaines, et la formulation des conditions de réductibilité de l'expérience ». Les conditions d'une introduction de la *mesure* dans les phénomènes humains en constituent un bon exemple : il faut que le phénomène puisse être considéré comme ensemble d'éléments, ce qui exclut les objets relativement indistincts[4]. Le problème topique ne se réduit pas pour autant à une question de quantification car certaines structures algébriques ne sont pas métriques :

1. *STYL*, p. 219.

2. *Ibid.*, p. 253.

3. *Ibid.*, p. 254.

4. *Ibid.*, p. 255-261. L'intérêt de la question de la mesure d'un phénomène est décisif en sciences humaines, mais il « ne tient pas tant à l'attente d'une réponse affirmative qu'à l'assurance d'une délimitation correcte du domaine où cette attente est vaine » (*ibid.*, p. 261). Sur la différence entre mesure et dénombrement, au sein du quantitatif, cf. *supra*, p. 163.

c'est le cas de la formalisation des relations et des liens de parenté, à la constitution de laquelle a invité Lévi-Strauss[1]. L'analyse *topique* révèle ainsi la nature véritable du modèle: «*une description normative, mais objectivée, du fait vécu*»[2].

2) Le problème de *stratification* se rattache à la méthode des résidus de Stuart Mill, dans la mesure où, ayant épuisé la capacité d'explication des hypothèses avancées, il s'agit de rattacher le «résidu» non expliqué d'un phénomène à une hypothèse restante, étant admis qu'on est en possession d'un recensement exhaustif des hypothèses. Envisager la valeur heuristique des écarts entre le «phénomène» fictif, calculé dans l'hypothèse d'une structuration déterminée, et le phénomène observé engage dans une dynamique de l'erreur dont l'intérêt principal tient à ce qu'elle oriente «vers une structuration à un autre niveau de l'objet scientifique», conduisant non à une substitution, mais à un feuilletage des structures, comme on peut le voir sur le cas de la sociologie des modèles d'opinion et d'attitude de Coleman[3]. Le dédoublement et la stratification, qui ont la vertu d'objectiver en quelque sorte mécaniquement une métalangue, représentent pour Granger une tendance positive et féconde de l'introduction et de la manifestation des structures dans les sciences de l'homme[4].

3) Le dernier type de problème stylistique envisagé concerne spécifiquement «la portée du lien interprétatif qui s'établit entre les structures et l'expérience»[5]. Car un modèle abstrait, s'il a lui-même valeur «d'objet mathématique, dans le *sens* duquel chaque élément ne renvoie

1. *Ibid.*, p. 282-283: «L'ensemble sur lequel va être définie la structure n'est (...) plus l'ensemble des individus qui s'offrait immédiatement à une transposition naïve de notre expérience de la parenté. C'est un ensemble de classes, constituant une partition de la société considérée, et à partir desquelles sont définies les conditions des alliances matrimoniales, ainsi que les rapports véritablement pertinents de parenté (...) En fait, l'intérêt du modèle est d'abord de permettre une description claire et simple de toutes les règles possibles de parenté, et par conséquent de tous les systèmes *a priori* concevables».

2. *Ibid.*, p. 266. Reste que l'analyse algébrique, si elle définit le modèle, et détermine ainsi l'*objet* que la pensée scientifique substitue au phénomène directement observé, ne nous dit rien sur le *fonctionnement* du modèle, qui requiert une considération pragmatique: «l'analyse algébrique est donc maintenue constamment en lisière par la nécessité de donner un sens empirique au modèle». L'écart entre le modèle et l'empirie empêche d'ailleurs de considérer «les règles exprimées abstraitement dans une structure (...) comme de simples constantes empiriques, comme des *lois* au sens où les entendrait un positivisme sommaire» (*ibid.*, p. 266-267).

3. J. Coleman, *Introduction to mathematical Sociology* (Coleman 1964); *STYL*, p. 267.

4. *STYL*, p. 270 *sq.* On en trouve aussi la trace, précise Granger, dans la construction des ordinateurs. Cf. *supra*, p. 126.

5. *Ibid.*, p. 277-288.

qu'à l'ensemble des relations qui définissent la structure », ne peut, en tant que modèle pour une objectivation de l'expérience, être coupé radicalement d'une « sémantique d'un autre ordre, fournissant les règles d'un enchaînement possible avec le vécu ». Or celle-ci, précise Granger, n'est nullement immédiate et naïve, mais fait elle-même partie, jusqu'à un certain point, du processus total de la pratique scientifique : elle est « révisable et provisoire », mais exprime un moment bien réel du statut des concepts abstraits ; elle relève de ce fait du *travail* dont les caractéristiques définissent un style de « la pensée objective ». L'analyse de ce moment sémantique de la science n'est en rien aisée [1], et le risque est constant d'une confusion entre une interprétation objectivante positive et une acception idéologique des concepts. Granger le montre sur le cas de la programmation linéaire [2] et sur celui de l'application des probabilités aux sciences humaines, où il est aisé de faire ressortir l'importance des variantes d'interprétation. La lecture objectiviste (von Mises) identifie les probabilités à des fréquences de réalisation des événements, pour des suites d'épreuves infinies [3] ; elle tend donc à faire de la probabilité une propriété d'un objet de la nature. Les interprétations subjectivistes en font en revanche la propriété d'une *connaissance*, donc d'une proposition portant sur le monde ; soit qu'on l'interprète comme une catégorie logique, dans le prolongement du vrai et du faux, comme Wittgenstein et Carnap [4], ou qu'on en fasse une catégorie de la croyance « raisonnable » dans son rapport à une décision possible, comme Ramsey et Savage [5]. A chaque fois, même si une structure formelle demeure implicitement présente derrière les diverses axiomatisations constituées selon les styles, « c'est néanmoins le parti pris stylistique qui a commandé sa mise en forme et orienté l'analyse » [6]. Cela montre assez qu'une même structure peut être utilisée de façon variable pour « dessiner diverses figures de l'objectivité médiate de la science » [7]. Un tel examen des

1. De même que l'intégration des modèles sémantiques dans des modèles cybernétiques. Cf. *supra*, p. 180-181.

2. *STYL*, p. 279-283, la discussion des travaux de Kantorovitch.

3. *Ibid.*, p. 283. Une telle interprétation se heurte à de nombreuses difficultés ; Popper la jugeait également incompatible avec sa logique des situations (*cf.* A. Boyer, *L'explication en histoire*, Paris, PUL, 1992).

4. *STYL*, p. 286-287.

5. *Ibid.*, p. 287-292. La conception bayésienne constitue un cas particulier (*ibid.* p. 292-294).

6. *Ibid.*, p. 292.

7. *Ibid.*, p. 295. Granger y voit aussi l'illustration d'une conception *pratique* et *laborieuse* de la science : « Un tel déplacement du support d'une même structure abstraite (…) nous

modalités d'application des structures, qui fait pendant à l'analyse des modalités de leur constitution, appartient donc de plein droit à la réflexion philosophico-stylistique.

D'une manière générale, on peut dire que la réflexion de type stylistique a pour but d'expliciter une *opération* de connaissance, conçue de manière très restrictive, sous la forme exclusive des mouvements réciproques d'abstraction formelle et d'application d'une structure. En qualifiant une modalité d'objectivation ou de projection, elle attire l'attention sur le mouvement implicite opéré par la connaissance *pratique*. L'intérêt porté à ce geste de connaissance permet d'insister sur le *choix* qui la guide, et d'en expliciter les attendus, à rebours de la démarche confuse qui se montre peu soucieuse de justifier ses manipulations, et reste, de ce fait, toujours suspecte d'arbitraire. Examiner les rapports des modèles aux phénomènes, avec leurs conséquences, c'est éclairer les « effets de style » qui sont le plus souvent « imparfaitement conscients » chez le savant lui-même, et quelquefois « gravement travestis ou occultés par des idéologies latentes ou proclamées, qui dissimulent la science effective derrière une opinion sur ce qu'elle est »[1]. La différence entre modèles énergétiques et cybernétiques est ainsi un tel « fait » et ne correspond pas à l'« option métaphysique mal définie » qu'est la présence ou non de la conscience dans ces modèles[2]. La réflexion philosophique vise donc à expliquer la signification du savoir scientifique par l'analyse des modes d'articulation de l'abstraction à l'expérience. Car l'abstraction est une opération de connaissance, un « mouvement » assurant l'adéquation d'une structure aux conditions effectives de la pratique[3], une « activité de réduction abstrayante » dont le lien à « l'activité d'expérience » requiert un commentaire stylistique[4]. Une telle attention portée à l'opération est d'autant plus importante dans les sciences humaines que « les variations même du style [y] sont (...) décisives pour la *constitution* de l'objet ». C'est que, remarque Granger, « à mesure que la pensée scientifique prend vraiment possession de domaines de plus en plus proches du comportement humain, son progrès devient toujours plus incertain, de moins en moins lié avec sécurité au déploiement

rapproche bien d'une interprétation de la connaissance comme travail, en nous écartant de l'interprétation qui en ferait le dévoilement d'un en-soi caché » (*ibid.*, p. 294).

1. *STYL*, p. 299. Cf. *infra*, p. 188-197.

2. *Ibid.*, p. 233.

3. *Ibid.*, p. 257 : « En fait, ce qui nous intéresse ici, c'est justement le mouvement qui assure l'adéquation d'une structure aux conditions effectives de la pratique scientifique, à travers des dissociations et des recompositions conceptuelles ».

4. *Ibid.*, p. 255.

des propriétés abstraites d'un modèle, de plus en plus dépendant des conditions complexes qui déterminent les rapports du modèle au phénomène »[1].

LE RÉSIDU CLINIQUE, OU LE « PARADOXE » DE L'HISTOIRE

(...) tout essai d'explication d'un fait humain, passé, présent ou à venir, débouche nécessairement sur le problème même de l'histoire[2].

À strictement parler, on ne saurait dire que, dans le projet de Granger, la technique remplace purement et simplement la clinique directe[3] puisque celle-ci subsiste, encore que sous une forme diaphane, comme simple description (histoire des situations) : « description clinique et théorie structurale [convergent] (...) vers une science appliquée, une pratique scientifique, seule capable de donner, en un sens limité mais précis, une détermination par concept de l'individuel »[4]. Reste que, si elle n'est certes pas auto-suffisante, toute la priorité est toutefois donnée à la technique. Ainsi, même quand celle-ci doit se faire interprétative pour s'appliquer à un cas, c'est comme technique seule qu'elle « peut être le garant d'un bon usage de l'outil »[5]. En tant que pure et simple description, la clinique correspond donc à l'histoire. Or l'histoire, quoique constituant le *but intime* du projet rationaliste de Granger, semble n'en être que la *bordure externe* :

> la connaissance proprement historique, qui veut conserver l'individuel sinon comme *objet* accessible, du moins comme *visée*, ne peut qu'utiliser dans ses explications des superpositions de structures relevant de registres divers, sans jamais parvenir à une structuration d'ensemble qui en assurerait illusoirement l'unité, et fournirait à l'individuel un concept et un statut d'*objet théorique*. Toutes les tentatives pour privilégier l'une de ces structures et l'élever au rang de principe unificateur dominant ont abouti à faire basculer l'histoire soit dans une philosophie de l'existence humaine, qui se soustrait par nature à toute critique objective, soit dans une idéologie associée à une direction de conscience. L'individuel, thème visé par la connaissance historique, ne peut être constitué comme objet de science. Il

1. *STYL*, p. 298.
2. *Causal*, p. 141.
3. Granger est en particulier bien conscient qu'il existe dans « l'art » (la clinique) d'autres secteurs que la technique : par exemple la création esthétique (*PFSH*, p. 205).
4. *Ibid.*, p. 199.
5. *STYL*, p. 503.

> n'est que le point-limite d'une connaissance objective en concepts ; il en est (...) comme la limite projective [1].

On comprend que, si l'histoire reste l'horizon du rationalisme grangérien, l'objectivation de la clinique confère corrélativement à la connaissance historique un statut éminemment *paradoxal*[2].

Pour dégager l'intelligibilité de ce paradoxe philosophique, il faut rappeler que, prise dans son ambition la plus large, l'épistémologie grangérienne construit une échelle épistémique graduée du savoir, allant de la logique à l'histoire. Or à chaque extrémité apparaît un dédoublement problématique entre la fiction d'un pôle idéal et l'effectivité d'une pratique. L'idée d'une connaissance purement informe de l'individuel est en effet aussi « mythique » que celle d'une connaissance purement formelle. Les extrêmes étant fictifs, ils comptent dès lors moins par eux-mêmes que par la gradation de forme ou de structure qu'ils instaurent.

Le premier paradoxe concerne la distinction entre la « pure mathématique », sans contenus empiriques, et les mathématiques effectives, qui communiquent un « contenu formel »[3]. Le second concerne l'histoire[4]. Là encore, Granger distingue entre une forme pure fictive et la connaissance effective. L'histoire « pure »[5], qui est un « mythe épistémologique », vise les faits non pas pour en proposer des modèles abstraits, mais pour en « *restaurer la présence*, et finalement, à la limite, les recréer comme objets d'« impression » ; (...) (son) projet théorique serait de restituer *ad integrum* les objets concrets qui ont existé réellement »[6]. À côté de cette fiction de l'histoire pure, les histoires « réellement élaborées », qui ne peuvent prétendre à « l'impossible idéal de restitution intégrale du passé concret, *construisent des modèles explicatifs semi-abstraits*, et se situent *parmi les sciences de l'homme*, mais au point où s'exerce avec le plus de vigueur l'attraction du pôle de l'Histoire »[7].

1. G.-G. Granger, « Evénement et structure en histoire des sciences », art. cit., p. 367.

2. *Cf.* Lacour, « Le concept d'*histoire* dans la philosophie de G.-G. Granger » (http : //Espacestemps.net) – certaines approximations ont été ici corrigées.

3. *Cont* et *Dual*. Ce paradoxe « formel » ayant déjà été commenté (cf. *supra*, p.100, note 1), on privilégiera ici la seconde contradiction.

4. *PFSH*, p. 206 : Granger insiste sur « le statut paradoxal d'une connaissance historique », dont la « gravité » soulignait bien le défi posé par l'individuel à la pensée formelle. *Cf.* également *Hist* : « l'histoire n'est pas une science *comme les autres* » (p. 332) ; et la conclusion (p. 342) : « l'Histoire elle-même, de toutes les disciplines scientifiques – j'évite à dessein le mot de *sciences* – est la plus déconcertante ».

5. *PFSH*, p. 207 : « une histoire à l'état de pureté ».

6. *VERIF*, p. 181.

7. *VERIF*, p. 182.

La division entre ces deux pôles persiste tout au long de l'œuvre de Granger, quoique sous différents noms. Le pôle *pur*, qui correspond toujours à une résurrection du vécu, à la restitution intégrale de son actualité, est successivement appelé « clinique sans pratique »[1], et, en ce sens, relevant de l'art[2], pôle poïétique[3], pure actualité[4]. Dans sa dimension de pratique *effective*, la discipline ajoute, quant à elle, à ce pôle pur (clinique) un peu de pratique[5], de technologie[6], de formel[7], d'explications[8], de virtualité[9]. L'ambiguïté de l'histoire correspond donc à celle de l'extrémité d'un intervalle ouvert : comme limite extérieure, et comme telle exclue de l'intervalle, l'histoire (l'histoire pure) relève non de la science, mais de l'esthétique (c'est du roman, de l'évocation, de la restitution du vécu); comme dernier terme que l'intervalle inclut (histoire effective), l'histoire relève encore de la science et de la connaissance objective (par ses méthodes, son objet, et malgré son orientation non objectivante).

La position de Granger pourrait sembler contredite, concernant l'histoire, par ce qui paraît être une évolution radicale de sa conception de la scientificité de cette discipline :

> L'histoire (...) à proprement parler, ne peut être comptée au nombre des *sciences* humaines[10].
> Il serait inacceptable de refuser d'intégrer l'histoire sous ses diverses formes aux *sciences humaines*[11].

1. *PFSH*, p. 206-207.
2. *Ibid.*, p. 207; *Hist*, p. 329 *sq*.
3. *VERIF*, p. 181; *S et S*, p. 87.
4. *PPV*, p. 124 *sq.*; *S et R*, p. 207 *sq*.
5. *PFSH*, p. 208.
6. *Hist. Cf.* l'histoire comme « technologie de la praxis », c'est-à-dire l'histoire appliquée, l'histoire-outil, discipline prospective, couronnement des sciences humaines. Cf. *supra*, p. 83-87.
7. *STYL*, *VERIF*. A noter que l'histoire est, comme la philosophie, une discipline fondamentalement stylistique, c'est-à-dire totalement, et non partiellement (comme le sont les mathématiques).
8. *S et S*, et *Explic*.
9. *PPV. Cf.* aussi *S et R*, p. 207-208 : l'histoire pure est uniquement actuelle, mais en général l'historien utilise aussi un peu de virtuel (histoire se fait alors plus conceptuelle, sociologisante, selon une forme assez proche de celle que défend Paul Veyne dans *L'inventaire des différences* (Paris, Seuil, 1976).
10. *PFSH*, p. 206.
11. *S et S*, p. 86.

En fait, la contradiction entre ces deux déclarations disparaît si à la lueur de la polarité soulignée : c'est seulement en son sens absolu ou extrême que l'histoire est exclue des sciences humaines, voire de la science tout court. Elle est alors un pur savoir de l'individuel concret, simple restitution de cet individuel, « roman vrai ». Mais l'histoire comme discipline effective n'est pas purement évocative, poïétique, même chez Michelet, puisque aussi bien elle cherche à donner des explications. En effet, elle vise non seulement à restituer des individuels concrets, mais à les insérer dans des systèmes conceptuels. Elle relève donc encore de la connaissance objective. Reste à explorer plus avant le véritable « paradoxe » dont la connaissance historique est le lieu, et qui tient à plusieurs traits.

a) *Une connaissance spéculative du vécu.* Si elle constitue une « forme extrême de la connaissance objective », c'est parce qu'elle ne vise pas tant à construire des modèles abstraits des phénomènes qu'à « recomposer la vie, l'expérience elle-même, l'événement »[1]. Le paradoxe tient à ceci qu'en dépit de la condamnation par Granger de toute approche cognitive de ce type, la vocation de l'histoire est bel et bien la saisie *spéculative* du vécu, sa simple restitution[2]. Loin, en effet, d'élaborer des modèles pour manipuler des réalités, l'histoire se propose « de reconstituer ces réalités mêmes, nécessairement vécues comme individuelles », d'où son recours tacite à l'imagination évocatrice du concret. L'originalité de cette discipline est radicale puisqu'elle « veut atteindre l'individuel, mais par le regard seulement, sans jamais le toucher » – d'où une définition de l'historien comme « clinicien spéculatif ». L'histoire est *clinique sans pratique*[3] parce que, sans fournir de technique (application contrôlée et normée) d'action tirée des exemples du passé, elle vise pourtant à connaître un événement singulier. Cette figure de la connaissance est donc bien paradoxale puisque, exception à la règle, l'histoire semble connaître son objet directement, sans aucune médiation. D'où une certaine difficulté à la considérer comme une science à part entière[4]. C'est parce que ce « paradoxe »[5] constitue aussi une

1. *STYL*, p. 300.

2. L'histoire est définie comme « art de ressusciter un passé comme temps vécu – et revécu ». L'hésitation de Granger entre les deux termes (« vécu », « revécu ») est ici fort suggestive.

3. *PPV*, p. 125. Cette formule de 1960 est reprise telle quelle en 1995. Elle paraît bien confirmer la réduction sans reste de la pratique au travail (comme imposition de forme à contenu) ; cf. *supra*, p. 62-63.

4. *PFSH*, p. 207 : « à la limite, cette évocation relève d'un art, comme le voient bien, sans toujours se l'avouer, tous les adeptes de l'histoire ».

5. *VERIF*, p. 181.

redoutable aporie pour la pensée formelle que Granger a imaginé l'élaboration d'une *stylistique* de l'histoire.

b) *Une discipline entièrement stylistique*. La stylistique constitue le corrélat du volet épistémologique de la pensée formelle[1]. Or, dans sa visée restitutive de l'individuel, l'historien ne fait en réalité qu'utiliser des modèles formels construits dans les autres sciences sociales, pour « montrer la convergence des structures vers l'événement, c'est-à-dire vers ce qui arrive en fait, de singulier, contenu d'une expérience vécue ». Autrement dit, alors même qu'il « met en lumière une structuration stratifiée de sont objet, usant des mêmes procédés d'articulation que le psychologue, ou l'économiste, ou l'ethnologue, son but est toujours de montrer comment ces organisations partielles ne sont que des points de vue hiérarchisés sur une totalité qui échappe autrement à une connaissance rationnelle »[2]. Dès lors, si l'histoire n'est qu'un simple *usage* de structures préexistantes, son rôle n'est que de *composition* : « la spécificité du travail historique va consister dans la superposition et l'entrelac de ces modèles, et dans la détermination, explicite ou non, de ce qui, dans le phénomène, est rejeté comme non-pertinent pour l'explication historique »[3]. On comprend donc pourquoi l'étude des effets de style est « non pas un aspect vicariant mais l'aspect central d'une épistémologie de l'histoire ». A tel point que « à la limite, et pour un état supposé très avancé des sciences sociales », « l'œuvre historique n'est précisément rien d'autre que l'*expression d'un certain style dans l'application aux événements* des modèles que ces sciences ont fournis ». Il faut ajouter que Granger a finalement *renoncé* à cette stylistique de l'histoire qui était son but principal (« ce à quoi primitivement nous espérions parvenir »)[4].

c) *Une vérification « faible »*. Vérifier scientifiquement, rappelle Granger, ce n'est pas simplement, et de façon naïve, recouvrer une impression personnelle : c'est « retrouver dans une *intuition* – en dernier ressort sensible – un *abstrait* exprimé dans un *énoncé* »[5]. Le fait scientifique soumis à la vérification se distingue du fait saisi par *impression* par

1. Cf. *supra*, p. 75-83.
2. *STYL*, p. 300.
3. *Ibid.*, p. 301.
4. *Ibid.* : « Pour parler ici d'une stylistique de l'histoire – et c'est à quoi primitivement nous espérions parvenir –, il aurait donc fallu entreprendre le développement complet d'une épistémologie de la connaissance historique. Faute de place, faute de savoir, et pour ne pas abuser de la patience du lecteur, il nous a fallu y renoncer ». Cet abandon est imputable au statut indécis (« purgatoire ») des sciences de l'homme, cf. *supra*, p. 185 n.
5. *VERIF*, p. 179.

trois aspects: sa reproductibilité (corollaire de la neutralisation de sa singularité), sa vérification partielle (alors que la vérification d'impression a une intention totalisante), sa soumission à une interprétation (au sens restrictif d'une insertion dans un réseau de concepts théoriques et dans un arsenal instrumental, par opposition à l'herméneutique plus compréhensive qui s'applique au fait d'impression). Or l'*actualité* fondamentale de l'objet historique dessine la figure particulière de la vérification dans cette discipline[1]. La validation en histoire est en effet un cas-limite de la validation scientifique, et ses modalités sont singulières: l'histoire est scientifique par «les procédures de vérification dont elle se dote, les contraintes d'expression qu'elle s'impose, les modalités d'explication des enchaînements de faits dont elle use. Mais, à cause même de la singularité et de l'impossible réitération de ces faits, elle les vise essentiellement – en tant du moins qu'elle est pure Histoire – non pour en proposer des modèles abstraits, mais en vue d'en *restaurer la présence*, et finalement, à la limite, de les recréer comme objets d'"impression"»[2]. L'établissement des faits par le contrôle des vestiges matériels et des témoignages pose d'abord des difficultés particulières, qui n'ont aucun équivalent dans les sciences de la nature. Ensuite, les explications proposées (le système de concepts retenu pour mettre en lumière l'enchaînement des événements considérés) ne peuvent prétendre se légitimer par observation, puisque, par définition, toute répétition est impossible: «La vérification du fait historique vise un fait qui n'est plus présent, et qui par conséquent ne saurait relever au sens propre d'une "impression" pour aucun sujet existant, mais dont on veut pourtant maintenir l'unicité et la singularité à titre essentiel». D'où un recours à la comparaison de cas semblables: «Il n'est évidemment pas possible de recourir ici à l'observation répétée de phénomènes identiques (ou même simplement identiques *modulo* des conditions précises d'observation). On ne pourra tout au plus que tenter d'appliquer l'explication en cause à celle d'événements jugés comparables, envisagés donc comme représentatifs d'une classe d'événements, malgré la singularité irréductible qui est justement le propre de leur historicité»[3].

d) *Une connaissance représentative concrète*. Plus précisément, la vérification du fait historique complexe exige une constitution du fait

1. Dans *VERIF*, Granger parlait de l'absence de l'objet historique, mais cette dimension temporelle passe au second plan par la suite (*PPV*): cf. *infra*, p. 222-223.

2. *VERIF*, p. 181.

3. *Ibid*., p. 183. Ce trait se retrouve dans les autres sciences humaines, où la *factualité* historique réduit la *virtualité*, qui est une véritable condition de la prévision scientifique (*ibid*. p. 99).

comme ensemble d'événements et comme « image », au sens d'une « *représentation* de ce fait *en tant qu'elle peut appartenir à une expérience humaine concrète* »[1]. Granger n'est cependant pas très clair concernant le statut ontologique de cette image. En effet, celle-ci a un sens intermédiaire entre l'impression retrouvée et l'abstraction présente dans une intuition; de l'autre, elle se distingue de la représentation strictement conceptuelle issue d'un modèle abstrait, parce qu'elle est de nature fondamentalement concrète[2]. Autre particularité, cette représentation, quoique étant toujours partiellement liée à des modèles[3], n'est pas formelle et indépendante de toute subjectivité, mais plutôt « représentation dans une conscience », donc imparfaite[4]. Pour Granger, l'historien peut décider d'insérer cette représentation « soit dans une conscience contemporaine des faits, soit dans une conscience actuelle », les deux choix étant légitimes quoique impliquant une optique radicalement différente. Le point est d'importance puisqu'il ne signifie rien moins que l'aveu d'une impuissance : celle d'une pensée qui, voulant rester dans l'orbite d'une philosophie du concept (c'est le repoussoir phénoménologique), et cherchant à construire l'épistémologie de l'histoire, ne parvient cependant pas à échapper à complètement à l'horizon de la conscience.

e) *Une science purement « actuelle »*. Toute science porte sur du virtuel[5]. Or l'objet de l'histoire, c'est le vécu, qui est pure actualité. D'où la forme nouvelle que prend, dans *Le probable, le possible et le virtuel,* le

1. Granger distingue le fait-événement ponctuel et le fait-événement complexe (*ibid.*, p. 182).

2. *Ibid.*, p. 185 : « L'"image" historique est de même nature que ce qu'elle représente, en ce sens qu'elle est donnée comme expérience concrète, et non comme un modèle abstrait, destinée à *tenir lieu*, dans une certaine mesure, des faits passés qu'elle figure ». Cela n'est pas sans évoquer le concept de *lieutenance* par lequel Ricœur désigne la visée référentielle du discours historique – *cf.* P. Ricœur *Temps et récit 3* (Paris, Seuil, 1985) et *La mémoire, l'histoire, l'oubli* (Paris, Seuil, 2000).

3. Par opposition à l'histoire pure, comme pôle fictif de la connaissance objective, qui est, on l'a vu, *informelle* donc *artistique*, l'histoire effective « est toujours organiquement, sinon logiquement, articulée, grâce à l'intervention d'abstractions "faibles" » (*VERIF*, p. 185).

4. *Ibid.* : « elle comporte des reliefs et des zones d'ombre ».

5. Comme le probable et le possible, le virtuel n'est pas une notion négative (qu'il faudrait opposer au réel), mais correspond à « un des moments essentiels et inéluctables de toute connaissance *objectivement* orientée » (*PPV*, introduction). Si l'actuel constitue « cet aspect du réel qui est saisi comme s'imposant à notre *expérience* sensible, ou à notre *pensée* du monde, comme existence *hic et nunc* », le virtuel désigne le non-actuel considéré essentiellement et proprement en lui-même, « sans en envisager le *rapport* à l'actuel » ; le possible est le non-actuel envisagé dans son rapport à l'actuel ; et le probable est si proche de l'actuel qu'il constitue en fait une préactualité.

même « paradoxe » de l'histoire : « Si la mathématique est par excellence la science du *virtuel*, si les sciences de l'empirie atteignent l'expérience à travers le déploiements d'univers *virtuels*, l'histoire, tout au contraire, se meut apparemment dans l'actualité ». La contradiction apparente de l'histoire tient à ceci qu'elle tend à « reconstituer le *passé* comme *actualité concrète* »[1]. Cette visée spéculative fait paradoxalement passer le temps au second plan[2], Granger soutenant, pour rendre compte de la possibilité d'une histoire au (du) présent, que la temporalité est un trait dérivé de l'histoire[3], le trait constitutif étant « la description explicative du singulier *actuel* ».

Dans le face-à-face clinique, la connaissance du *ceci* passe bien par l'apprentissage des signes. Mais leur insertion dans les cadres informationnels rigides et rigoureux de la pensée formelle rend-elle compte de leur compréhension jusque dans leurs nuances et leurs richesses ? Et leur lecture peut-elle se passer complètement de la vieille sémiologie indiciaire, plus patiente et plus sinueuse, instruite par la familiarité aux détails? Cela semble douteux. Tout se passe, en effet, comme si l'individuel *humain* ne pouvait atteint véritablement par une pratique rigoureuse, du fait de la difficulté à s'en abstraire pleinement dans la formalisation, et comme s'il contraignait la pensée à en rester à une clinique obscure. Tout au contraire, dans les sciences de l'empirie, l'individuel est convenablement rejoint par la pratique technique parce qu'il commence par être adéquatement séparé, écarté de la structuration.

Dans la connaissance du fait humain individuel, on peut constater le retour, ou plutôt la prégnance, de la clinique interprétative, à trois traits : d'une part, à la place charnière de la « description », à l'articulation du théorique formel et du pratique, dans l'établissement délicat du schématisme sémiotique, dont on a souligné la nature *causale*; d'autre part, au rôle de cette dimension clinique dans le jugement de réflexion stylistique qualifiant les modalités du rapport de la structure à l'individuel; enfin, à la bordure *historique* du projet. Cette résistance de la clinique va d'ailleurs de pair avec l'*échec persistant* de la constitution de sciences humaines véritablement formelles (Granger parle de « purgatoire ») :

1. *PPV*, p. 124.

2. *Ibid.*, p. 126; *S et R*, p. 207.

3. On trouve la même idée, mais dans un contexte d'instrumentalisation technique de l'histoire (et non de pensée du virtuel) dans *Hist*, p. 331).

> il convient de ne pas perdre de vue que cette connaissance « technique » (…) ne saurait être que partiellement assimilée aux connaissances techniques dérivées des autres sciences. Car les variantes stylistiques qu'elle comporte y revêtent une importance telle que l'habileté du manipulateur paraît y dominer souvent le savoir proprement scientifique [1].

N'est-ce pas d'ailleurs cette difficulté qui est responsable du malaise que certains penseurs suscitent chez le philosophe aixois ? Granger est en effet bien conscient de l'originalité de la psychanalyse et du marxisme qui, sans avoir produit à ses yeux d'œuvre « véritablement scientifique », semblent pourtant engager la science dans la voie de l'avenir, au prix d'une régression (que Granger espère provisoire) de l'objectivation à l'interprétation des significations[2]. Aussi bien ces deux disciplines ont-elles en commun de « réagir contre la réduction jugée trop brutale des significations dans l'objet d'une connaissance scientifique de l'homme » et, « sous des formes et avec des intentions bien différentes (…) tendent à instituer *l'action* comme catégorie objective fondamentale »[3]. La prégnance de la clinique dans ces deux disciplines tient à leur volonté de « coller » au plus près des significations vécues, puisque le concept directeur n'est plus le résultat de l'action (comme dans la réduction énergétique), ni le comportement (comme dans la réduction cybernétique), mais celui-là même qui est (en apparence) directement tiré de l'expérience. Ce souci de proximité *clinique direct* se traduit aussi par une double tendance : « à rapporter explicitement les faits humains à une histoire », à les rapporter « toujours explicitement à une lutte »[4].

En fait Granger n'espère pas tant supprimer que conjurer[5] la clinique immédiate, qu'il sait caractéristique « de toute discipline d'application « poétique » ou « pratique » orientée vers le traitement des individus »[6].

1. G.-G. Granger, « Sur l'unité de la science », art. cit., p. 225. C'est parce qu'il est bien conscient des limites de la clinique technique en sciences humaines que Granger peut y dénoncer la pseudo-technicité, qui ne fait que codifier l'arbitraire, et critiquer la figure de l'expert.

2. *STYL*, p. 252.

3. *Ibid.*, p. 251.

4. *Ibid.*, p. 252.

5. G.-G. Granger, « Sur l'unité de la science », art. cit., p. 225 : « Une science des faits humains enfin constituée ne supprimera certes pas cette part prépondérante de la personnalité du praticien ; elle la réduira sans doute, quoique moins encore que ne l'ont fait la mécanique ou la physiologie dans l'acte du médecin ou de l'ingénieur ».

6. *Ibid.*, p. 225. « A plus forte raison quand il s'agit de faits humains, et principalement dans l'état actuel de nos connaissances, presque tout paraît encore dépendre de l'art de l'opérateur ».

Cette approche est certes largement encouragée par la défiance de Granger envers les philosophies du sujet et les herméneutiques directes, où l'interprétation du vécu immédiat se donne à peu de frais la profondeur d'un accès à l'existence, au détriment de la patience et de la rigueur du concept. Mais c'est surtout à la faveur de la réduction du champ de l'action à la seule poïé(ma)tique que Granger a pu former le souhait objectiviste, sinon de substituer complètement la technique à la clinique (immédiate), du moins de réduire celle-ci à sa plus simple expression.

CONCLUSION

UNE HERMÉNEUTIQUE RIGOUREUSE

For what I really wish to work out is a science of singularity[1]

L'une des originalités les plus notables du projet grangérien de métaphysique du singulier consiste en sa combinaison étonnante d'herméneutique et de connaissance[2]. Réconciliation bien incongrue, dira-t-on, de Heidegger et de Carnap; et alliance improbable des mathématiques et du Dasein[3]. Aussi bien l'herméneutique admet-elle de longue date une dimension épistémologique, voire logique, parfois occultée par son inflexion ontologique récente[4]. Cette intersection insolite, répond, en fait, à souci *critique*, qui est pleinement cohérent avec l'inspiration spinoziste d'une éthique rationnelle[5]. Une telle dimension interprétative ne touche

1. M. de Certeau, *The Practice of Everyday Life*, transl. Steven F. Rendall, Berkeley, Univ. of California Press, 1984, Preface to the English Translation, p. IX

2. H. Sinaceur, « Formes et concepts », art. cit., p. 116 : la philosophie de Granger « est herméneutique d'une façon analogue, et non pas opposée à la science ».

3. Pour un exercice de convergence, *cf.* J.-M. Salanskis, « Conjugaisons de Heidegger avec la science », dans P. Wagner (dir.), *Les philosophes et la science*, *op. cit.*, p. 447-499.

4. *Cf.* F. Rastier, « Les types d'herméneutiques et les sciences de la culture », dans F. Rastier, J.-M. Salanskis, R. Scheps (dir.), *Herméneutique : textes, sciences*, Paris, P.U.F., 1997.

5. Sur la dimension *critique* de l'herméneutique, d'inspiration méthodologique, *cf.* Denis Thouard, « Les trois possibilités de l'herméneutique après Kant », dans Rastier, Salanskis, Scheps, *Herméneutique : textes, sciences*, *op. cit.*

toutefois pas directement la science; car elle concerne, au sens strict, l'épistémologie, donc la rationalité[1].

Ce qui est condamné par cette alliance, c'est d'abord l'intuition immédiate, qui en reste aux *significations* non réduites, confusément éprouvées dans l'expérience, au risque de verser dans la mythologie. Mais ce sont aussi les entreprises « inspirées » de traduction conceptuelle de ces significations, qui opèrent une interprétation philosophique de la totalité de l'expérience, mais sans prétention de connaissance. L'herméneutique directe méconnaît en effet l'intérêt du détour objectivant, et tend même à s'y substituer[2]. Elle confond les deux zones de la *signification* et du *sens*, au prix d'une équivocité scientifique, qu'il est précisément du devoir de la pensée critique de souligner[3]. À rebours d'une telle « vision du monde » qui n'est, au mieux, que « poésie », l'herméneutique légitime suit le moment scientifique d'objectivation des faits dans des modèles structuraux, et met en rapport les systèmes signifiants ou formels avec les significations vécues de la pratique. L'analyse philosophique doit donc être précédée d'un essai critique indéfiniment reconduit pour « déterminer le contour et le mécanisme de l'activité structurante »[4]. À ce détour laborieux, elle gagne une véritable positivité, à rebours de toute dérive « spéculative », au sens contemplatif du terme[5]. L'interprétation prend ainsi un tour rigoureux, qui échappait à la « profondeur » impressionniste de l'herméneutique compréhensive[6]. Non que l'objectivation se substitue alors purement et simplement à la réflexion, puisque la réflexivité garde une pertinence indirecte : décentrée, et comme repoussée à l'issue de la médiation explicative[7]. C'est

1. On ne saurait confondre cette conception interprétative de la rationalité avec l'idée d'une involution herméneutique des *sciences* (de la « nature ») elles-mêmes, comme le soutiennent Ruth Scheps (Rastier, Salanskis, Scheps, *op. cit.*, Introduction) et J.-M. Salanskis (« Herméneutique et philosophie des sciences », 2003, p. 203 *sq.*) – ce dernier s'inspire de la « dialectique » de Cavaillès. Sur la formation d'une épistémologie positive interne à la science, *cf.* également M. Serres, *La communication. Hermès I*, Paris, Minuit, 1969, p. 46-77.

2. Chez Heidegger. Plus libérale est l'idée d'une alternative entre vérité (ontologique) *ou* méthode (scientifique), chez Gadamer, *Vérité et Méthode*, Paris, Seuil, 1996.

3. *STYL*, p. 133-135.

4. *Ibid.*, p. 144.

5. *Positiv*, p. 404 : les significations élaborées philosophiquement ne sont pas de simples reflets de l'expérience immédiate.

6. *VERIF*, p. 180.

7. En dépit de l'opposition (en apparence) exclusive entre réflexion et objectivation (*STYL*, p. 136). Même si la définition ricœurienne de l'herméneutique est, à l'époque, inaboutie, les deux auteurs s'accordent en fait sur le caractère médiat de la réflexivité (P. Ricœur, *De l'interprétation. Essai sur Freud*, Paris, Seuil, 1965, introduction; *cf.* aussi le thème du « cogito brisé » dans *Soi-même comme un autre*, *op. cit.*).

d'ailleurs la raison pour laquelle la dialectique reste une notion régulatrice (d'un dessein de connaissance) et non constitutive: *la logique philosophique ne peut être qu'une phénoménologie transcendantale de l'esprit objectif*[1]. Rien n'oblige, en tout cas, à opposer de façon *exclusive* création et interprétation, élaboration et critique, comme le soutient le « constructivisme » deleuzien, entre autres.

Une telle entreprise rationaliste demeure-t-elle dans l'horizon d'une métaphysique de la représentation, ou de la « présence », au sens des critiques de Deleuze, Foucault ou Derrida? Cela est douteux, à plusieurs titres. D'abord, un tel soupçon serait à la rigueur concevable si la philosophie restait dans l'orbite de la conscience. Mais on a vu la manière originale, à la fois symbolique, dynamique dont Granger reformule la notion de transcendantal, en le désindexant d'une subjectivité constituante, et en le déliant de l'indice de la perception immédiate. De fait, la *réalité* grangérienne, loin d'être hypothéquée par une projection mimétique de l'étant dans le possible, respecte l'infinité du virtuel. Aussi n'est-elle pas un Etre fixe que l'on reproduit insidieusement dans l'oubli d'une différence pure[2], mais une dimension nuancée et mobile, que la raison s'efforce de conquérir[3]. Qui plus est, la critique de la rationalité traditionnelle, faisant écran (non sans mal) au fond différenciant de l'Être, passe tout entière, chez Deleuze, par l'opposition du modèle transcendantal du problème à celui du jugement[4]. Correctement analysée, la proposition révélerait en effet la dimension virtuelle du sens, élément proprement philosophique, différentiel, nomade, qu'une médiation castratrice replierait inconsidérément sur une métaphysique de la représentation, fût elle étendue à l'infini[5].

1. Sur l'inflexion de cette idée dans le sens d'une philosophie phénoménologique de la culture, *cf.* J.-M. Salanskis, « Herméneutique et philosophie des sciences », dans N. Zaccaïe-Reyners (éd.), *Expliquer-comprendre. Regards sur les sources et l'actualité d'une controverse épistémologique*, Bruxelles, PUB, 2003, p. 220-223.

2. C'est du point de vue de l'identité du concept que l'on confond, pour Deleuze, le possible et le réel (G. Deleuze, *Différence et répétition*, *op. cit.*, p. 273 *sq.*).

3. Ainsi en est-il, par exemple, de l'espace, que la formalisation désancre profondément de la perception, en le désindexant d'un sujet de la représentation. On échappe donc à l'alternative de l'Un et du Chaos: pour Granger aussi, l'actualisation du virtuel est individuation créatrice. C'est pourquoi la dialectique, qui traverse le virtuel lui-même, n'a rien d'improductif. Sur l'interprétation grangérienne de l'équivocité (« l'analogie ») de l'être à la lumière de la dimension *opératoire* des catégories, cf. *Catég*, p. 531.

4. G. Deleuze, *Différence et répétition*, *op. cit.*, p. 52-54, 339, et surtout 200 *sq.* Le problème est situé au-delà de la proposition et en deçà de la représentation.

5. G. Deleuze, *ibid.*, p. 44 *sq.*, et 337 *sq. Logique du sens* (Paris, Minuit, 1969) explore cette figure renouvelée du *lekton* stoïcien, par une méthode d'exhumation paradoxale. *Mille*

L'indexation de cette réflexion sur une unité sémantique (la proposition) prise, à tort, pour fondamentale hypothèque toutefois largement la radicalité ontologique de ses conclusions : la linguistique de tradition herméneutique, en particulier, considère elle aussi la logique propositionnelle comme subsidiaire, mais sait rester fidèle à la notion de critique[1]. C'est donc seulement dans une perspective étroite que le rationalisme, même dialectique, peut être lié de façon indéfectible à l'abstraction morte d'un idéalisme peu inspiré[2]. Le logos philosophique, pour Granger, n'est pas tant « refuge » que *puissance*, en un sens éminemment spinoziste, ou encore *energeia*, au sens humboldtien[3].

Une telle herméneutique est, on s'en doute, d'un tranchant trop cubiste pour prétendre saisir toutes les nuances du réel. Aussi bien n'est-ce pas là son ambition. La métaphysique grangérienne est bien une philosophie transcendantale de l'expérience *concrète* (et non seulement possible[4]), mais pas de l'expérience *intégrale* – et de façon assumée, du fait de la limitation cognitive de la catégorie fondamentale de dualité. Pour vigoureuse que soit cette « défense et illustration » de la philosophie, elle n'en reste pas moins d'une pertinence limitée, du fait de son parti-pris « objectiviste » et formel. Ce plaidoyer pour une herméneutique indirecte n'est donc pas complètement convaincant, et l'on aura beau jeu d'y déceler une aimantation de la philosophie pratique par la philosophie des sciences[5]. Cette rationalité paraît, pour tout dire, trop étroite.

Philosophiquement, d'abord, une herméneutique des textes pourrait vouloir donner plus de souplesse à la réflexion décentrée sur les traces du pratique[6]. Epistémiquement, ensuite, le rationalisme grangérien parvient-il à résoudre de façon satisfaisante le problème classique des sciences humaines, et à articuler explication et compréhension ? En se méfiant d'une

Plateaux (G. Deleuze et F. Guattari, Paris, Minuit, 1980) pointe davantage la ligne de fuite du discours indirect libre.

1. Sur la critique herméneutique de la tradition « grammaticale », *cf.* F. Rastier, *Arts et sciences du texte*, Paris, P.U.F., 2001. *Cf.* aussi D. Thouard et Ch. Berner (dir.), *Dictionnaire des concepts de l'herméneutique* (à paraître).

2. G. Deleuze, *Différence et répétition*, *op. cit.*, p. 243.

3. *Cf.* J. Lèbre, « Un hégélianisme sans refuge », conférence cité.

4. *Positiv*, 8.2, p. 404.

5. G. Deleuze et F. Guattari, *Qu'est-ce que la philosophie ?, op. cit.*

6. Ricœur tient compte des objections de Granger touchant sa lecture de Lévi-Strauss (*STYL*) pour développer sa théorie du discours et infléchir son herméneutique de la question du double sens à celle de la polysémie (*Du texte à l'action. Essais d'herméneutiques II*, Paris, Seuil, 1986); il intègre également la réflexion protologique sur l'ancrage dans sa réflexion pragmatique (*Soi-même comme un autre*, *op. cit.*).

compréhension trop accueillante et totalisante pour être véritablement exigeante, et en orientant les sciences de l'homme vers la rigueur de la modélisation[1], Granger n'accorde-t-il pas une priorité exclusive à l'explication ? On pourrait en ce sens comparer sa position à celle de Popper, en y ajoutant une insistance particulière – sinon une fascination – sur la dialectique *interne* à l'explication[2]. D'où sans doute le reflux de la compréhension dans la réflexivité du commentaire stylistique, auquel le philosophe voudrait réserver un caractère rétrospectif. Illusoirement, sans doute, puisque celle-ci instruit secrètement la constitution des modèles sémantiques ou sémiotiques[3]. Ricœur avait l'avait noté avec justesse : la dialectique expliquer-comprendre est passée, en France, directement au cœur des signes[4].

Le sens le plus profond de l'œuvre de Granger est peut-être, par son insuffisance même, de mettre sur la voie d'une autre articulation pratique du clinique et du critique. Elle joue en ce sens le rôle d'une contribution archéologique à l'élucidation du problème de la rationalité contemporaine[5]. La reprise grangérienne de la philosophie aristotélicienne révèle, en effet, à l'analyse, un véritable *angle mort* de la raison clinique, en particulier, et du rationalisme en général. A bien des égards, Granger est parfaitement conscient des limitations qu'il s'est imposé dans son travail de réélaboration, d'enrichissement symbolique du concept marxiste de *praxis*. Reste que, si on ne peut que saluer son extrême cohérence et rigueur

1. *RAIS*, p. 81-88.

2. Telle qu'Alain Boyer en a restitué la rigueur (*L'explication en histoire*, *op. cit.* ; et « Science ou poésie de l'action. L'espace poppérien du raisonnement historique », *in* B. Saint-Sernin, E. Picavet, R. Fillieule, P. Demeulenaere, *Les modèles de l'action*, Paris, P.U.F., 1998) – sans que soient levées toutes les objections que Passeron adresse à Popper (cf. *Le raisonnement sociologique*, *op. cit.*). Sur la compréhension comme dimension propre de la formalisation (du qualitatif), cf. *PCP*, p. 112-113.

3. Cf. *supra*, p. 128-157. Hourya Sinaceur a bien aperçu cette ambiguïté de l'articulation expliquer-comprendre (Sinaceur, « Styles et contenus formels chez Gilles-Gaston Granger », art. cit. 4.1, note : « une visée interprétative enveloppe toute description de surface »), mais considère toutefois que Granger, déçu par Lévi-Strauss, a « pris ses distances » avec la méthode interprétative en sciences humaines (*ibid.*, note 81).

4. P. Ricœur, « Interprétation », in *Lectures 2*, Paris, Seuil, 1999, p. 457 : par opposition à la situation allemande d'un empiètement des sciences de la nature sur le terrain des sciences de l'esprit, le problème français était celui de « sciences du signes indépendantes de tout modèle naturaliste ». L'interprétation y a pris, du coup, la forme d'une discipline englobante, articulant, sans les opposer exclusivement, explication structurale et compréhension existentielle.

5. Pour une reformulation contemporaine de la controverse expliquer-comprendre, *cf.* N. Zaccaï-Reyners (éd.), *Expliquer-comprendre. Regards sur les sources et l'actualité d'une controverse épistémologique*, Bruxelles, PUB, 2003.

dans cette recherche passionnée des minces morceaux d'une science de l'homme vraiment formalisée, on peut légitimement souhaiter explorer toute cette approche subjective, réflexive, pratique (et non poïétique) de l'individuel. Granger lui-même ne condamne que les philosophies de la conscience qui se veulent exclusives, exhaustives, autrement dit radicales dans leur refus du concept. Sa critique de la clinique ne porte, par ailleurs, que contre la pratique immédiate, le « flair » mâtiné de magie et de mythe.

On pourrait donc parfaitement imaginer de réhabiliter une sorte de clinique de second degré, renouvelant son rapport avec la méthode expérimentale [1], médiatisée par les concepts structuraux, mais aussi peut-être par d'autres détours non formels (la comparaison en langage naturel par exemple [2]). J.-C. Pariente a ainsi cherché au sein même du symbolisme *naturel* les médiations conceptuelles pouvant éclairer le face-à-face avec le *ceci*. Encore est-ce sans doute au prix d'une certaine orthodoxie « théorique » [3]. L'invention d'une nouvelle rationalité pratique passe sans doute par une réévaluation de son caractère profondément « naturel », comme y invite l'œuvre de Jean-Claude Passeron [4]. C'est en effet à cette aune qu'il faut évaluer les nombreux et récents « tournants » des sciences humaines [5], plus soucieuses de la contextualité issue de leur ancrage, plus conscientes du flottement nécessaire de leur sémantique, mais aussi plus sereines touchant les opérations proprement cognitives de leur narration [6] et la fécondité de leurs descriptions.

La philosophie de Granger, qui peut se tout entière se lire comme une réponse rationnelle au défi de l'individuel, exclut absolument que la clinique puisse prendre la forme d'une « casuistique généralisée ». N'est-ce pas pourtant dans cette direction que s'engagent les sciences humaines contemporaines, revalorisant à bon droit la valeur propre des opérations de comparaison dans la « pensée par cas » [7] ? Sans doute l'œuvre de Granger

1. G.-G. Granger, « Le caractère comme structure d'information », art. cit., p. 35-36.

2. Comparaison que Granger reconnaît comme forme « faible » de la vérification : cf. *VERIF*, p. 183.

3. J.-C. Pariente, *Le langage et l'individuel*, *op. cit.*, notamment sa lecture anhistoriciste de l'idéal-type wébérien.

4. J.-C. Passeron, *Le raisonnement sociologique*, *op. cit.*

5. G. Noiriel, *Sur la « crise » de l'histoire*, Paris, Belin, 1996, chap. 4 : « La crise des "paradigmes" ».

6. J.-Y. Grenier, C. Grignon, P.-M. Menger, *Le modèle et le récit*, Paris, Éditions de la MSH, 2001.

7. J.-C. Passeron et J. Revel, *Pensée par cas, Penser par cas*, Paris, Éditions de l'EHESS, 2005. Sur la persistance du problème de la pertinence descriptive des modèles, *cf.* E. Picavet, « Présentation », in *Les modèles de l'action* (B. Saint-Sernin *et al.*, Paris, P.U.F., 1998).

dessine-t-elle l'une des dimensions de la rationalité contemporaine du singulier. Mais celle-ci ne saurait être complète sans prendre en compte l'intégralité de la question sémiologique, dans toute sa complexité[1]. Il ne s'agit pas ici de faire l'apologie du « paradigme indiciaire » contre la modélisation formelle, mais plutôt, en retraçant l'histoire de leur invention, d'instruire la nécessité actuelle de leur articulation originale. Point de revanche, donc, d'Hippocrate sur Aristote, mais plutôt une invitation à *repenser, au niveau symbolique, la dimension clinique de la rationalité, et son articulation à sa vocation critique*. Aussi bien le projet de C. Ginzburg invite-t-il expressément à cette autre élucidation de la « grammaire du transcendantal »[2], en conviant à une réévaluation des rapports du rationnel et de l'irrationnel[3] :

> La fin du XIXe siècle a vu l'émergence silencieuse, dans les sciences humaines, d'un modèle épistémologique [...] auquel on n'a pas, jusqu'à ce jour, suffisamment prêté d'attention. L'analyse de ce paradigme, qui opère largement dans les faits, même s'il n'est pas l'objet d'une théorisation explicite, peut, peut-être, aider à sortir de l'opposition stérile entre "rationalisme" et "irrationnalisme"

C'est en effet l'aimantation par la puissance de la pensée formelle qui explique l'étrange définition grangérienne de l'histoire comme « clinique sans pratique », et le rabattement corrélatif du jugement d'imputation causale singulière sur la décision stratégique. Sans doute faut-il distinguer, dans cet arraisonnement du prudentiel par l'instrumental, une incapacité à distinguer la fécondité propre de la *discursivité*, dans ses multiples dimensions, trop souvent réduites à la seule argumentation. Dans le miroir de l'œuvre de Granger se dessine ainsi le visage d'une autre rationalité pratique, prétendant saisir la vie des formes symboliques à même les œuvres, sans pour autant privilégier l'absoluité de la médiation formelle, distribuant la réflexivité aux sciences humaines, sans la réserver au seul commentaire philosophique, et explicitant la dimension normative de sa vocation « critique ».

1. On peut tout au plus « souligner et commenter les obstacles majeurs qu'elle doit rencontrer », cf. *supra*, p. 199-203.

2. L'expression est de Granger, « Conventions, normes, axiomes dans la connaissance du fait humain », *Dialectica*, vol. 41, n° 1-2, 1987.

3. C. Ginzburg, « Traces. Racines d'un paradigme indiciaire », art. cit. *Cf.* également « Réflexions sur une hypothèse vingt-cinq ans après », *in* D. Thouard (éd), *L'interprétation des indices. Enquête sur le paradigme indiciaire avec Carlo Ginzburg*, Lille, PUL, 2007.

BIBLIOGRAPHIE

ŒUVRES DE GILLES-GASTON GRANGER

« Jean Cavaillès ou la montée vers Spinoza », *Les Etudes Philosophiques*, n°2, 1947, p. 271-279.

« Pygmalion, réflexions sur la pensée formelle », *Revue philosophique*, n°7-9, 1947, p. 282-300 ; repris dans *Formes, opérations, objets*, Paris, Vrin, chap. 1, p. 16-29.

« Le symbole et la connaissance du réel », *Kriterion. Revista da facultade de filosofia da universidade de Minas Gerais* (Brésil), n° 15-20, 1951-52 ; l'essentiel est reformulé dans *Pensée formelle et sciences de l'homme*, Paris, Aubier, 1960.

La raison, Paris, P.U.F., 1955.

Méthodologie économique, Paris, P.U.F., 1955.

La mathématique sociale du Marquis de Condorcet, Paris, P.U.F., 1956.

« Événement et structure dans les sciences de l'homme », *Cahiers de l'ISEA*, n°55, 1957, p. 25-44.

« Logique, langage, communication », *Hommage à Gaston Bachelard*, Paris, P.U.F., 1957.

« A arte e a interpretação do mundo atual », Boletim de Psicologia, São Paulo, X, 1958, n° 35-36.

« Sur la connaissance philosophique », *Revue internationale de Philosophie*, n°47, 1959, p. 96-111.

Pensée formelle et sciences de l'homme, Paris, Aubier, 1960 ; ouvrage réédité en 1968 avec une préface inédite : « Au lecteur, sur les structuralismes ».

« Le caractère comme structure d'information », in *La Caractérologie*, n°2, 1960, p. 105-112.

« Qu'espérer d'une science de l'homme ? », *Sciences*, n°10, 1960, p. 35-44.

« L'histoire comme analyse des œuvres et comme analyse des situation », *Médiations*, n°1, 1961, p. 127-143 ; repris dans *Formes, opérations, objets*, Paris, Vrin, 1994, chap. 17, p. 329-342.

« Pensée formelle et sciences de l'homme », *La Scuola in azione*, San Donato Milanese, 1962, p. 17-31.

« La linguistique moderne », *Critique*, n°205, 1964, p. 551-561.
« Information et connaissance de l'individuel », in *Actes du colloque sur l'information dans la science contemporaine*, Gauthier-Villars, 1965, p. 389-401.
« Psychanalyse et caractérologie. Disciplines concurrentes dans la connaissance de l'individuel. Problématique de leurs relations », *La caractérologie*, n°6, 1965, p. 15-24.
« Une sociologie pour notre temps », *Critique* n°228, 1966, p. 467-474.
« Épistémologie économique », *in* J. Piaget (dir.), *Logique et connaissance scientifique*, Gallimard, 1967, p. 1019-1055.
« Sur la conception du langage dans le *Tractatus* », *Word*, vol 23, n°1-2-3, 1967, p. 196-207.
« Science, philosophie, idéologies », *Tijdschrift voor Filosofie*, n°4, 1967, p. 771-780.
« Au lecteur, sur les structuralismes », préface à la réédition de Granger *Pensée formelle et sciences de l'homme* (Paris, Aubier, 1960), 1967.
Essai d'une philosophie du style, Paris, Armand Colin, 1968.
« D'une vraie et d'une fausse technicité dans les sciences humaines », *Actes du 14e Congrès International de Philosophie*, Vienne, vol. 2, 1968, p. 500-506.
« Le problème de l'espace logique dans le *Tractatus* », *L'Âge de la science*, III, 1968, p. 181-195.
« Propositions pour un positivisme », *Man and World*, 2-3, 1969, p. 386-409.
« Wittgenstein et la métalangue », *Revue Internationale de Philosophie*, n°88-89, 1969, p. 223-236.
Wittgenstein, Paris, Seghers, 1969.
« Langue et systèmes formels », *Langages*, n°21, 1971, p. 71-87; repris dans *in Philosophie, langage, science*, Paris, EDP Sciences, chap. 9, p. 103-123.
« L'explication dans les sciences sociales », *Social Science Information*, n°10 (2), 1971, p. 31-44; repris dans *Formes, opérations, objets*, Paris, Vrin, 1994, chap. 13, p. 243-258.
« Remarques sur l'usage de la langue en philosophie », *Langages*, n°34, 1974, p. 22-26.
« Janus Bifrons », *Nuova Corrente*, Firenze, n°64, 1974, p. 203-219; repris dans *Philosophie, langage, science*, Paris, EDP Sciences, 2003, chap. 4, p. 243-258.
« Science de la pratique et pratique de la science dans le domaine des faits humains », *Dialogue en sciences humaines*, Bruxelles, 1975, p. 55-95.
« Sémantique et syntaxe dans la communication homme-machine », in *Hommage à Georges Mounin, Cahiers de linguistique, d'orientalisme et de slavistique,* n°5-6, 1975, p. 177-189; repris et modifié dans *Langages et épistémologie*, Paris, Klincksieck, 1979, chap. 7, p. 259-284.
« Les concepts philosophiques », *La philosophie et les savoirs*, Montréal, 1975, p. 21-74.
La théorie aristotélicienne de la science, Paris, Aubier, 1976.
« "Je me tais", "Je mens" », *Bulletin de l'Académie Royale de Belgique*, août 1976, p. 548-551.

« Sur le traitement comme objets des faits humains », *Savoir, Faire, Espérer*, t. 1, 1976, p. 143-169; repris dans *Formes, opérations, objets*, Paris, Vrin, 1994, chap. 14, p. 259-284.

« Syntaxe, sémantique, pragmatique », *Revue Internationale de Philosophie*, n°117-118, 1976, p. 376-410; article repris dans *Langages et épistémologie*, Paris, Klincksieck, 1979, chap. 8, p. 148-178.

« Y a-t-il une connaissance pure du temps », *Actes du colloque international sur le point de vue cognitif*, Gand, 1977, p. 406-409.

« Logique et pragmatique de la causalité dans les sciences de l'homme », dans S. Lantiéri (éd.), *Systèmes symboliques, science et philosophie*, CNRS, Marseille, 1978.

« Le concept de régulation en linguistique », *Hommage à François Perroux*, Presses Universitaires de Grenoble, 1978, p. 73-88; repris dans *Philosophie, langage, science*, Paris, EDP Sciences, 2003, chap. 11, p. 149-170.

Langages et épistémologie, Paris, Klincksieck, 1979.

« La science comme texte philosophique », *Archives de philosophie*, 43, 1980, p. 73-74.

« Sur l'unité de la science », *Fundamenta Scientiae*, vol. 1, p. 199-214; repris dans *Philosophie, langage, science*, Paris, EDP Sciences, 2003, chap. 15, p. 207-230.

« La notion de contenu formel », Granger, dans *Information et signification*, Brest, nov. 1980, p. 137-163; repris dans *Formes, opérations, objets*, Paris, Vrin, 1994, chap. 2, p. 48-52.

« Philosophie et mathématique leibniziennes », *Revue de Métaphysique et de Morale*, n° 1, 1981, p. 1-37; repris dans *Formes, opérations, objets*, Paris, Vrin, 1994, chap. 12, p. 199-239.

« Was in Königsberg zu sagen wäre », *Manuscrito*, vol 5, n° 1, 1981, p. 69-90.

« A quoi servent les noms propres ? », *Langages* (66), juin 1982, Larousse; article (écrit en 1980) repris dans *Philosophie, langage, science*, Paris, EDP Science, 2003, chap. 10, p. 125-148.

« Modèles qualitatifs, modèles quantitatifs dans la saisie des phénomènes », *Sociologie et Société*, vol. 14, n° 1, 1982, p. 5-12.

« Langage et individuation », *Synthèse* 59, D. Reidel Publishing Company, 1984, p. 109-114.

« Evénement et structure en histoire des sciences », in *Histoire et structure, à la mémoire de Victor Goldschmidt*, études réunies par Jacques Brunschvicg, Claude Imbert et Alain Roger, Paris, Vrin, 1985; repris dans *Formes, opérations, objets*, Paris, Vrin, 1994, chap. 19, p. 361-380.

« Pour une épistémologie du travail scientifique », *La vie des sciences*, Comptes rendus, série générale, tome 2, n°4, 1985, p. 367-374.

« Discussing and convincing : an approach towards a pragmatical study of the languages of science », *Dialogue : an interdisciplinary approach*, Dascal, 1985, p. 339-351.

« Les deux niveaux de la rationalité », *Dialectica*, vol. 39, n°4, 1985, p. 355-363.

« Nécessité ou contingenge », *Dialectica*, vol. 40, n° 1, 1986, p. 59-70.

« Qué es una metadisciplina ? », *Dianoia*, Año XXXII, 1986, p. 103-117.

« Leçon inaugurale », éd. Du Collège de France, 1987, p. 5-31 ; réed. in *Fundamenta Scientiae*, n°2, vol. 8, 1988.

« Conventions, normes, axiomes dans la connaissance du fait humain », *Dialectica*, vol. 41, 1987, n°1-2.

« Le rationnel selon Gaston Bachelard », *Gaston Bachelard, Profils épistémologiques*, G. Lafrance éd., Presses Universitaires d'Ottawa, 1987, p. 9-23.

« Contenus formels et dualité », *Manuscrito*, X, 2, 1987, p. 195-210; repris dans *Formes, opérations, objets*, Paris, Vrin, 1994, chap. 3, p. 53-72.

« La contradiction », *La négation*, travaux du centre de recherches sémiologiques, n°56, 1987, p. 39-53 ; repris dans *Formes, opérations, objets*, Paris, Vrin, 1994, chap. 6, p. 97-110.

Pour la connaissance philosophique, Paris, Odile Jacob, 1988.

« Connaissance scientifique, connaissance technique », texte inédit, écrit en 1988 et publié dans *Philosophie, langage, science*, Paris, EDP Sciences, 2003, chap. 16, p. 230-241.

« Catégories et raison », *Encyclopédie Philosophique Universelle*, t. 1, p. 528-541.

« Les conditions protologiques des langues naturelles », *Philosophiques*, vol. XVI, n°2, Montréal, automne 1989, p. 245-256; repris dans *Formes, opérations, objets*, Paris, Vrin, 1994, chap. 5, p. 89-96.

Invitation à la lecture de Wittgenstein, Paris, Alinéa, 1990.

« Rationalisme », *Encyclopedia Universalis*, 1990, p. 540-543.

« Épistémologie économique », *Encyclopédie Economique*, Economica, 1990, p. 3-23.

« Image, schéma, réalité », *Archives de Psychologie*, 58, 1990, p. 91-97.

« Les trois aspects de la rationalité économique », *Cahiers d'Épistémologie*, n°9008, Montréal, 1990, p. 1-17; repris dans Louis-André Gérard-Varet et J.-C. Passeron, *Le modèle et l'enquête* (*l'enquête : les usages du principe de rationalité dans les sciences sociales*, Paris, EHESS, 1995), p. 567-580.

« Pour une épistémologie comparative », *in* G. Jucquois et P. Swiggers éd., *Le comparatisme devant le miroir*, Peeters, 1991.

« Méthode axiomatique et idée de système dans l'œuvre de Jules Vuillemin », *G.G. Brittan, Jr. (éd.), Causality, Method and Modality*, p. 83-97, Kluwer Academic Publishers, 1991.

« Must a Science of Artificial Intelligence be Necessary Reductionnist ? », *in* E. Agazzi (ed), *The Problem of Reductionism in Science*, Kluwer Academic Publishers, Netherlands, 1991, p. 173-182.

« La philosophie est-elle une critique du langage ? », in *Le langage comme défi*, Cahiers de Paris VIII, 1991, p. 243-246.

« Science, Idéologie, Philosophie », *Raison présente*, 97, 1991, p. 91-95.

La vérification, Paris, Odile Jacob, 1992.

« Définir, décrire, montrer », *Alpha*, vol. 5, Dalhousie University, Halifax, 1992, p. 3-16 ; repris dans *Philosophie, langage, science*, Paris, EDP Sciences, 2003, chap. 14, p. 193-205.

« A quoi sert l'épistémologie ? », *Droit et Société*, n° 20-21, 1992.

La science et les sciences, Paris, P.U.F., 1993.

« À quoi sert la philosophie ? », *Canadian Journal of Philosophy*, Supplementary Volume 19, 1993 ; repris dans Granger 2003, chap. 1.

« Leibniz et la connaissance de l'individuel », *in* M. Dascal et E. Yakira (éds.), *Leibniz et Adam*, Tel Aviv University Projects, 1993, p. 3-20.

Formes, opérations, objets, Paris, Vrin, 1994.

« Une philosophie des sciences non sociologique est-elle possible ? », *Le relativisme est-il résistible*, Actes du colloque de Paris, Paris, P.U.F., 1994.

Le probable, le possible et le virtuel : essai sur le rôle du non-actuel dans la pensée objective, Paris, O. Jacob, 1995.

« Idéal et pratique d'une science sociologique selon Durkheim (1858-1917) », *in* M. Panza et J.C. Pont (éd.), *Les savants et l'épistémologie vers la fin du XIX*e *siècle*, Blanchard, 1995.

« La philosophie du langage dans les sciences exactes », *La philosophie du langage*, de Gruyter, vol. 2, 1996 ; repris dans *Philosophie, langage, science*, Paris, EDP Sciences, 2003, chap. 20, p. 295-326.

« Jean Cavaillès et l'histoire », *Revue d'Histoire des Sciences*, 49/4, 1996, p. 569-582 ; repris dans *Philosophie, langage, science*, Paris, EDP, 2003, chap. 7, p. 81-92.

« L'histoire de la philosophie à la manière de la philosophie analytique », *in* J.-M. Vienne (éd.), *Philosophie analytique et histoire de la philosophie*, Paris, Vrin, 1997.

L'irrationnel, Paris, Odile Jacob, 1998.

« Imaginação Poética, Imaginação Científica », *Discurso* (29), 1998, p. 7-13 (traduction de Silvio Rosa Filho).

« La doctrine de la science chez Aristote », *in* R. Rashed et J. Biar, *Les doctrines de la sciences à l'âge classique*, Leuven, Peeters, 1999, p. 1-8.

Sciences et réalité, Paris, O. Jacob, 2001.

« La science et le mythe », *in* Pierre Thibaud 2001, p. 165-171.

« Cavaillès et Lautman, deux pionniers », *Revue Philosophique*, n°3, 2001, p. 293-301.

« Rationalité et dogmatisme », Actes du colloque de Nice : Avenir de la raison, devenir des rationalités, 29 e Congrès de l'ASPLE, 2002.

Philosophie, langage, science, Paris, EDP Sciences, 2003.

« Le langage », Guttorm Floistad (éd.), *Language, Meaning, Interpretation*, Kluwer Academic Publishers, Netherlands, 2004, p. 45-71.

« La spécificité des actes humains », article suivi d'un entretien de Gilles-Gaston Granger avec David Desbons et Christian Ruby, *in* EspacesTemps *Les Cahiers*, « L'opération épistémologique. Réfléchir les sciences sociales », n° 84-86, juin 2004.

AUTRES OUVRAGES CITÉS

APEL Karl-Otto, *Le logos propre au langage humain*, tr. M. Charrière et J.-P. Cometti, Marseilles, l'Eclat, 1992; trad. fr. (par M. Charrière et J.-P. Cometti) de « Die Logosauszeichnung der menschlichen Sprache. Die philosophische Relevanz der Sprechakttheorie », *in* H.G. Boshardt (dir.), *Perspektiven zur Sprache*, Berlin-NY, de Gruyter, 1986, p. 45-87.

– *Transformation de la philosophie*, Paris, Cerf, 2007; trad. fr. (par Christian Bouchindhomme, Thierry Simonelli et Denis Trierweiler) de *Transformation der Philosophie*, Suhrkamp, Frankfurt/M, 1973.

AUBENQUE Pierre, *Le problème de l'Être chez Aristote*, Paris, P.U.F., 2005.

– *Problèmes aristotéliciens. Philosophie théorique*, Paris, Vrin, 2009.

BACHELARD Gaston, *La philosophie du Non*, Paris, P.U.F., 2008.

– *L'engagement rationaliste*, Paris, P.U.F., 1972.

BADIOU Alain, *L'Être et l'événement*, Paris, Seuil, 1988.

« Panorama de la philosophie française au 20e siècle », conférence à Buenos Aires, 2004, http : //multitudes.samizdat.net/Panorama-de-la-philosophie

– *Logiques des mondes*, Paris, Seuil, 2006.

– *L'anti-philosophie de Wittgenstein*, Paris, Nous, 2009.

BARSOTTI Bernard, « Le « non kantisme » de Bachelard : vers le sens transcendantal de la rupture épistémologique », dans J.-J. Wunenburger, *Bachelard et l'épistémologie française*, Paris, P.U.F., 2003.

BARTHÉLÉMY Jean-Hugues, « D'une rencontre fertile de Bergson et de Bachelard : l'ontologie génétique de Simondon », dans F. Worms et J.-J. Wunenburger, *Bachelard et Bergson : continuité et discontinuité*, Paris, P.U.F., 2008.

BENSA Alban, *La fin de l'exotisme*, Toulouse, Anacharsis, 2006.

BENVENISTE Emile, *Problèmes de linguistique générale II*, Paris, Gallimard (réed. Cérès, Tunis).

BIANCO Giuseppe « Tu quoque Brute, mi fili ? Hyppolite & sons », Journée *Jean Hyppolite, entre structure et existence*, Paris, ENS, 2006, http : //www.diffusion.ens.fr/index.php ? res=cycles&idcycle=287

BONTEMS Vincent, *Bachelard*, Paris, Les Belles Lettres, 2010.

BOUQUET Simon, *Introduction à la lecture de Saussure*, Paris, Payot, 1997.

BOURDIEU Pierre, *Esquisse d'une théorie de la pratique*, Paris, Minuit, 1972, 2000.

BOUVERESSE Jacques, *La force de la règle*, Paris, Minuit, 1987.

BOYER Alain, *L'explication en histoire*, Lille, PUL, 1992.

– « Science ou poésie de l'action. L'espace poppérien du raisonnement historique », *in* Saint-Sernin, Picavet, Fillieule, Demeulenaere, *Les modèles de l'action*, Paris, P.U.F., 1998.

BRAUNSTEIN Jean-François, « Bachelard, Canguilhem, Foucault. Le "style français" en épistémologie », *in* P. Wagner (dir.), *Les philosophes et la science*, Paris, Gallimard, 2002.

– *L'histoire des sciences*, Paris, Vrin, 2008.

CANGUILHEM Georges, *La connaissance de la vie*, Paris, Vrin, 1992.

– (1968) *Etudes d'histoire et de philosophie des sciences*, Paris, Vrin, 1994.

CASSOU-NOGUÈS Pierre, *De l'expérience mathématique. Essai sur la philosophie des sciences de J. Cavaillès*, Paris, Vrin, 2001.

— et GILLOT P. (éd.), *Le concept, le sujet, et la science. Cavaillès, Canguilhem, Foucault*, Paris, Vrin, 2009.

CAVAILLÈS Jean (1969) *Sur la logique et la théorie de la science*, Paris, Vrin, 1997.

CHAO Yuen Ren, « The non-uniqueness of phonemic solutions of phonetic systems », *Bulletin of the Inst. Of History and Philology, Academia Sinica*, vol. IV, 3, 1934, p. 363-397.

COLEMAN James, *Introduction to Mathematical Sociology*, London, Macmillan Pub Co, 1978.

COMBES Muriel, *Simondon, individu et collectivités. Pour une philosophie du transindividuel*, Paris, P.U.F., 1999.

COSERIU Eugenio, *L'homme et son langage*, Louvain, Peeters, 2001.

COSSUTA Frédéric, « Pour une critique sceptique de la pragmatique transcendantale de K. O. Apel. », *Methodos*, 3 (2003), Figures de l'irrationnel, mis en ligne le 5 avril 2004.

CROMBIE Alistair C., *Styles of Scientific Thinking in the European Tradition : the History of Argument and Explanation especially in the Mathematical and Biomedical Sciences and Arts*, Londres, Duckworth &Co, 1994.

DE CERTEAU Michel, *The Practice of Everyday Life*, transl. Steven F. Rendall, Berkeley, Univ. of California Press, 1984.

DELEUZE Gilles, *Différence et répétition*, Paris, P.U.F., 1968

– *Cinéma* (deux tomes), Paris, Minuit, 1983-1985.

– « A quoi reconnaît-on le structuralisme ? », *in* François Châtelet (éd.), *Histoire de la philosophie, t. VIII : le XXe siècle*, Paris, Hachette, 1972 ; repris dans *L'île déserte*, Paris, Minuit, 2002.

— et GUATTARI Félix, *Mille Plateaux*, Paris, Minuit, 1980.

– *Qu'est-ce que la philosophie ?*, Paris, Minuit, 1991.

DESCOMBES Vincent, *Le Même et l'Autre. Quarante-cinq ans de philosophie française : 1933-1978*, Paris, Minuit, 1979.

– *Grammaire d'objets en tous genres*, Paris, Minuit, 1983.

DÉSVEAUX Emmanuel, *Quadratura Americana. Essai d'anthropologie lévi-straussienne*, Paris, Georg, 2001.

– *Spectres de l'anthropologie : suite nord-américaine*, Paris, Aux lieux d'être, 2007.

ECO Umberto, *Sémiotique et philosophie du langage*, Paris, P.U.F., 1988.

ENGEL Pascal « Il n'y a pas d'objets logiques », *in* Proust J. et Schwartz E. (éd.), *La connaissance philosophique*, Paris, P.U.F., 1995, p. 121-134.

FISCHBACH Franck, *L'être et l'acte*, Paris, Vrin, 2002.

FOUCAULT Michel, *Naissance de la clinique*, Paris, P.U.F., 1963.

– *L'Archéologie du savoir*, Paris, Gallimard, 1969.

– *La pensée du dehors*, Paris, Fata Morgana, 1986 ; réédition du texte paru dans *Critique* n°229, 1966.

FRÉMONT Christiane, *Singularités : individus et relations dans le système de Leibniz*, Paris, Vrin, 2001.

FRUTEAU DE LACLOS Frédéric, *L'épistémologie d'Emile Meyerson. Une anthropologie de la connaissance*, Paris, Vrin, 2009.

GADAMER Hans Georg, *Vérité et méthode*, Paris, Seuil, 1996; trad. fr. Fruchon, Grondin, Merlio de *Wahreit und Methode; Grundzüge einer philosophischen Hermeneutik*, Tübingen, Mohr, 1960.

GEERTZ Clifford (1973) *The Interpretation of Cultures*, New York, Basic Books.

– *Les lieux du savoir*, Paris, P.U.F., 1986; trad. fr. de *Local Knowledge : Further Essays in Interpretive Anthropology*, New York, Basic Books, 1983.

GERARD-VARET, Louis-André et PASSERON J.C. éd., *Le modèle et l'enquête : les usages du principe de rationalité dans les sciences sociales*, Paris, EHESS, 1995.

GEROULANOS Stefanos, « L'anti-humanisme hégélien de Jean Hyppolite », Journée *Jean Hyppolite, entre structure et existence*, Paris, ENS, 2006, http://www.diffusion.ens.fr/index.php?res=cycles&idcycle=287

GIL Didier, *Bachelard et la culture scientifique*, Paris, P.U.F., 1993.

GINZBURG Carlo, « Traces. Racines d'un paradigme indiciaire », in *Mythes, Emblèmes, Traces. Morphologie et histoire*, Paris, Flammarion, 1989; trad. fr. de M. Aymard, Chr. Paoloni, E. Bonan, *Miti, Emblemi. Spie*, Turin, Einaudi, 1986.

– « Réflexions sur une hypothèse vingt-cinq ans après », *in* D. Thouard (éd.) *L'interprétation des indices. Enquête sur le paradigme indiciaire avec Carlo Ginzburg*, Lille, PUL, 2007.

GOLDSTEIN Kurt, *La structure de l'organisme*, Paris Gallimard, 1983; trad. fr. de *Der Aufbau des Organismus*, Den Haag, Nijhoff, 1934.

GOLDMANN Lucien et BASTIDE Roger (éd.), *Sens et usages du terme de structure dans les sciences humaines*, Mouton, La Haye, 1962.

GOURINAT Jean-Baptiste, « Aristote et la forme démonstrative de la science », dans P. Wagner (éd), *Les philosophes et la science*, Paris, Gallimard, 2002, p. 581-623.

GRENIER J.Y., GRIGNON C., MENGER P.-M., *Le modèle et le récit*, Paris, Editions de la MSH, 2001.

GURVITCH Georges, « Le concept de structure sociale », Cahiers internationaux de sociologie, vol. 19, 1955.

GUILLAUME Marc et ATTALI Jacques, *L'anti-économique*, Paris, P.U.F., 1975, 1990.

GRÜNBAUM Adolf, *The Foundations of Psychoanalysis, A Philosophical Critique*, Berkeley, CA, University of California Press, 1984.

HABER Stéphane, *L'aliénation. Vie sociale et expérience de la dépossession*, Paris, P.U.F., 2007

HABERMAS Jürgen, *Vérité et Justification*, Paris, Gallimard, 2001; trad. fr. (Rainer Rochlitz) de *Wahrheit und Rechtfertigung. Philosophische Aufsätze*, Frankfurt am Main, Suhrkamp, 1999.

HAMELIN Octave, *Essai sur les principaux éléments de la représentation*, Paris, P.U.F., 1907, 1952.

– *Le système d'Aristote*, Paris, Vrin, 1927, 1987.

HEGEL Georg Wilhelm Friedrich, *Phénoménologie de l'Esprit*, traduction, introduction, notes par Jean Hyppolite, Paris, Aubier-Montaigne, 1966 ; traduction par Bernard Bourgeois, Paris, Vrin, 2006.

– *Phénoménologie de l'Esprit*, Gwendoline Jarczyk, et Pierre-Jean Labarrière, Paris, Gallimard, 2002.

HINTIKKA Jaako, « Semantics : A Revolt against Frege », *in* G. Floistad, *Contemporary Philosophy, a new Survey*, vol. 1, Nijhoff, La Haye, 1981.

HJELMSLEV Louis, *Principes de grammaire générale*, Copenhague, Bianco Lundo, 1928.

HOTTOIS Gilbert, *Simondon et la philosophie de la « culture technique »*, Bruxelles, De Boeck, 1993.

HONNETH Axel, *La lutte pour la reconnaissance*, Paris, Le Cerf, 2000 ; trad. fr. Pierre Rusch .

– *Das Andere der Gerechtigkeit*,Frankfurt/M., Suhrkamp, 2000.

HYPPOLITE Jean, *Genèse et structure de la Phénoménologie de Hegel*, Paris, Aubier, 1946.

– *Logique et existence*, Paris, P.U.F., 1953.

JAKOBSON Roman, « Musicologie et linguistique (1932) », *Musiques en jeu* 5, 1971, p. 57-60.

KALDOR J., The Irrelevance of Equilibrium Economics », *Economic Journal*, 1972 ;

– *Economics without Equilibrium*, Sharpe, Armonk, New York, 1985.

KARDINER Abram, *L'individu dans sa société : essai d'anthropologie psychanalytique*, Paris, Gallimard, 1969.

KISTLER Max, *Causalité et lois de la nature*, Paris, Vrin, 2000.

KOFFKA Kurt, *Principles of gestalt psychology*, London, Routledge, 1935, 2001.

KRIPKE Saul, *Naming and Necessity*, Oxford (UK) / Cambridge (USA), Blackwell Publishers, 1977, 1998.

LACAN Jacques, « La parole et le langage en psychanalyse », in *Psychanalyse* I, Paris, P.U.F., 1956.

– *Ecrits*, Paris, Seuil, 1966, 1999.

LACOUR Philippe, « Le concept d'histoire dans la philosophie de Gilles-Gaston Granger », 2004, http : //Espacestemps.net

– « Granger et la Critique de la Raison Symbolique », *Texto !*, fév. 2005, [en ligne, consulté le 23.03.2011], http://www.revue-texto.net/Inedits/Lacour_Granger.html

LAGACHE Daniel, *L'unité de la psychologie, psychologie expérimentale et psychologie clinique*, Paris, P.U.F., 1969 ; 1977.

LAUGIER S. et WAGNER P. (éd.), *Philosophie des sciences*, Paris, Vrin, 2004.

LAWLOR Leonard, « L'immanence est complète : l'héritage de Jean Hyppolite », Journée *Jean Hyppolite, entre structure et existence*, Paris, ENS, 2006, http : //www.diffusion.ens.fr/index.php ? res=cycles&idcycle=287

LÈBRE Jérôme, *Hegel à l'épreuve de la philosophie contemporaine : Deleuze-Lyotard-Derrida*, Paris, Ellipse, 2002.

– « Un hégélianisme sans refuge », Journée *Jean Hyppolite, entre structure et existence*, Paris, ENS, 2006, http : //www.diffusion.ens.fr/index.php ? res=cycles&idcycle=287

LEBRUN Gérard, *Kant et la fin de la métaphysique*, Paris, A. Colin, 1970.

– *La patience du concept. Essai sur le discours hégélien*, Paris, Gallimard, 1972.

– (1995) « De la spécificité de la connaissance philosophique », in *CP*, p. 21-34.

LECOURT Dominique, *L'épistémologie historique de Gaston Bachelard*, Paris, Vrin, 1969 ; 2002.

– *Pour une critique de l'épistémologie (Bachelard, Canguilhem, Foucault)*, Paris, Maspéro, 1972.

LÉVI-STRAUSS Claude *Mythologiques*, Paris, Plon, 1964-1971.

– *Les structures élémentaires de la parenté*, Paris, La Haye, Mouton et Co, 1947, 1981 ; réédition Mouton de Gruyter, 2002.

– *La pensée sauvage*, Paris, Plon, 1955 ; réédition Agora Pocket 1990.

– *Anthropologie structurale* 1 et 2, (1958), Paris, Plon, 1990-1996 ; réédition Agora Pocket, 2003.

LEWIN Kurt, « The Conflict between Aristotelian and Galilean modes of thought in contemporary psychology », in *A Dynamic Theory of personality*, New York and London, McGraw-Hill book company, 1935.

MACKIE J. L. « Causes and Conditions », in *American Philosophical Quarterly*, vol. 2, n°4 ; repris *in* SOSA Ernest (ed.), *Causation and Conditionnals*, London-New York, Oxford University Press, 1965.

– *The Cement of the Universe. A Study in Causation*, Oxford, Clarendon Press, 1974.

MARC-WOGAU K., « On historical Explanation », *Theoria*, vol. 28, 1962.

MARTINET André, *Eléments de linguistique générale*, Paris, A. Colin, 1960, 1991.

MARX Karl, *Manuscrits économico-philosophiques de 1844*, Paris, Editions sociales, 1972.

MEILLASSOUX Quentin, *Après la finitude*, Paris, Seuil, 2006.

MERLEAU-PONTY M., *La structure du comportement*, Paris, P.U.F., 1938, 2006.

MORENO Arley, « La philosophie et les universaux du langage », *in* J. Proust et E. Schwartz (éd.), *La connaissance philosophique*, Paris, P.U.F., 1995, p. 249-269.

NAGEL Ernst, *Psychoanalysis, Scientific Method and Philosophy*, S. Hook (ed.), Transaction Publishers, New Brunswick, NJ, and London, 1938, 1990.

OGIEN Ruwen « Plaidoyer pour l'événement quelconque », *Raison pratique n°2. L'événement en perspective* (J.-L. Petit dir.), Paris, EHESS, 1991.

PANACCIO C., « Philosophie et vérité », *in* J. Proust et E. Schwartz (éd.), *La connaissance philosophique*, Paris, P.U.F., 1995, p. 57-80.

PARIENTE Jean-Claude, *Le langage et l'individuel*, Paris, A. Colin, 1973.

– « Le nom propre et la prédication dans les langues naturelles », *Langages* (66), juin 1982, Larousse.

PASSERON Jean-Claude, *Le raisonnement sociologique. L'espace non poppérien du raisonnement naturel*, Paris, Albin Michel (préface inédite), 1991, 2006.

— et REVEL Jacques (dir.), *Penser par cas*, Paris, Éditions de l'EHESS, 2004.

PIPPIN Robert « La théorie hégélienne de l'agentivité. Le problème de l'intérieur et de l'extérieur », *Philosophie*, 99, automne 2008, p. 96-120; trad. fr. David Wittmann.

PRIOR Arthur, *Papers on Time and Selves*, Oxford, Clarendon Press, 1968.

– *World, Times and Selves*, London, Duckworth, 1977.

PROUST Joëlle et SCHWARTZ Elisabeth, *La connaissance philosophique. Essais sur l'œuvre de Gilles-Gaston Granger*, Paris, P.U.F., 1995 ; abrégé en *CP*.

QUINE W.V.O, *Méthode de logique*, trad. fr. M. Clavenin, Paris, A. Colin.

– *Le mot et la chose*, trad. fr. P. Gochet, Paris, Flammarion, 1977.

– *Du point de vue logique*, trad. fr. CC. Alsaleh, B. Ambroise, D. Bonnay, S. Bozon, M. Cozic, S. Laugier, Ph. de Rouilhan et J. Vidal-Rosset, Paris, Vrin, 2003.

– *Relativité de l'ontologie*, trad. fr. J. Largeault; présentation de S. Laugier, Paris Aubier, 2008.

RASTIER François, « Les types d'herméneutiques et les sciences de la culture » *in* Salanskis, Rastier, Scheps (éd.), *Herméneutique, textes, sciences*, Paris, P.U.F., 1997.

– *Arts et sciences du texte*, Paris, P.U.F., 2001.

– SALANSKIS Jean-Michel, SCHEPS Ruth (dir.), *Herméneutique : textes, sciences*, Cerisy, P.U.F., 1997.

RICŒUR Paul, « Structure et herméneutique », in *Esprit*, novembre, 1963; reproduit dans *Esprit* 2004, n°301.

– *De l'interprétation. Essai sur Freud*, Paris, Seuil, 1965.

– *Temps et récit III. Le temps raconté*, Paris, Seuil, 1985.

– *Du texte à l'action. Essai d'herméneutique II*, Paris, Seuil, 1986.

– *Soi-même comme un autre*, Paris, Seuil, 1990.

– *Lectures 2. La contrée des philosophes*, Paris, Seuil, 1999.

– *La mémoire, l'histoire, l'oubli*, Paris, Seuil, 2000.

ROSS, *Aristotle*, London-New York, Routledge, 1923, 1995.

RUSSELL Bertrand, « On the Notion of Cause » *Proceedings of the Aristotelian Society*, 13, 1913, p. 1-26; repris dans *Mysticisme et logique*, trad. fr. sous la dir. de D. Vernant, Paris, Vrin, 2007.

SABOT Philippe, « Archéologie du savoir et histoire des sciences », dans P. Cassou-Noguès et P. Gilot, *Le concept, le sujet et la science. Cavaillès, Canguilhem, Foucault,* Paris, Vrin, 2009.

SALANSKIS J.-M., « Conjugaisons de Heidegger avec la science », *in* P. Wagner (dir.), *Les philosophes et la science*, Paris, Gallimard, 2002, p. 447-497.

– « Herméneutique et philosophie des sciences », *in* Zaccaïe-Reyners (éd.), *Expliquer-comprendre. Regards sur les sources et l'actualité d'une controverse épistémologique*, Bruxelles, PUB, 2003.

– RASTIER F., SCHEPS R. (dir.), *Herméneutique : textes, science*, Paris, P.U.F., 1997.

SAINT SERNIN B., PICAVET E., FILLIEULE R., DEMEULENAERE P., *Les modèles de l'action*, Paris, P.U.F., 1998.

SARTRE Jean-Paul, *Critique de la Raison Dialectique*, Paris, Gallimard, 1985.

SEBA Jean-Renaud, *Le partage de l'empirique et du transcendantal. Essai sur la normativité de la raison : Kant, Hegel, Husserl*, Bruxelles, Ousia, 2006.

SEEL Martin, *Versuch über die Form des Glücks. Studien zur Ethik*, Suhrkamp, Frankfurt/M, 1995.

SERRES Michel, *La communication. Hermès I*, Paris, Minuit, 1969.

SÈVE Bernard, *L'altération musicale*, Paris, Seuil, 2002.

SIMON Herbert, « On The Definition of the Causal Relation », Journal of Philosophy 49 (16), p. 517-528.

– *Models of discovery and other topics in the methods of science*, Dordrecht, Reidel, 1977.

– « From substantive to procedural rationality », *in* Latsis, S. (éd.) *Method and Appraisal in Economics*, Cambridge, Cambridge University Press.

– *Models of Bounded Rationality*, Cambridge, the MIT Press, 1982.

SIMONDON Gilbert, *Du mode d'existence des objets techniques*, Paris, Aubier, 1958, 2001

– *L'individuation à la lumière des notions de formes et d'information*, Grenoble, Jérôme Million, 2005.

SINACEUR Hourya, *Jean Cavaillès. Philosophie mathématique*, Paris, P.U.F., 1993.

– « Formes et concepts », *in* Proust J. et Schwartz E. (éd.), *La connaissance philosophique*, Paris, P.U.F., 1995, p. 93-119.

– « From Kant to Hilbert : French philosophy of concepts in the beginning of the XXth century », *in* J. Ferreiros & J. Gray, *The Architecture of Modern Mathematics*, Oxford University Press, 2006, p. 349-376.

– « Style et contenus formels chez Gilles-Gaston Granger », *in* A. Soulez et A. Moreno (dir.), *La pensée de Gilles-Gaston Granger*, Paris, Hermann, 2010.

SUPPES P., *A Probabilistic Theory of Causality*, Amsterdam, North Holland, Publishing Company, 1970.

SOULEZ Antonia et MORENO Arley (dir.), *La pensée de Gilles-Gaston Granger*, Paris, Hermann, 2010.

TIERCELIN Claudine, « Dualité, triadicité et signification en mathématiques : ou pourquoi Granger ne peut finalement pas être peircien », dans Proust J. et Schwartz E. (éd.), *La connaissance philosophique*, Paris, P.U.F., 1995, p. 169-186.

THIBAUD Pierre, « Nom propre et individuation chez Peirce », *Dialectica*, vol. 43, 1989, n°4.

– « L'idée peircienne de logique comme théorie de l'objet », dans J. Proust et E. Schwartz (éd.), *La connaissance philosophique*, Paris, P.U.F., 1995, p. 147-168.

– (éd.) *La pensée, la trace. Mélanges à la mémoire de S. Lantiéri*, Paris, L'Harmattan, 2001.

THOUARD Denis, « Les trois possibilités de l'herméneutique », *in* Rastier, Salanskis et Scheps, *Herméneutique, textes, sciences*, Paris, P.U.F., 1997.

– (éd.) *L'interprétation des indices. Enquête sur le paradigme indiciaire avec Carlo Ginzburg*, Lille, PUL, 2007.

— et BERNER Christian (éd.), *Dictionnaire des concepts de l'herméneutique*, Paris, P.U.F. (à paraître).

TOURAINE Alain, *Sociologie de l'action*, Paris, Seuil, 1965.

VEYNE Paul, *L'inventaire des différences*, Paris, Seuil, 1976.

VUILLEMIN Jules, *L'héritage kantien et la révolution copernicienne, Fichte, Cohen, Heidegger*, Paris, P.U.F., 1954.

– *Nécessité ou contingence. L'aporie de Diodore et les systèmes philosophiques*, Paris, Minuit, 1984, 2001.

WITTGENSTEIN Ludwig, *Remarques philosophiques*, trad. fr. Jacques Fauve, Paris, Gallimard, 1975.

– *Remarques sur les couleurs*, trad. fr. Gérard Granel, Paris, TER, 1997.

WORMS Frédéric, « Entre critique et métaphysique : la science chez Bergson et Brunschvicg », *in* P. Wagner (dir.), *Les philosophes et la science*, Paris, Gallimard, 2002, p. 403-446.

– « Qu'est-ce qui est vital ? » bulletin de la Société Française de Philosophie, mars-avril, Paris, Vrin, 2007.

– *Histoire de la philosophie française au XXe siècle*. Moments, Paris, Gallimard, 2009.

— et WUNENBURGER Jean-Jacques (éd.), *Bachelard et Bergson - Continuité et discontinuité ? Une relation philosophique au cœur du XXe siècle*, Paris, P.U.F., 2008.

ZACCAÏ-REYNERS (éd.), *Expliquer-comprendre. Regards sur les sources et l'actualité d'une controverse épistémologique*, Bruxelles, PUB, 2003, p. 220-223.

PÉRIODIQUES

Manuscrito, X, 2, 1987, rassemble de nombreuses contributions sur l'œuvre de G. G. Granger (S. Cremaschi, M. Dascal, O. Gruengard, K. Lorenz, A.R. Moreno, J. Proust, E. Schwartz et J. Vuillemin).

INDEX DES NOMS PROPRES

INDEX DES CONCEPTS

TABLE DES MATIÈRES

DEUXIÈME PARTIE
CRITIQUE

TROISIÈME PARTIE
CLINIQUE

ACHEVÉ D'IMPRIMER
EN JUIN 2012
PAR L'IMPRIMERIE
DE LA MANUTENTION
À MAYENNE
FRANCE
N° 907750B

Dépôt légal : 1er trimestre 2012